杏雨槐风 化育惠溥

兰州理工大学纪事

丁虎生／主编

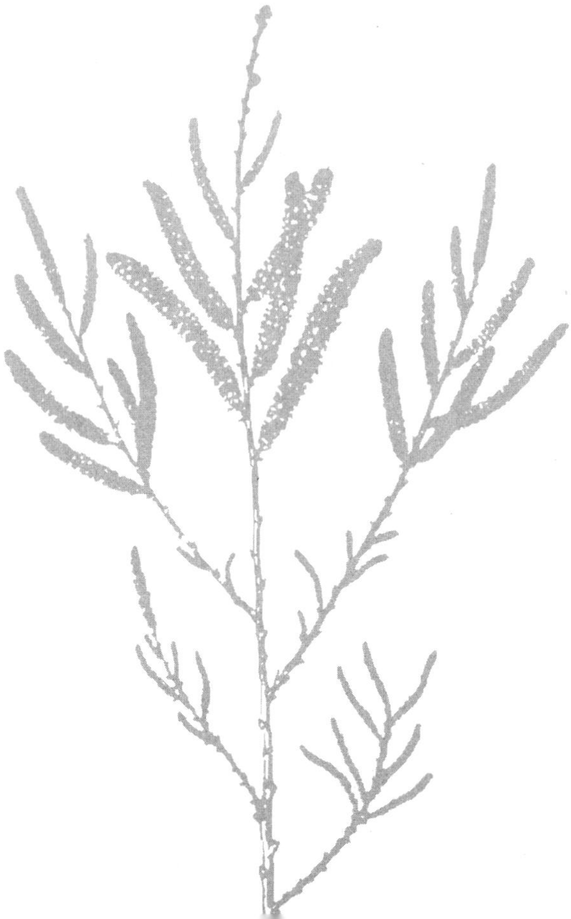

光明日报出版社

编写委员会

顾　问： 夏天东　芮执元

主　编： 丁虎生

副主编： 赵生吉　李建东　杨雅琼　仝　辉

成　员： 朱莉萍　李　波　张　钦　刘文博

郭莹玉　潘彩燕　赵娜娜　吴宏川

前 言

兰州理工大学的前身是创建于1919年的甘肃省立工艺学校。这所发端于五四新文化大潮的学校，怀着实业救国的理想，励精图治，风雨兼程，开创了甘肃工程教育的先河。1958年，甘肃交通大学并入学校定名为甘肃工业大学。1965年，原东北重型机械学院的水机、化机、矿机和原北京机械学院的焊接专业整建制迁入学校，又从合肥工业大学和湖南大学等高校抽调了一批教师，奠定了西部工科名校的基础。2003年，学校正式更名为兰州理工大学。

学校现为甘肃省人民政府、教育部、国家国防科技工业局共建高校，国家“中西部高等教育振兴计划”重点建设高校、“国家大学生创新型实验计划”和教育部“卓越工程师计划”入选高校；是我国首批学士、硕士学位授权高校；是甘肃省第一所具有工学博士学位授予权、第一所设置工学博士后科研流动站的高校。现有9个学科门类、6个一级学科博士点、20个省级重点学科、4个国防特色学科方向，工程学和材料科学进入ESI排名全球前1%，10多个优势专业通过国际工程教育认证等专业评估。

在以“艰苦奋斗，自强不息，求真务实，开拓创新”为内涵的“红柳精神”激励下，历代工大人不忘初心，努力践行“奋进求是”的校训，潜心发展学术，踏实培育英才，书写了可歌可泣的百年奋进之笔。

杏雨槐风，化育惠溥。本书分为“百年纪事”和“红柳人物”两个部分，讲述了一个个工大人秉持实业救国、科技强国理想的感人故事，这是历史的真实记忆，更是给百年工大的一份珍贵献礼。他们当中，有实业教育名士牛载坤，有建筑规划大师任震英，有“亚洲焊王”陈剑虹，有精通六门外语的水力机械专家程兆雪，有开创全国阀门学科先河的杜兆年，有苏黎世联邦高等理工学院培养的第一个博士生刘希远……

细细品味他们的故事，从祖国四面八方汇聚到西部这片热土上，从青春芳华到鬓染微霜，他们艰苦创业、教书育人，为祖国的教育事业，为兰州理工大学和西部经济社会发展做出了重要的贡献。他们的身上，集中彰显出老一代知识分子的家国情怀和使命追求，为兰州理工大学的建设发展谱写出一曲动人的时代赞歌。遗憾的是，因为时间等原因，还有许许多多为学校发展呕心沥血的工大人和身边事没有采录书中。但历史不会忘记他们，工大儿女的坚守与奋斗必将历久弥新，化育惠溥。

百年梦想催人奋进，红柳情怀栉风沐雨。兰州理工大学的百年发展历程，始终与祖国同呼吸共命运，与时代共进步同发展，正如一簇簇红柳，在风雨如晦中自小而大、顽强成长，在曙光映照下英姿勃发、茁壮成长。根植祖国西部，始终坚韧不拔。相信会有更多的工大人，将沿着他们的足迹，奋勇向前，再创辉煌！

CONTENTS 目 录

百年纪事

红柳人物

百年纪事

甘肃近代工科教育在这里起步

百年桑梓　甘肃举院兴教图强

西关什字，兰州最为繁华的闹市，每天人流如织，车如长龙，展现着这座现代都市的勃勃生机。然而，就在西关什字的兰大二院内，却有两座历经百年沧桑的古建筑，安静地观望着人生过往和世事沧桑，它们雕梁画栋的身姿，告诉我们这座城市曾经有过的辉煌。

它们就是兰大二院院内的甘肃举院至公堂和观成堂。甘肃举院，严格意义上应该叫甘肃贡院。这是中国科举史上最后建立的一座贡院，是中国最西部的一座贡院，也是全国唯一一座与黄河为邻的贡院。

甘肃举院是陕甘总督左宗棠在大体平定西北战乱后，为恢复西北经济、凝聚西北人心、重振西北文脉而修建的。就甘肃举院的应试考生而言，不仅仅局限于今天的甘肃一地，而是涵盖了今天新疆东部、宁夏、青海。可以说，甘肃举院是这一地区的文化教育中心，也是最高学问殿堂。

不过，修建甘肃举院可不容易。当时，西北各地经历长期战乱，民生凋蔽。左宗棠发现，甘肃出的武将很多，而文人却不多。究其原因，就是西北地广人稀，交通不便。他在给朝廷的奏折中这样说："甘肃府、州、县，距陕（西）近者平（凉）、庆（阳）、泾（川）、巩（昌）、秦（州）、阶（州）两道八九百里。兰州一道近者一千三四百里，远者一千六七百里，兰州迤西凉州（武威）、甘州（张掖）、西宁、宁夏或两千余里。至肃州（酒泉）、安西一道，则三千或四千余里，镇（西）迪（化）一道，更五六千里不等。"当时，甘肃各地考生要到陕西三原参加考试，学生们要提前半年出发，由于路途遥远，花费甚巨，有大批学生无法参加陕西三原的陕甘乡试。

有一组数据很能说明问题。陕甘分省已有200年，但甘肃考生一直赴陕西赶考。甘肃举院修建之前，参加陕甘乡试的3000人中，甘肃学子（“大甘肃”，即今甘肃、新疆东部、宁夏、青海四地）仅有600人。甘肃举院建成后的首次甘肃乡试，就有2700人参加。

为解决这些问题，左宗棠向朝廷上书要求陕甘分闱。同时，甘肃士绅也联名上书，前刑部主事滕烜，道台曹炯、吴可读等人更是多方奔走，筹集50万两白银建立贡院，解决了甘肃学子参加考试的难题。

甘肃举院建成后，纵140丈、横90丈，筑城垣，内建棘围。举院西南角开贡院门，进门北行为大门，大门左右两侧设点名厅和搜检厅，进大门，自西朝东，沿中轴线分布有龙门、明远楼、至公堂、观成堂、衡鉴堂、雍门、录榜所。明远楼两侧建有南北号房，一次可容纳4000名考生参加考试。

甘肃举院的建成，是继明初大移民后，甘肃（上述四地）本土文化兴盛之后的又一个高潮，为甘肃培养了一大批人才。在废除科举制度后，这里依旧是甘肃接受近现代教育的大本营。

实业救国　甘肃近代工科教育从这里起步

作为甘肃近现代教育的发轫地，这里先后设农业试验场、甘肃劝工厂、甘肃农矿学堂、甘肃官报局、甘肃督垦总局、甘肃高等巡警学堂。民国初期，甘肃法政专门学校移设贡院，逐渐发展成立兰州中山大学、甘肃学院、国立兰州大学等新式学堂。同时移入甘肃制造局，甘肃省立工艺学校（甘肃工业大学前身，2003年更名为兰州理工大学）、甘肃省立甲种农业学校等机关学校。

其中，甘肃省立工艺学校由甘肃临洮名士牛载坤（1886—1934）创立，开创了甘肃近代工科教育的先河。他自幼勤奋好学，考取清朝狄道（临洮）廪生，后考入甘肃文高等学堂，1909年新疆巡抚保送入京师大学堂，学习测绘等专业。回甘肃后，牛载坤以顽强的毅力、开拓者的创业精神，积极投身于“教育救国”“实业救国”的理想与实践中。

1917年，牛载坤在甘肃筹办手工传习所（所在地原名为万寿宫街，后改名为中山街，随后又改为励志路，今称通渭路），设毛编、制革、地毯三科，由外地聘请教师、技师，招收本省学生培养。一开始用手工制作，后购得日本织袜机、织衣横机，逐渐向机械化过度。1919年5月，甘肃省署创办甘肃省立工艺学校，后改名为甘肃省立工业学校，牛载坤为首任校长。

西北贫穷落后，牛载坤和一些有志之士主动向先进地区学习，广开眼界，开展实业建设和教育事业。1913年，牛载坤在兰州集资创办正本书社（原址在今张掖路），让“民主”与“科学”开始在闭塞落后的甘肃传播。时任《大公报》记者、《西北丛编》作者林竞，在对牛载坤做采访交谈后，赞其为“甘肃艰苦卓绝之实行家”。1916年，他担任首任甘肃教育会长，在主要县份共办起8所师范学校，培养年轻教师，先后创办树风学校、陇右公学（现兰州第八中学），著有《五十年来中国之毛业》《水利之研究》等。

左宗棠在甘肃首创“甘肃织呢总局”，牛载坤任坐办（副经理），与兰州的能共巧匠一同研制了脚踏纺线车，织出的黄色呢子和驼毛毯风行一时。由他兴办的济贫工厂，实行以工代赈，组织贫民特别是妇女纺毛线、织毛衣毛袜，后扩大到织毛巾、地毯、褥子，做肥皂，救济难民2000余人。

1933年，牛载坤任民勤县县长期间，积极开办学校，兴修水利，植树造林，防沙固田，放粮赈灾，发展生产，倡导妇女放足，学习纺织。因其清正廉明，政绩卓著，深受当地民众爱戴。牛载坤为人刚正不阿，同情民众，1934年6月不幸被军阀马步青杀害。

筚路蓝缕　甘肃近代工科教育艰难前行

1920年，同样具有“实业救国”思想的甘肃榆中县人水梓（1892—1958）继任甘肃省立工艺学校校长。水梓1914年毕业于甘肃省立高等学堂，1915年被保送进入北平工业专科学校，就读化学工程。五四运动中，他曾担任学生代表，积极参与爱国救亡运动。五四运动后，为避免迫害，水梓被甘肃省署派往东南各省及日本考察实业。

水梓治理这所学校长达24年（1920—1943），为甘肃近代工业职业教育事业夯实了基础。他先后编写了《日本实业考察记》《理论实验肥皂学》等图书，创办了陇右化学实验社，从事制皂、制革、造纸、火柴制造等，所产“新新条皂”“新新药皂”深受兰州人民喜爱。

新中国成立后，水栴主动交出榆中老家的土地，踊跃购买“人民胜利折实公债”，支援国家建设。曾当选为兰州市第一届人民代表大会代表、兰州市工商联委员、兰州市社团财产管理委员会主任，后担任兰州市房产局副局长。

1919年至1944年的26年间，学校曾更名7次，1944年确立为甘肃省立兰州高级工业职业学校（简称“兰州工校”）。创建初期，校舍采取借用和租赁的方式，1919年借甘肃教育会原址首办第一个班——编毛科，1927年租用兴文社房屋一院，直到1936年，属于学校自己的校舍在萃英门甘肃举院终于落成，占地17.6亩，各类校舍253间。

学校专业从简易实用逐步走向规范成熟，先后设立各级各类编毛科、化工科、肥皂科、纺织科、制革科、机械科、土木科、电讯科等，主要侧重于轻工业，并随产业需求而变。战乱不断，阻碍了学科的稳定发展。课程方面，普通课程基本上是“通才教育”，大体上是党义、数学、国文、英文、博物、物理、化学、乐歌、军训、童训等；专业课程则分科设置，教材由授课教师自编，学校刻印为讲义，供学习使用。为了达到实操的教学目标，学校设有机械、纺织、化工3个工厂。各厂均配备基本的手动、电动机械，后又成立营业部、织褐部等。

当时的教育资金严重短缺，教学仪器设备远远不能满足实际需要，共有土木仪器41种，理化仪器数箱及部分体育器材、军训步枪和简单医用器械。工厂设备包括车床、钻床、炼铁炉、木样翻砂、提花机、纺织车、铜轮机、切片机、出条机、皮革压光机等100余台（件）。学校图书室有各类图书资料等500余册。

学校规模与师资队伍经历了由小到大、由少到多的发展过程，班级从1919年的1个教学班发展到1949年的19个，每班20—40人不等。教职员工在中华人民共和国成立前夕有54人，其中专任教师38人。兼任教员中，有城市规划与建筑大师任振英，时任甘肃教育厅厅长赵元贞，人称“铁汉”的王庚山等。

爱国，从古到今，始终是中国知识分子的优良传统。中华人民共和国成立前，学校中共地下党员阎伯玉、吴濂担任机械课程的教学，张学孝教授国文课。他们以教员身份开展党的地下工作，均属单线联系。学校教员与学生在爱国进步思想的引领下，曾多次参加示威游行。1923年5月9日，参与要求北洋政府废除丧权辱国《二十一条》的活动；1932年11月15日，参加甘肃学院等七校发起的罢教索薪运动；1949年6月，学校师生积极配合解放兰州战役，在地下党员的组织和策划下，展开护校斗争，从而保护了校产。

抗战爆发后，随着工厂内迁、资金转移，兰州地区成为全国的战略后方之一，这为甘肃科学文化事业的发展提供了一定的条件。兰州工校也得到进一步的充实与扩展，对经济社会发展产生了不可忽视的影响。一方面，实业教育培养的专业人才，为各生产部门提供了具有技术专长的新型劳动力，在较大程度上改进了传统生产方式，推动了社会经济的进步。另一方面，工读结合的教学模式，解决了生产中遇到的一些疑难问题，促进了社会生产力的发展。再者，实业教育的兴起与新思潮相融合，对于瓦解传统观念与封建生产方式，建立新型社会关系起到了不可低估的作用。

实业救国，教育兴国，始终是兰州工校的不懈追求与优良传统。1919年至1948年的30年中，学校累计编班54个，毕业学生1500余人，其中进入工厂开发农工业及从事小手工业者约占1/3。在爱国思想和民族精神的熏陶下，学校教员和学生秉承公心，历经风雨，始终弦歌不辍，在甘肃近代工科教育的探索与实践中留下了浓墨重彩的一笔。

（李建东）

玉树勘界维护国家统一

牛载坤（1886—1934），字厚泽，甘肃临洮人，自幼勤奋好学，考取清朝狄道（临洮）廪生，后考入甘肃文高等学堂学习。1909年，被新疆巡抚保送入京师大学堂，学习测绘等专业，为甘宁青新四省最早学习测绘的学生。兰州理工大学的前身——甘肃省立工艺学校由牛载坤创立，开创了甘肃近代工业教育的先河。

牛载坤先生1914年冬于玉树勘界时留影

1911年前后，玉树地区的二十五族，受到控制西藏的英帝国主义侵略威胁和驻守西康川军的越界掠夺。英帝国主义尤为狂妄，1914年，英国勾结西藏卖国分子非法订立《西姆拉条约》，竟公然叫嚷西藏“独立”，还把青海全部划在其境内。当时玉树归甘肃西宁道管辖，为了稳定局势，甘肃当局做出与四川会勘玉树界务的行动。

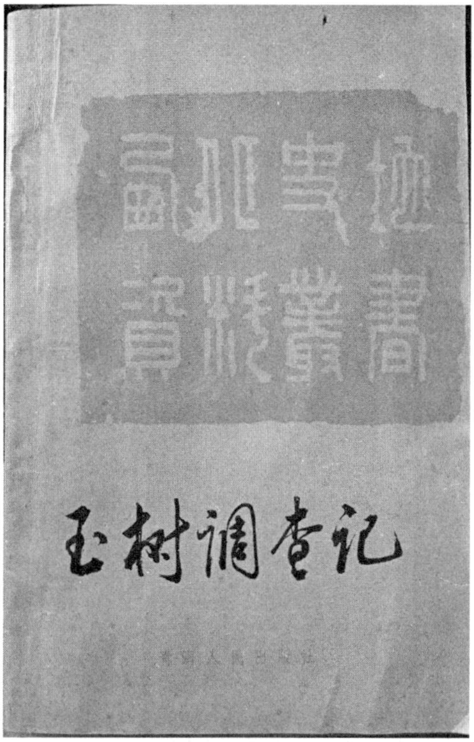

《玉树调查记》

为了粉碎英帝国主义分裂西藏的阴谋，学成回甘的牛载坤从1914年10月8日开始，随周希武等甘肃勘界团一行，赴玉树勘界，跋山涉水，历经9个月，行程1030公里，对玉树实地测量，按新式手法绘制地图。他们深入荒山草地，遍访土司、僧侣、牧民，取得了大量的第一手资料，并于1916年达成勘界协议。报经北京政府明令公布：“玉树二十五族仍归甘肃西宁管理，川省不得干涉。”省界争端就此平息。

周希武主笔的《玉树调查记》附《玉树二十五族简明图》和《宁海纪行》，由上海商务印书馆于1919年出版发行。数十年来，此书一版再版，深得国内外学术界好评。《玉树调查记》采用志书体，分部落、山脉、水道、地形、政治、宗教、风俗、实业、掌故、考证10个大类。全书层次分明，脉络清晰，分上下两册，共40余万字。

牛载坤负责的玉树二十五族简明图和20幅照片，是20世纪初青海自然和社会风貌不可多得且形象的资料。这是世界上首次有专家对青藏高原玉树地区进行测绘，也是勘界团维护国家统一的大义之举。

（李建东）

推行“新学制”

1922年，国民政府教育部召开全国学制会议，对全国教育联合会提出的《学制草案》稍加修改，同年11月公布施行，当时称为“新学制”。

“新学制”的公布，试图改变辛亥革命后教育的混乱状况，但甘肃省中等专业系统仍然是“多随部令”，跟随国内潮流与政治局势的变化而更动。甘肃省立第一工业学校（兰州理工大学前身）依照1932年教育部公布的《职业教育法》精神来确定学制。该法规定，职业学校“分初、高两级，以单科设立为原则，有特别情况者得设数科”。

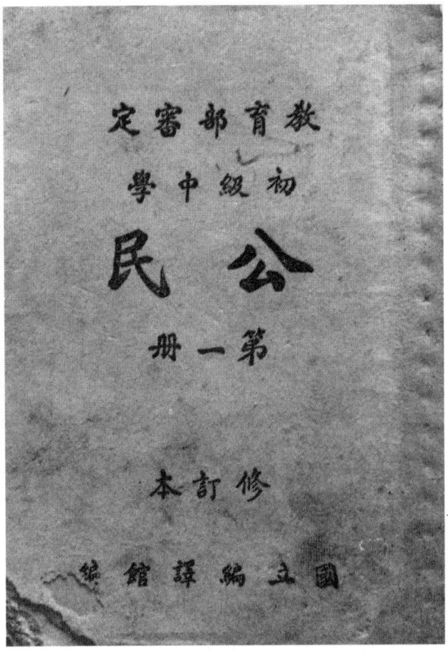

当时的国文教材《公民》

当时，学校的学制可归纳为三种：一种是初级三年制（招收小学毕业生，或从事相应职业而具有相当程度者），另一种是五年制（招收小学毕业生，毕业时相当于高中毕业生），再一种是高级三年制（招收初中毕业生）。前一种传以较简易的生产知识技能，以养成从事职业的能力；后两种授以较高深的生产知识技能，以培养管理工厂的中级技术人才。

这个“新学制”除后来在某些方面有所修改外，基本上沿用到新中国成立时。1934年，教育部颁行《职业学校各科课程表、教材大纲和设备概要》，规范课程，说明教材内容，以及对教学设备提出了要求。课程按部颁标准规定分为普通课程：大体上是党义、数学、国文、英文、博物、物理、化学、乐歌、军训、童训等。教材由商务印书馆、中华书局印发供应。至于专业课程，则分科设置。教材由授课教师自编，学校刻印为讲义，供学习使用。

纺织教学设备

专业设置基本上是“通才教育”，按照定例，以“科”为单位划分学业门类，安排教学。同时，专业也跟着产业的需求和国内形势的变化而年年有所增加或减少。这体现出三个鲜明特征：第一，科类侧重于轻工业；第二，专业随着产业的需求而设置，缺乏稳定性；第三，战乱频仍，阻碍了学科发展速度。

为了让学生既学好科学文化知识，又能够实地动手操作，学校设有机械、纺织、化工3个工厂，各厂均配备有简单的、基本的手动和电动机械。学校在1927年3月成立了营业部，1928年又增设了第二营业部，实习生产的成品可以拿到市面上出售，收入所得再用于购买原、辅材料，以扩大再生产。纺织工厂后来又增添了织褐部等。

（李建东）

校舍被炸，艰难申请修复资金

校舍被日军飞机轰炸

抗战时期，地处大后方的甘肃，是西北国际交通大通道的必经之地。为摧毁中国军民的抗日决心，日寇对甘肃的兰州、靖远、武威、平凉、天水等许多人口密集市县进行了残酷的轰炸。轰炸地域范围广、时间长、手段残忍，造成了不可估量的损失。

日机轰炸兰州，最惨烈的是1939年。日军陆海航空兵联合袭击兰州，重点目标是摧毁兰州交通枢纽的重大目标。据亲历者回忆，兰州部分学校的校舍、教室、教务室、礼堂等都化为灰烬。当时的兰州工业学校地处西关什字萃英门（兰州铁桥旁边），校舍损毁严重。

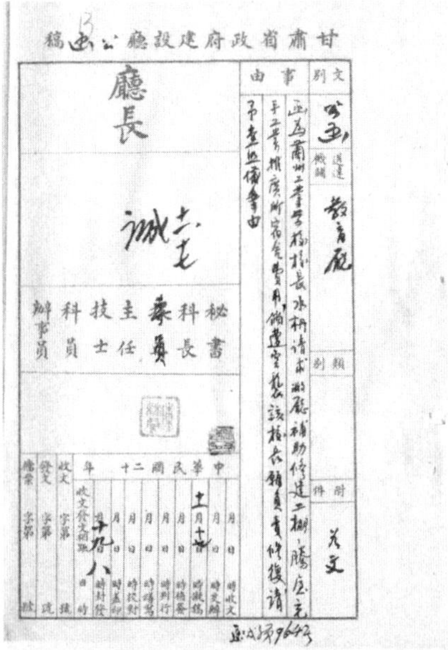

甘肅省政府建設廳公函稿

文別 事由

廳長

秘書 科長 主任 技士 科員 辦事員

中華民國二十 年

当时的甘肃省建设厅函件

因当时甘肃省手工纺织业推广所设立在兰州工业学校，1939年11月，时任校长水枏向当时的甘肃省政府建设厅申请校舍修复资金2900元，希望在天气寒冻之前完工。建设厅因担心再遭空袭而不愿拨付资金。水枏则连续发出公函，并承诺如果校舍再遭空袭，则自筹资金，垫付修建校舍费用。

建设厅被其诚意感动，如数拨付资金，

并在复函中提道：“足见贵校长之负责精神。为提倡发展教育起见，请携函来厅，当日即拨款，以资应用，并于冻前完工。”

1949年以前，兰州工业学校曾七易校名、数更校址。直到中华人民共和国成立后，才在七里河区兰工坪有了固定的办学场地（420亩）。

水枬先生

水 枬（1892—1958），字寄梅，榆中县人。1914年毕业于甘肃省立高等学堂，1915年被保送进入北平工业专科学校，就读化学工程。五四运动中曾担任学生代表。1920年继任校长，多方奔走，励精图治，治理这所学校达23年之久，为甘肃省中等工业职业教育事业奠定了基础。

（李建东）

城市规划与建筑大师任震英

任震英先生

1949年前后，兰州工业学校的规模与师资队伍经历了由小到大、由少到多的发展过程。教职员工人数在新中国成立前夕有54人，其中有专任教员38人。根据专业、班级和课程的情况，学校每学期聘请若干兼任教员授课。兼任教员中较知名者有任震英，任先生在中华人民共和国成立后曾出任兰州市人民政府副市长，是城市规划与建筑大师。

任震英，字漫星，1913年4月14日出生于黑龙江省哈尔滨市阿城。受家庭影响，他自幼勤奋好学，且爱好广泛，对古汉语、外语、历史、地理、文学、诗词、歌曲、绘画、书法等都有浓厚的兴趣。

1929年，16岁的任震英考入哈尔滨工业大学，攻读城市建筑及城市规划专业。“九一八”事变后，东北三省沦陷，他和所有不愿做亡国奴的爱国青年一道，走出课堂，走上街头，很快成了学生运动的活跃分子，并与东北抗日联军取得联系，同年加入共青团。

1933年，任震英加入中国共产党，成为中共满洲省委的地下交通员。他与未婚妻侯竹友一起，为抗日游击队做了不少革命工作，同时以优异的成绩于1937年1月大学毕业，被授予工程师学位。

1938年，他任甘肃—新疆公路督办公署工程处工程师。同年，他担任甘肃省建设厅总工程师室副工程师，不久任甘肃省营造厂副主任兼主任工程师，为当时的甘肃省政府和西北行营长官公署设计并督建了兴隆山别墅与当时兰州最气派的建筑——西北大厦。

兰州解放后，彭德怀司令员请他负责抢修被炸坏的黄河铁桥。任震英及时找了4位工程师，集结200多名工匠，奋力苦战了8个昼夜，修复了铁桥，获得彭司令员的表扬和赞誉。接着，他随解放军进军青海西宁，途中抢修了大通河的浮桥。

由西宁返回兰州后，任震英担任兰州市人民政府建设科科长、工程师，负责兰州市城市拓建工作，从此与城市规划建设事业结下了不解之缘。1950—1956年，任震英主持编制了兰州市、白银市的城市总体规划。

兰州第一版城市规划由任震英大师亲自操刀，并获得城市规划大奖。今天通过谷歌地球来细细品味大师遗韵，仍不免为大师因地制宜的精妙构思与当年兰州市的执行力所折服。放眼全国，中华人民共和国成立后各座城市绝大多数都是单纯的摊大饼建设，千篇一律的棋盘格子路网，而兰州市大约30平方公里的城区却有着不拘一格的精妙路网构型，独树一帜，别无分号。其中所包含的设计思想、厚重的历史积淀，不得不说是兰州市的一大财富。

1958年，兰州市百废待兴。任震英对当时只有六棵树、一座白塔的白塔山产生了兴趣。他带领工人师傅收集利用市区内拆除下来的基石、石雕、琉璃瓦、木雕花饰等古建筑构件，重新组合设计，亲自绘制了36张施工详图大样，与数百名工匠一起，历时13个月，点灯熬油、夜以继日地在兰州白塔山上建起了占地66.7公顷、建筑面积6000多平方米的傍山公园。

1986年，兰州市政府授予他支援兰州建设30余年荣誉证书。1987年10月，中国建筑学会授予他从事建筑科技工作50年贡献卓著者特予表彰的荣誉证书。同年12月25日，兰州市政府、市建委在兰州召开了庆祝任震英从事城市建设50年大会，他被誉为兰州市城市建设的开拓者和奠基人。

1990年12月，全国设计工作大会授予首批中华人民共和国工程设计大师称号，城市规划类只设了一名，就授给了任震英，并颁发了荣誉证书和金质奖章。

2005年8月3日，任震英因肺部感染医治无效与世长辞，享年92岁。

（李建东）

一颗丹心办教育

赵元贞先生

1949年以前，兰州工业学校根据专业、班级和课程的情况，每学期聘请若干兼任教员授课。专任教员的聘期为1—2年，兼任的一学期聘请一次，下个学期未接到续聘书，即视为被“解聘”。那个时期，作为“自由职业”的教师工作，竞争也是异常激烈的。

学校教员中，留美博士赵元贞一生倾心教育，颇受各界好评。赵元贞（1879—1974），字正卿，正宁县人。7岁入私塾读书，19岁中秀才，1903年考入甘肃文科高等学堂（兰州一中前身），1908年以全校第一名的成绩被选送京师大学堂，学习地质专业。1913年被选派美国公费留学，先后在加利福尼亚大学、柯州高尔登大学、纽约哥伦比亚大学、匹兹堡大学深造。1921年毕业，获冶金学博士学位。

赵元贞在美留学9年间，时刻没有忘记家乡和祖国。美国一家种子公司培育出棉花新品种“国王长毫棉”，他设法购买到两磅棉籽，邮到家乡，经在陕西省苏家沟试种，增产效果明显。老家村学经费困难，赵元贞就把数年节余的100多美元学费汇回捐助。1918年，甘肃地震，他除在当地呼吁募捐外，还联络中美学生举办赈灾义演，售票得100多美元，汇北京救济通讯社转甘肃省救灾。1922年10月，元贞回国前，师友们以中国穷苦、无用武之地为由，欲留之于美。他坚定地回答：“不行！我要回去。中国是我的祖国，是我的故土，9年以来我一直怀念着她！正因她穷，才需要我们这些学得知识的人去振兴。我们应该学成而归，把知识贡献给祖国。”

回国后，他先后在甘肃学院、甘肃工业大学等学校教授化学、物理、地质、土壤、英文等课程。1925年秋末，赵元贞出任省教育厅长。他认真办理教育行政事务，狠抓新学制的建立，并创办《甘肃教育月刊》，筹办矿务专门学校。在极端困难的条件下，他四处奔走，各方求援，几经周折，修建了可容50人的教室、实验室、宿舍各一座；选购了一套完整的无机化学药品、仪器；制作了“火分析”用的坩锅及闷炉。他还亲自出面聘请任课教师，并负责结晶化学和分析化学的教学。随即招收一班旧制中学毕业生入学，教学秩序井然，学生统一着中山装，朝气蓬勃，勤奋上进，颇得社会好评。

20世纪20年代，赵元贞经过实地考察，断定家乡地下有煤炭，整个陇东有石油。后来长庆油田的开发，佐证了他的科学推断。他还绘制成甘青两省最早的《矿藏分布图》，提出窑街可设水泥厂、阿干镇煤矿可用新法采煤、刘家峡可建水电厂、享堂峡可建小型水电厂、平凉可建毛纺厂等重要建议，极富创见，是开发两省矿产资源和加快经济建设的重要依据。1925年，赵元贞调任甘肃省实业厅（后称建设厅）厅长，创办了《实业月刊》，后改名为《建设月刊》。

1931年，赵元贞毅然离开官场，以主要精力从事教育事业。1939年，在兰州文庙旧址创办了兰州志果中学（现兰州第二中学）。由于筹款困难，他慷慨解囊，将自家广武门附近的52间房屋捐出济急，后又把雁滩北面100多亩沙地献出作为学生实习务农之用，使学校在危难之中得到巩固。他坚持开门办学，延聘名师任教。初中和高中的数学、物理、化学、英语、国文等课，他皆胜任，特别是他承担的全校“英文典故大全”一课，学生提高很快。他爱生如子，有教无类，对官僚豪门子女，绝不特殊照顾，褒贬奖惩一视同仁；对后进学生循循善诱，启迪觉悟，做到“严而不苛，罚而不虐，爱而不溺，怜而不戚，训而不斥，责而不詈”。

1948年，赵元贞筹办志果学院，计划先办一个医科系和一个文史系，然后再逐步发展。依赵元贞的办学思路，像南开大学一样，先中学，后大学，一定要把志果学院办成全国有名的大学。但由于时局的变化，赵元贞办大学的宏愿未果。

赵元贞一生酷爱读书，他的书橱里不但有理工科书籍，而且有全套的《四库备旨》。他不但读中文书，也读英文书，他常说："要多读书，多学习，多工作，多考虑事业，少考虑做官。"他在担任高级行政职务期间，自奉清廉，两袖清风，生活非常俭朴，20世纪20年代做的一套呢制服竟一直穿到去世。1974年，赵元贞在兰州病逝，享年96岁。

（李建东）

金城铁汉王庚山

爱国，从古到今，始终是中国知识分子的优良传统。中华人民共和国成立前，兰州工业学校的教员与学生，因受爱国思想和民族精神的熏陶，曾多次参加示威游行活动。据记载，学校校长水梢曾作为甘肃进步青年代表，赴京参加五四爱国运动；1923年5月9日，师生参与要求北洋政府废除丧权辱国的《二十一条》运动；1949年3月29日，师生参与的“三二九”学生示威游行，使甘肃人民免遭一次掠夺性的灾难，打击了国民党在甘肃的反动统治，同时也配合了解放兰州的战役。

值得一提的是学校国文教员王庚山。在1923年曹锟贿选总统时，王庚山代表甘肃省去京参选，面对曹锟爪牙3000—5000银圆的贿选巨款而不为所动，时人称赞曰“王铁汉”。

王庚山（1877—1959），名鑫润，号耕山。1877年出生于兰州宁卧庄，1901年考取清朝举人，毕业于北京高等法律学堂。1909—1911年任西北大学教授，1913年4月中华民国第一届国会参议院议员。1933年被聘为甘肃省图书馆馆长，1936年在甘肃学院任古典文学教授，先后在甘肃学院、兰州工业职业学校任教。新中国成立后，被国务院总理周恩来亲笔签署任命为政协兰州市委员会副主席，1955年荣任政协甘肃省委员会副主席。王庚山生活俭朴，每日步行进城教书、上班。1959年逝世，享年82岁。

面对列强蹂躏祖国、清廷专制腐败的现实，王庚山毅然加入孙中山领导的同盟会，立志为推翻清朝腐败政权、建立共和制度而奋斗。他提倡民权，鼓励青年以“童子执干戈以卫社稷”之精神，投身革命，推翻腐败的封建统治。

1913年4月8日，中华民国第一届国会成立。作为甘肃推举的11名国会参议院议员之一，王庚山因其威望和魄力，被推举为甘肃、新疆40余名议员之首，参加了大总统选举。

袁世凯当选大总统后，国会议员受到拉拢和威胁，多数都慑服于袁。一些不愿支持袁世凯的议员以逃离北京的办法抵制，那些支持孙中山的议员有的还遭到了绑架。袁世凯派党羽私下疏通，提出：王先生如能投袁一票，袁愿奉送巨额银两。

看透了袁世凯的野心，王庚山便见机行事、含糊应对。10月6日国会举行选举，他有意让袁世凯出丑难堪，在选票上写了“哀世凯”三字，以示对袁的极大愤慨，不仅使这张选票成为废票，而且为袁留下了笑柄。随后，王庚山离京赴广州，投身孙中山领导的反袁斗争。

此事在当时引起了极大反响，黎元洪后来曾惊叹说：“在袁世凯势力如此强盛之际，能够舍命舍财，抵制袁世凯，真是铁汉。”一时，“黄金面前不动心”的王铁汉被人们交口称赞，其事迹数十年来在甘肃广为流传。

随着时局的变化，袁世凯做洪宪皇帝的黄粱美梦破碎，身败名裂，在各地讨袁的呼声和人民的唾骂中死去，段祺瑞、曹锟等粉墨登场。1922年，在第一

JAN 12 1933

民嵒

創刊號

《民嵒》创刊号

民嵒正名

《民嵒正名》

次直奉战争中，直系军阀曹锟击败奉系军阀张作霖，控制了北洋军阀政府。翌年，他得意忘形，妄图爬上总统宝座，上演了又一幕“贿选总统”的丑剧。

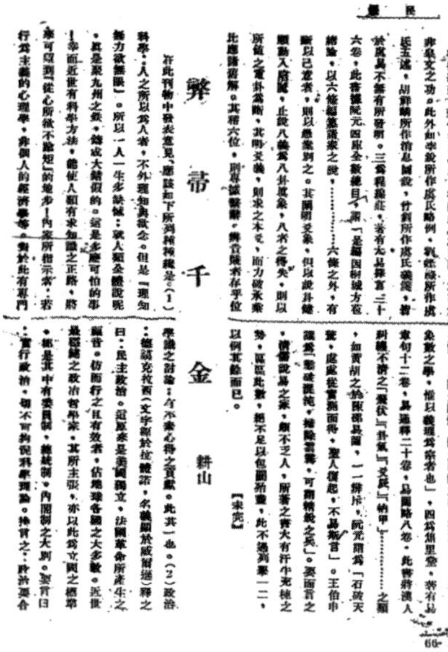

《敝帚千金》

1923年6月23日，在逼选不成的情况下，曹锟秘密建立了大选筹备处，规定：议员投曹锟一票，价5000元，总统选出后1日领款，美其名曰“会议津贴”。对于出力大的，另有特别票价，企图用金钱收买大家。

当时，共有590名议员被收买。王庚山鄙视曹的卑劣伎俩，深感这种行径有悖于宪法，拒绝贿金，不去投票。他的行为深为时人赞许，人们称他一身浩然正气，铁骨铮铮。王庚山还为在北京求学的甘肃籍学生提供了很大帮助。当时，学生若想在清华大学就学，须找保人，大多数人都是找大总统作保才行。而王庚山以其信誉和声望，可以为甘肃籍的学生当保人。

20世纪30年代以后，因看不惯国民党统治的腐败和黑暗，王庚山辞官辗转回乡以教书为业。他还在当时的甘肃民主与学术期刊《民喦（同“言”）》上发表文章《民喦正名》与《敝帚千金》，倡导科学民主与人才培养。抗日战争爆发后，他毅然送子参军抗日。

王庚山辞世后有挽联云：“既不贪财，又不怕死；只知爱国，哪知有家。”“家祭无留言，锦簇花团，饱看神州新面貌；春明说往事，黄金粪土，独称陇上硬骨头。”

（李建东）

专业西迁与学科融合

1965年3月，经中央批准，甘肃工业大学归属第一机械工业部领导。为全面贯彻落实国家“三线”建设决策，第一机械工业部决定将东北重型机械学院（哈工大富拉尔基分校）的水力机械、化工机械、石油矿场机械三个专业和北京机械学院的焊接工艺及设备专业整建制地西迁到兰州。加上来自合肥工业大学和湖南大学等校的师资力量，学校呈现出以工科类专业为主、崭新的发展局面。

东北重型机械学院三个专业师生整建制西迁甘工大前合影

当年3月底，第一机械工业部教育局局长和东北重型机械学院有关人员相继来校考察调研，4月初，开始准备搬迁迎接工作。学校成立了由党政主要领导挂帅的搬迁迎接领导小组，下设两个接待站及相应的接待机构，派专人专车办理这件事。同时派出人员分别到东北重型机械学院和北京机械学院了解安排有关搬迁的细节事项和存在的问题。学校动员留校教职工以满腔热情做好迎接事务，并倡导发扬“把困难留给自己”的精神。

原北京机械学院旧址

兰州地处大西北，比起北京和齐齐哈尔来说，各方面差距不小。但学校原有的教职工以真心实意帮助新来的教师安居乐业，用满腔热情弥补物质条件的缺陷。学校腾出当时条件较好的房屋40余套，供来兰教师安家，并组织他们游览名胜景观，参观著名的工厂企业，代为申报粮户关系，解决子女入学及家属工作等问题，甚至连洗尘送水和供应在“瓜果城”有一定声誉的“旱砂西瓜”这一类的琐事，也安排得有条不紊。

对这样大的搬迁工作，第一机械工业部特别重视，中共东北局也非常关注，并派员视察情况，后来给予了较高的评价。搬迁任务在8月下旬基本顺利完成，学校迎来东北重型机械学院的教师、干部94人，家属49户，学生406人，北京机械学院的教师、干部21人，家属8户，学生67人。除此之外，还迎来合肥工业大学及湖南大学等校调来的教师29人和家属15户。教学仪器设备与资料也依次安全运抵兰州。

广泛的共识和共同的心声，营造出百川归海的感人形势。来自首都北京、白山黑水和大江南北的许多知名专家学者，如我国水力机械学科带头人曹鹍、著名焊接专家沈世瑶、“亚洲焊王”陈剑虹、精通六门外语的水力机械专家程兆雪、开创学校阀门学科先河的杜兆年、化工机械专家刘振全，以及教育名家张德邻等青年才俊，纷纷放弃优越条件，自愿来到贫瘠落后的西部建功立业。

他们扎根西部、艰苦创业、教书育人、默默奉献，许多人献了青春献子孙，为西北地区高等教育事业发展做出了重要贡献。专业西迁集中体现了“胸怀大局、无私奉献、弘扬传统、艰苦创业”的西迁精神，彰显了一代代知识分子的家国情怀和使命追求，同时也大大提高了甘工大的整体学术水平和人才培养能力。

20世纪60年代的甘肃工业大学校门

西迁前，学校经过40年的艰难发展，逐步形成机械制造、电力、工民建、无机化工、采矿5个主要学科，教职工240多人。西迁后，450多名甘工大人众志成城、无私奉献。经过学科融合和专业调整，许多专业在国内特色鲜明、享有盛誉。其中，机械制造、铸造、焊接、水力机械、化工机械、液压、自动控制、电气工程、土木工程等10个专业在当时具有代表性。学校整体办学水平上了一个新台阶，为后续发展奠定了坚实的基础。甘工大人把爱国奋斗作为教育教学的重要内容，坚定理想信念，注重学用结合，践履知行合一，把学术研究与人民需要联系起来，把教书育人与时代使命结合起来，为甘工大的快速发展和区域经济社会发展贡献了青春和智慧，谱写了一曲曲时代赞歌。

（李建东）

甘肃工业大学试行“水发面蒸馍”的经验得到推广

1959年，在国家困难时期，甘肃工业大学根据辽宁省黑山县关于玉米面增加出饭量的做法，研究出用水发面做馍，为师生员工增加了出饭量，克服了粮食吃紧的问题。这一做法受到当时甘肃省省直国家机关委员会的重视，在省内各单位进行了推广。

各党委、总支、直属支部：

现将省委宣传部转发的《甘肃工业大学试行“水发面蒸馍”的经验》，发给你们一阅，供参考。

国家机关党委宣传部

1959年7月29日

阮部长：

我校将中央所发辽宁省黑山县关于玉米面增加出饭量的做法一文，在炊事员中做了传达，得到很大启发，研究出用水发面做馍。经过多次试验，这种水发面馍能增加出饭量的百分之六十六到百分之七十。此做法已在我校各灶推行，食者甚为满意。兹将做法及其优点分述于下。

做法：用40%—50%的白面掺上50%—60%的高粱面或其他杂面，加上125%—143%的水，在盆内和成糊状，然后加上适量的酵头搅拌均匀，放置两小时许就发酵合适了。按照面量加上适量的碱（不可多放），然后再兑上与发

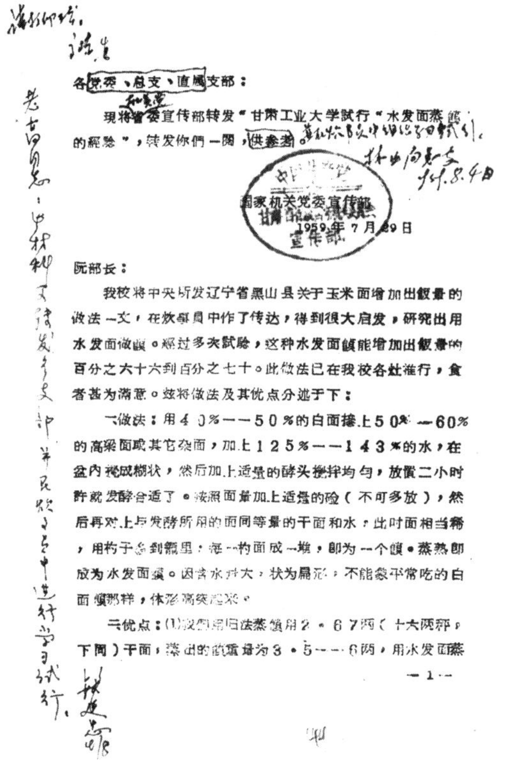
各党委、总支、直属支部：

現将省委宣传部转发"甘肃工业大学試行"水发面蒸饃的經驗"，转发你們一閱，供参考。

国家机关党委宣传部
1959年7月29日

阮部长：

我校将中央所发辽宁省黑山县关于玉米面增加出飯量的做法一文，在炊事員中作了传达，得到很大启发，研究出用水发面做饃。經过多次試驗，这种水发面饃能增加出飯量的百分之六十六到百分之七十。此做法已在我校各灶推行，食者甚为滿意。玆将做法及其优点分述于下：

一做法：用40%——50%的白面掺上50%—60%的高粱面或其它杂面，加上125%——143%的水，在盆内搅成糊状，然后加上适量的酵头搅拌均匀，放置二小时許就发酵合适了。按照面量加上适量的碱（不可多放），然后再对上与发酵所用的面同等量的干面和水，此时面相当稀，用杓子舀到籠里：每一杓面成一堆，即为一个饃。蒸熟即成为水发面饃。因含水量大，状为扁形，不能象平常吃的白面饃那样，体形高突起来。

二优点：(1)我們用旧法蒸饃用2.67两（十六两秤，下同）干面，蒸出的饃重量为3.5——6两，用水发面蒸

—1—

酵所用的面同等量的干面和水，此时面相当稀，用勺子舀到笼里：每勺面成一堆，即为一个馍。蒸熟即成为水发面馍。因含水量大，状为扁形，不能像平常吃的白面馍那样，体形高突起来。

优点：（1）我们用旧法蒸馍用2.67两（十六两秤，下同）干面，蒸出的馍重量为3.5—6两。用水发面蒸出的馍为6—6.5两，体积要比旧法的大一倍，每人如月定量为30斤，每天可吃到馍二斤四两，若月定量为25斤，则每天可吃到一斤十四两。（2）水发面馍用碱较少，也容易掌握。碱虽少，馍却松，不仅好吃，而且容易消化。至于其营养价值是否提高，有待研究，但从用碱量少来看，则有可能增高。（3）用水发面做馍用不着揉面，发酵也容易，操作简便，相应减轻了炊事员的体力劳动。（4）用碱少蒸起来易熟，节省火力、燃料。

甘肃工业大学党委会

1959年7月13日

援多哥“人民联盟之家”舞台机械生产任务胜利完成

1979年，由甘肃工业大学教师设计、机械工厂生产的援多哥“人民联盟之家”工程项目中的舞台机械，受到当时陕西、天津的援外专家和甘肃省话剧团、京剧团从事舞台机械设计安装专家的高度评价。甘肃省革命委员会援外办公室在《甘肃省援外情况反映》专门编发一期，对学校的主要做法进行了说明。

甘肃工业大学机械工厂承担生产的援多哥“人民联盟之家”工程项目中的舞台机械（非标准设备）加工任务，经过一年多努力已胜利完成。省文化局最近召开质量检查验收会议，邀请陕西省、天津市文化局从事援外工作的专家，省话剧团、京剧团从事舞台工作的人员和设计、制造、建筑、安装等单位的工程技术人员、工人同志参加，进行了认真的鉴定验收。文化部、省援外办公室、省建委的同志也参加了会议。

与会同志认为，由甘肃工业大学教师设计、机械工厂生产的这套舞台机械、加工装配比较仔细，与国内的和援外的同类产品相比，设计和加工质量是好的，而且有不少的改进和提高。大家对甘肃工业大学的领导、有关教师、技术人员和工人，在设计、制造和物资供应方面克服各种困难，为援外工作做出的贡献表示满意，并给予了很高的评价。

多哥“人民联盟之家”舞台机械的设计吸收了京、津、沪、粤、桂等地近年来新建的现代化剧场和我国援索马里、苏丹、喀麦隆等国家剧场的优点，结构简单新颖，组装灵活轻巧,重量较轻，造价便宜，标准化、通用化程度高。这套舞台机械设备包括大幕机械、假台口装置、吊杆装量和宽银幕架等部分，净重四十七吨（不包括外购配套件），共有部件57种910台（套），其中加工件278种9343件，外购配套35种2124台（件），标准件117种18900件。由于是非标准设备，品种规格多，数量少；又是援外任务，质量要求高，时间紧，一般企业都不愿承担生产。甘肃工业大学机械工厂是一个教学工厂，规模小，条件差，他们顾全大局，勇于承担任务。为了保证按质按量按期完成任务，他们的主要做法是：

第一，加强领导，狠抓思想动员和组织准备工作。通过召开各种会议，深入细致地做思想工作，使大家认识到完成舞台机械加工是一项关系国家声誉，支援世界革命的政治任务，激发了广大职工的爱国主义和国际主义精神。同时，组织各车间的有关人员到兄弟单位学习，并抽调技术水平较高、责任心强的同志组成骨干队伍，专门负责舞台机械加工任务。工厂在编制生产计划，召开生产会议，检查生产任务和物资供应时，都把援外任务列为重点，首先保证。

第二，狠抓产品质量。在加工过程中。始终强调质量第一，严格要求各车间。每道工序把好质量关，发现质量问题，随时分析原因，研究改进措施。在装配前对全部零件进行检验,不合格的坚决不装配，装配后进行整机检查，发现问题，拆开重装，同时还把外购配套产品中所有未经防护处理的零件全部改换成经发蓝处理的。

第三，领导以身作则，带动群众大干巧干，开展技术革新。工厂、车间的领导经常在第一线和工人一起劳动，为了完成生产任务，提高产品质量，大家出主意、想办法，开展技术革新活动，提出了很多合理化建议，涌现出许多好人好事。他们有一个口号叫“大家一条心，为国争荣光”。

第四，设计老师深入实践，参加生产劳动，进行技术指导。由于设计图纸没经过验证，工厂也是第一次生产，没有经验，设计老师亲自参加劳动，对在加工过程中经常出现的图纸、技术工艺、生产等各种问题随时加以解决，既推动了生产的顺利进行，同时也及时验正、修改了图纸。

目前，甘肃工业大学机械工厂根据质量检查验收会议提出的一些问题和建议，正抓紧进行改进，按照国家规定的质量检查制度进行检验后准备交货，并表示积极协同省文化局做好包装发运工作。

本期报送：省委各书记、省革委会各主任，外经部、文化部、国家建工总局，省委、省革委会秘书长，经委各主任，省计委、建委、建工、文化、广播、邮电局、省建设计院、甘工大。有档。

甘肃省革命委员会援外办公室　一九七九年九月十二日

（本文选自《甘肃省援外情况反映》第七期）

上讲台、搞科研、出国研修

1979年6月，经一机部会商甘肃省政府同意，将学校在校学生规模由1600人扩展到1985年的3000人。按照这一规模，除其他硬件条件外，最重要的是师资的数量和质量要同步甚至超前到位。

学校坚持留校分配与调入相结合，精心挑选，严格把关，确保质量，并逐年提高研究生的比例。到1985年年底，全校专任教师在册447名，他们来自25个省（市），分别毕业于国内外97所高等院校，并且多数为重点大学，平均年龄40.3岁。一支年富力强，学科门类比较齐全，各种学术思想互相交融的教师队伍日渐成熟、壮大。特别是1982年至1985年补充了106名青年教师，为学校带来了朝气和希望。

老教师具有丰富的教学经验，是学校的教学骨干，在指导研究生和中青年教师中发挥了积极的作用。学校对青年教师采取“1135”的方式进行培养，即1年社会工作，1年通过生产设计实验或其他技术工作之一项的训练，3年教学和科研工作的锻炼，5年基本成才，教学上达到讲师水平，业务上完成硕士研究生课程。全校很快形成以老带新，上讲台，搞科研，你追我赶的奋进局面。

在科研中，学校在1978年全国科学大会和甘肃省科学大会上获得“科学大会奖”的6个项目，多数都是在“文革”中就进行了研究与积累，有的已有成果。焊接专业在教学实践活动中，既得到了锻炼，充实了实验室，又在科研中取得新的成果，有两项在甘肃省科学大会上获“甘肃省科学大会奖”，其中，“低尘低毒焊条”项目又在“全国科学大会”上获得“全国科学大会奖”。同时，焊接专业教研室被甘肃省和全国科学大会授予“先进集体”称号，又被机械工业部评为“红旗集体”。

1980年至1985年，学校从中青年教师中陆续选拔出国进修者22人，分赴美国、加拿大、瑞士、日本等国学习或研修，学习期限1—7年。他们中大多数人在国外惜时如金，勤奋刻苦，勇于攀登，取得了良好的研究成果，为祖国和学校赢得了荣誉。如时任自动控制系讲师刘希远于1985年在瑞士苏黎世高等工业学院获得博士学位后，成为学校历史上第一位具有博士学位的教师，也是这所驰名世界的学院第一次将博士学位授予一位中国学者。

经过近3年的艰苦努力，刘希远在其博士学位论文《迟后型时滞控制系统的稳定性判断及稳定条件》中，对时滞系统稳定性判断有所发展与创新，解决了前人尚未解决的问题，学术水平较高，具有实际应用价值。因其知难而进的精神，他曾被《人民日报》誉为“科学征途上的勇士”。1985年7月，刘希远谢绝国外高薪聘请，毅然回国，并决定“扎根西北，不改初衷，回国又回窝，继续在甘工大生根、开花、结果，创事业”。其他出国研修的教师陆续学成回校后，多数都逐渐成为学科带头人和学术骨干。

（潘彩燕）

实验教学步入快车道

1980年前，学校科研工作有什么条件就争取什么课题，参与者主要是中老年教师，其基地则依靠专业实验室。1982年，学校根据经济发展提出了开创我校科学研究、实验室建设新局面的目标。

据统计，1977年年底，全校共有实验室14个，其中3个基础课实验室、11个专业实验室，总建筑面积为9770平方米，仪器设备1537台件，累计投资340万元。能开出实验178个，占应开实验的41.8%，缺口很大。

为此，学校推广焊接、机制“以科研促建设”的经验，提倡化机实验室“干则变”的精神，在一机部教育局的关心和加大资金投入的情况下，学校在经费使用上向实验室倾斜，如1981年对实验室的投入就占了全校总经费的12%，较历年建设实验室的平均经费增加了1.3倍，不仅新建了4个实验室，还使部分实验室具备了相当实力，并涌现出一大批建设实验室、安心实验室工作的先进集体和个人。

到1981年年底，全校实验室增至18个，包括基础课部物理、化学、力学实验室，一系机制（包括公差）、铸造、焊接、热处理（包括金相）实验室，二系水机（包括水力学）、化机、矿机、液压、机设实验室，三系电工、工企实验室，四系工民建实验室，还有正在筹建的金工实验室、电子计算机室和电化教育室。实验室建筑面积近12000 平方米，仪器设备4500余台（件），价值650余万元。工作人员已增至66人，其中工程师18人。据统计，实验开出率已达70%左右。

1981年12月，学校召开了历史上第一次以实验室工作为内容的专题会议——甘肃工业大学实验室工作会议。在会上，当时分管教学工作的张德邻副校长指出，实验教学是高等学校教学结构中的重要组成部分，是实践教学中重要的和提高性的环节。我们要从满足高级工程技术人员的科研需要的角度来认识实验室工作的重要性。在教学上要完成“三基”的培养要求，即基础理论、基本知识和基本技能培养，仅仅依靠课堂教学，是无论如何也实现不了的，必须在理论与实践相结合的过程中，在启发学生向未来探索的各个教学环节中进行全面培养和训练，其中，实验教学和研究占据着重要地位。科学技术比较发达国家的实验室几乎都建在大学里，这些实验室的特色、能力和装备水平成为一所大学水平和地位的重要标志。这些学校依靠实验室一方面发挥高等学校多学科的优势，进行大规模的科学研究；另一方面作为智力开发的条件，培养高级专门人才，从而形成人才加成果的技术经济优势。我们应该站在这样的高度上，用这样的战略眼光，来规划我校实验室的发展和建设。从教学工作和教学质量来看，我国同发达国家的差距并不在课堂教学，而在于实验教学的条件和水平。现在亟待改革教学结构，改变那种只重视灌输知识而忽视智能培养的现象，而把实验教学和实验室工作搞上去，是改变这种局面的重要措施。

会议提出，下决心改变实验室的面貌，做到“年年有变，三年小变，五年大变”，并制订了具体规划。

这次会议精神的贯彻使学校实验室建设步入了快车道。学校采取加大投入、填平补齐、引进设备、修旧利废、建立制度、教师轮流下实验室、以科研促建设等措施，短短4年，实验室建设费和设备费净增202.8%，实验开出率达87%，不少专业实验开出率达100%。

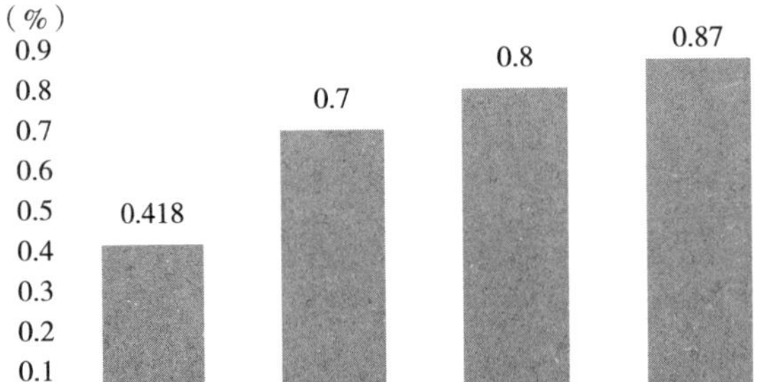

1977—1985年实验开出率

到1985年年底，学校实验室仪器设备已达5754台（件），其中万元以上大型精密仪器设备约150台，总值600万元，各种仪器设备总值达1176万元。9年来学校新投入868万元，相当“文革”10年教学设备投资的3.3倍，初步满足了教学实验和科研的需要。

这些成绩的取得，与广大教职员工识大体、顾大局、发扬艰苦奋斗的精神分不开。老师们认为：“创造工作条件比改善生活条件更重要。”如1981年，学校矿机专业教师自己动手，清理库房，在十分简陋的条件下开出了往复泵性能和小型井架应力测定及分析两个实验，实现了设立专业20年时间以来首次开出实验的愿望；1983年又开出了ZJ-45钻机测试方面的6个实验。铸造专业没有专用实验室，开始是在一号楼一楼几间教室里做实验，后因维修，又转移到液压实验室的一间空房里，仪器设备放在一起，开什么实验就摆什么设备，用完马上收起来。教师们不但给本科生开教学实验，逐年提高开出率，而且坚持开展科学研究，培养研究生，表现出高度的事业心和对学生高度负责的精神。另外，科研促进了实验室建设，特别是开展应用性研究和技术服务，其获得的经费不仅为学校增加了积累，而且使实验室建设有了较多的财力支持，大大加快了实验室的建设速度。

（潘彩燕）

校董会的成立

随着高等教育办学体制改革的深化，学校在努力为经济建设和社会进步服务的同时，主动加强与社会的联系，广泛开展各种形式的学研产合作，进一步促进了学校的建设与发展。学校于1996年10月决定组建甘肃工业大学董事会、甘肃工业大学校友会。

为了进一步深化高校办学体制改革，形成以部、省两级政府办学为主，社会各界参与办学的新格局，使学校更好地面向社会，为机械行业、西北地区及甘肃社会经济发展服务，学校决定积极筹备组建校董事会。1996年12月，学校成立了领导小组，下设筹备办公室，设立了秘书组、联络组、综合组，有关筹备工作陆续展开。随后又向机械工业部报送了《关于成立甘肃工业大学校董会的请示》。

1997年4月，在认真调查研究、广泛征求意见的基础上，筹备办公室起草了《甘肃工业大学校董会教育、科技合作协议书》，就各董事单位之间开展委托研究、科技开发、科技成果转让、组建科技联合体、合作创建高新技术产业、实验室开放、产品测试、人才培养、资助办学、兼职教师等工作的权利和义务做出了明确规定，并向省内外有关企、事业单位发出了参加校董事会的邀请函。

经过近一年的筹备，已有省内外80多家企业、科研单位自愿参加甘肃工业大学董事会。1997年10月25日在校图书馆科技报告厅隆重召开了甘肃工业大学董事会成立大会。大会议程包括开幕式、观看介绍学校发展的录像片和展览、参观实验室和校办产业、讨论董事会章程和协议书、洽谈合作项目、选举董事长和副董事长等。校董事会召开期间，学校还为“甘肃省有色金属复合材

1997年校董事会成立

料工程技术研究中心”和“甘肃省CAD/CAM咨询中心”举行了授牌仪式。参加成立大会的除各董事单位的代表外，还有在兰州的兄弟院校、科研院所、企事业单位领导、新闻媒体的记者、学校全体中层干部和教授及民主党派人士等共370多人。出席成立大会的领导有机械工业部常务副部长邵奇惠、中共甘肃省委副书记李虎林、甘肃省人民政府副省长韩修国、甘肃省政协副主席邓成城、兰州市人民政府市长朱作勇等。大会由校党委书记刘秀芝主持，校长洪毅致辞。机械工业部常务副部长邵奇惠在会上讲了话，指出具有悠久办学历史和良好办学传统的甘肃工业大学已发展成为一所集机械、电子、信息、材料、化工、建筑和经济管理等多学科于一体的综合性工科大学。历届领导班子坚持党的基本路线，发扬艰苦奋斗的创业精神，坚持走内涵发展的办学道路，为国家经济建设和社会发展培养了大批专门人才，学校的各项事业也有了长足的进步，形成了自己的办学特色。他希望校董会本着“资源共享、互惠互利、共同发展”的原则，加强联系，互通有无，优势互补，在合作的形式上从实际出发，可以不拘一格。学校要带头履行各项义务，为其他董事单位提供便利和优惠。甘肃省人民政府副省长韩修国代表省政府在会上讲了话，在充分肯定学校办学取得的成绩后，要求学校与企业联合，走产、学、研结合的道路，建立起市场、科研、开发、生产紧密结合的新体制，按照十五大精神，把甘肃工业大学办好，为促进科技进步、经济发展做出新的更大的贡献。

会议期间，代表们在认真讨论、修改的基础上，通过了《甘肃工业大学董事会章程》，并选举产生了甘肃工业大学董事会成员。机械工业部常务副部长邵奇惠当选为董事长，甘肃工业大学校长洪毅为常务副董事长，甘肃省政协副主席甘肃工业大学教授陈剑虹、山西省副省长彭致圭、湖南省政协副主席范多福、机械工业部教育司司长涂仲华、兰州市市长朱作勇、甘肃省教委副主任李重庵、兰州电机集团有限责任公司董事长阳贻华为副董事长。张忠敬等25名同志为常务董事，张宏彦等44名同志为董事单位代表。同时，大会决定成立秘书处，负责处理董事会日常事务，并由甘肃工业大学常务副校长吴育才任秘书长。

校董会成立大会期间，共收到各类贺信、贺电、贺匾28件。同时，校董单位还给学校捐资、赠物总值达600多万元。在充分协商的基础上，与会部分代表还与学校在学生实习、项目开发和长期科技合作等方面签订了协议。

在甘肃工业大学董事会成立大会圆满结束后，各项工作相继展开。董事会正式印发了《甘肃工业大学董事会章程》，明确了董事会的任务、组织机构、董事单位的权利和义务、董事会基金及其管理等事项，同时还印发了《甘肃工业大学董事会组成人员名单》，制定了《甘肃工业大学董事会秘书处工作条例》等。

1998年10月，甘肃工业大学校董会一届二次会议在专家楼召开，大会由校董会秘书长吴育才主持。参加会议的有51个企事业单位的领导、代表和来宾共90人。校长洪毅代表董事会做了董事会工作报告。报告介绍了学校一年来的工作成绩，此外还总结了校董会一年来的工作，主要由董事会秘书处制定了有关工作文件；设立了秘书处办公室；编印了《校董会通讯》并向各校董单位邮寄；建立了校董会统计报表和信息反馈制度；有关领导和人员还外出进行了调研，走访了部分董事会单位；从董事单位招收了60多名本、专科学生和9名在职研究生；向董事单位输送了74名毕业生；与董事单位签订了30项科技合作协议，总金额达500余万元。报告了校董会基金使用情况，通过了旨在加强学校和各董事单位之间科技合作的《甘肃工业大学董事会科技合作委员会工作条例》，表决通过接纳了新的董事单位。

（刘文博）

博士学位授予权实现零的突破

1996年4月，国务院学位委员会批准我校机械学、金属材料及热处理两个学科硕士学位授予权。1998年，国务院学位委员会又批准我校工程力学、通信与信息工程两个学科硕士学位授予权，使学校的硕士点增至13个。1996年，国务院学位委员会办公室批准我校进行在职人员以同等学力申请硕士学位的试点工作。当年，学校根据《国务院学位委员会关于授予具有研究生同等学力的在职人员硕士、博士学位暂行规定》和《关于进一步做好在职人员以研究生毕业同等学力申请硕士学位工作若干问题的通知》的有关规定，制定了《甘肃工业大学关于在职人员以研究生毕业同等学力申请硕士学位工作的实施细则》，就我校开展该项工作做出了明确规定。1997年学校即招收18人开始了试点工作。

经过几代人的努力，在办学条件、办学实力和办学水平等方面，学校已具备博士生培养能力。学校领导适时提出争取以焊接专业为代表的材料加工工程学科的博士学位授予权，以全面推动学科建设工作。1996年12月，学校成立了以校长为组长的博士点申报工作领导小组和办事机构，并积极主动争取部、省及国务院学位办公室和国家教育部等方面的支持。1997年，学校正式向甘肃省人民政府、甘肃省教育委员会提交了《关于甘肃工业大学申请增列为博士学位授予单位的报告》。甘肃省地方政府也积极向国务院学位委员会进行推荐。在此期间，国务院学位办公室副主任顾海良和甘肃省有关领导来校考察。1998年6月，国务院学位委员会正式批准我校为新增博士学位授予权单位，材料加工工程学科具有了博士学位授予权。从此，学校实现了博士学位授权点零的突破，办学层次又一次实现了新的飞跃，成为西北除陕西省以外唯一具有工科博士学位授予权的工科院校。

博士学位授予权的获得，是学校建设发展史上新的里程碑，全体教职工深受鼓舞，进一步增强了迎接21世纪挑战，努力办好甘肃工业大学的信心。1998年7月，经机械工业部专家评审，学校陈剑虹、许广济、李鹤岐3位教授通过了学校首批博士生指导教师资格审定，学校当年予以聘任。

（刘文博）

新校区破土而出

兰州理工大学彭家坪校区开发建设是学校“十五”期间基本建设的重点工作，也是省属高校建设的第一个新校区。这项工程的建设，凝聚着学校三任领导班子的智慧、心血和全校师生员工的辛勤汗水。

彭家平校区开工建设

2000年，根据办学规模持续扩大的现实，学校在并入甘肃省轻纺工业学校后，决定以该校原校园为基础，向周边征地建设新校区，并成立以时任副校长李慧同志为主任的彭家坪校区建设与管理委员会，具体负责征地工作。历时一年多，经过与七里河区彭家坪镇政府和当地村委会的反复协商，2003年8月，学校与七里河区政府签署了征地协议。新校区新征土地1088亩，征地补偿标准为每亩11.8万元。学校一边办理征地有关手续，一边开始大规模建设的前期准备工作。2004年年初，完成了围墙修筑工程。

为了全面推动校区建设，学校决定撤销新校区管理与建设委员会，成立新校区开发建设委员会。2005年8月底，一期22万平方米的建设工程，包括建筑面积2.8万平方米的两幢教学楼，1.1万平方米的实验楼，13.7万平方米的16栋学生公寓，1.8万平方米的学生食堂，4140平方米的体育训练馆，以及锅炉房、洗浴中心、运动场、水暖电等配套工程全部竣工，并交付使用。2005年9月，彭家坪校区迎来了4000余名2004级学生和来自全国各地的4000余名2005级新生。截至2005年年底，学校投入彭家坪校区建设的资金达4亿多元。

彭家坪校区的开发建设，得到了省市区政府及社会各界的高度关注和大力支持。时任甘肃省常务副省长徐守盛做出批示，减免了部分征地费用；时任省委常委、兰州市委书记陈宝生亲临学校调研，并协调兰州市政府改造了由老校区通往新校区的道路；时任副省长李膺多次对新校区建设工作做出批示，并与省教育厅厅长白继忠等多次到新校区现场办公，帮助学校解决征地、建设中的困难和问题。

彭家坪校区的开发建设，凝聚着学校领导班子的智慧和心血。从2001年征地开始，时任党委书记刘秀芝、校长王智平等主要领导就亲临一线，先后多次与省市区主要领导协商，解决了征地范围、补偿标准等许多关键问题。2002年，学校决定规划与征地同步进行，并邀请清华大学、同济大学、哈尔滨工业大学等国内一流高校设计院为彭家坪校区进行规划设计，并最终决定采用同济大学的规划方案。2003年，征地工作进入攻坚阶段，时任党委书记王智平、校长袁占亭多次向上级领导汇报进展情况，推动了征地工作的顺利进行。2005年4月后，时任党委书记王智平、校长李慧多次与相关银行沟通，积极争取贷款。同时，学校对基本建设的重点进行了调整，暂停拟在老校区建设的大学科技园、体育馆等重大建设项目，集中人力、物力、财力投入新校区建设。

6月，学校决定由时任副校长陈彪同志全面协调彭家坪校区搬迁和新学期开学准备工作。暑假期间，在陈彪副校长主持下，经过学校多个单位、部门的共同努力，4000余名学生搬家和基础课程实验设备搬迁工作及近百项涉及学生学习、生活等方面的项目全面完成，为2005级新生入学报到和2004级学生的迁入做好了充分准备。

2005年10月18日，学校隆重举行了彭家坪校区启用庆典仪式。

彭家坪校区的开发建设，是在学校办学经费十分紧张，地方政府基本建设投入严重不足的情况下，学校通过社会融资、银行贷款和自筹等多种方式筹措资金完成的。学校借助社会力量加快学生公寓及配套生活设施建设，分别于2004年4月、5月与甘肃大西洋投资发展有限公司、甘肃海厦置业有限公司签订8栋学生公寓、1栋学生食堂、1栋综合服务楼合作建设协议，缓解了学校经费紧张的问题。在实际运行过程中，由于合作建设单位的经营目标与服务人才培养的要求存在较大偏差，学校审时度势，分别于2007年、2009年1月将甘肃海厦置业有限公司、甘肃大西洋投资发展有限公司建设的公寓、食堂、综合服务楼的经营权整体收回。至此，校区所有的服务与经营均由学校统一管理。

一期工程完工并交付使用后，学校继续想方设法加大投入力度，不断完善校区的功能设施。2006年，建筑面积为6139平方米的工程训练中心、建筑面积为1.1万平方米的田家炳科学实验楼、拥有400米标准塑胶跑道和标准人造草坪足球场的田径运动场及面积约1.5万平方米的"宜海"湖工程竣工。与工程建设同步进行了环境治理和绿化景观工程建设，共种植各种树木3万余株（未含灌木、花卉），种植草坪绿化面积约350亩。2007年，建筑面积1.89万平方米的

如今的彭家坪校区

北学生食堂、5条绿化带人行道工程竣工。2008年9月，建筑面积为1.5万平方米的4号教学楼和中心配电室、室外高压电供电系统投入使用。2009年，建筑面积为1.5万平方米的6号教学楼、建筑面积为3913平方米的运动场看台工程开工。

彭家坪校区的建成，使学校的办学空间大大扩展，为学校的人才培养奠定了坚实的基础。学校校园总占地面积已达2230亩，其中老校区占地面积1050亩，彭家坪校区占地面积1180亩（含后期征地92亩）。两个校区已建成使用的校舍总面积达82.4万平方米，在建10.8万平方米。

（刘文博）

焊接精神：胸怀理想 开拓进取 团结奋斗 敢于争先

2014年6月27日，兰州理工大学焊接专业成立50年庆典活动在学校逸夫科技馆隆重举行。曾经在焊接专业工作过的教师、特邀代表和校友、师生等400多人汇聚一堂，畅谈焊接50年发展。庆典提出，大家要传承和弘扬“胸怀理想，开拓进取，团结奋斗，敢于争先”的焊接精神。

校友捐赠

时间回到1965年，原北京机械学院焊接专业师生迁入甘肃工业大学，并入机械系，增设焊接专业。1988年，原焊接教研室撤销，并从机械系分出成立焊接系。1998年，根据国家颁布的新专业目录，焊接与铸造、金属压力加工专业合并成材料成型及控制工程专业。2005年，焊接专业被确定为学校的重点与优势专业，2007年成为国家级特色专业。2008年，经教育部批准，恢复设立“焊接技术与工程”特色专业。1998年，以焊接专业为主要依托的材料加工工程学科成为甘肃省第一个工学博士学位授予点。

焊接技术与工程专业经过几十年的发展，主动顺应我国焊接技术发展的需求，不断优化专业特色，在人才培养和学科建设方面受到社会的广泛认可，人才培养质量、社会声誉、毕业生一次就业率多年来一直保持在95%以上。焊接专业5000名学子遍及华夏大地。毕业生具有基础扎实、实践能力强、踏实肯干的特点，在国内焊接行业内受到广泛赞扬，一大批学子成为科技专家或管理干部。中国经济年度人物、“全国五一劳动奖章”获得者刘霞，兰州威特焊材科技股份有限公司董事长傅开武等优秀校友就是其中的佼佼者。

多年来，焊接专业建立了一支具有坚实基础理论水平、较强的科研能力、较强的解决工程实际问题的能力、能追踪学科前沿的素质优良的师资队伍。专业坚持科研与教学相结合，承担国家层面的多项“863”“973”项目，国家自然科学基金项目及企业的大型攻关项目，涌现出一批优秀科技人才，例如被誉为“亚洲焊王”的陈剑虹教授、我国著名焊接专家沈世瑶教授等。截至2018年，焊接专业共晋升23名教授，享受政府特殊津贴7人，获得“全国五一劳动奖章”2人，入选国家“百千万人才工程”等6人。

兰州理工大学焊接技术与工程专业实验室和科研平台建设从无到有、从弱到强，现已建成“省部共建有色金属先进加工与再利用国家重点实验室”和“材料工程国家级实验教学示范中心”。硬件条件完全满足开展高水平科学研究和培养高素质人才的要求。

一些焊接技术与工程专业教师成长为党政领导高级干部。原焊接教研室主任张德邻先后担任甘肃工业大学校长、党委书记，机械部党组成员、副部长，重庆直辖市第一任市委书记，中共中央国家机关工作委员会常务副书记等；陈彪曾任兰州理工大学副校长，后任兰州工业学院院长、党委书记；夏天东现任兰州理工大学党委书记。

张德邻1964年毕业于清华大学焊接专业，1965年举家迁来兰州。他在工大工作了20多年，曾担任焊接协会四届理事长，全身心地投入学校和焊接专业的

甘肃工业大学原校长张德邻致辞

建设及发展事业中，带领焊接教研室全体教师艰苦创业，克服一切困难，为焊接专业跻身国内一流专业奠定了坚实的基础。张德邻调离学校后一直心系母校，曾多次返校指导专业建设，对学校的焊接精神倍加赞赏，拳拳之心溢于言表。

焊接专业不断发展壮大的历史，也是兰州理工大学红柳精神的具体体现。在1979年甘肃工业大学思想政治工作座谈会上，学校党委就提出：要学习焊接教研室将思想政治工作渗透到教学科研中的做法，学习他们艰苦奋斗、齐心协力、兢兢业业、多做贡献的精神，学习焊接党支部顾全大局、坚持原则、敢抓敢管、模范民主的作风。

专业建设初期，虽然实验室面积小、条件差，尤其是在“文革”中历经坎坷，但焊接人矢志不渝，始终胸怀“建设国内一流专业”的理想，以国内外领先的焊接专业为目标，奋力追赶，不断进取，最终在全国高校焊接专业中脱颖而出，跻身一流行列。科研成果令人瞩目，专业发展独具特色，人才培养质量得到社会广泛认可。

现在，焊接专业已成为兰州理工大学的名牌专业，在全国具有较大的影响力。焊接专业是一个团结的集体，也是一个光荣的集体。焊接教研室曾获得机械工业部“红旗集体”称号，焊接专业被授予“省高校首届科学大会先进集体”称号，焊接实验室获得机械工业部“先进实验室”称号，焊接党总支获得“甘肃省高校党建和思想政治工作先进集体”等荣誉。

50多年的奋斗历程，是焊接专业忠诚党的教育事业，不甘落后，敢于争先的历史。历代焊接人长期坚持创新研究，而且成绩斐然，始终将教学与科研相结合，并在学校第一个博士点和博士后科研流动站、第一个国家重点实验室、国家级实验教学示范中心、国家级特色专业、省级重点学科等学科发展的重要突破中发挥了重要的支撑作用，引领了兰州理工大学特色专业的发展，树立了学校事业发展的标杆。

潘际銮院士在焊接50年的贺电中写道：“五十载披荆斩棘，积跬步，致千里；天命后，激流勇进，汇江河成大海。”这是对焊接专业的褒奖，也是寄予的厚望。“胸怀理想，开拓进取，团结奋斗，敢于争先”的焊接精神，也必将激励全体焊接人，在各自的岗位上继续培育英才、发展实业、锐意创新、矢志报国。

（李建东）

深入人心的“红柳精神”

红柳是西北地区一种普通而特有的植物。在风沙肆虐、干旱少雨的西北高原，红柳以其干旱渴不死、盐碱苦不死、严寒冻不死、风沙埋不死的超强生命力，成为西部精神的象征。100年来，学校如红柳般坚韧顽强的办学历程，充分体现出以“艰苦奋斗，自强不息，求真务实，开拓创新”为内涵的红柳精神，这为学校事业的发展积淀了思想动力，提供了文化滋养，得到了师生员工、校友伙伴和社会各界的普遍认同。

中华人民共和国成立前，学校曾数易校名、几迁校址，依靠租赁校舍艰苦办学、兴办实业，在风雨如晦中自小而大，报国图存。1919年，初创学校的测绘学专家牛载坤，在艰苦卓绝的环境中，坚持实业救国，培育人才；化学专家水梠、城市与建筑规划大师任震英、著名教育家赵元贞、数学家段子美等仁人志士，身处西北一隅，坚守爱国理想，履行教育使命。1958年创办大学后，学校几上几下，坎坷前行，李之钦、张德邻、陈剑虹、沈世瑶、曹鹍、刘振全、程兆雪和杜兆年等专家学者，发扬“西迁精神”，积极响应国家“大三线”建设的号召，把一生奉献给了党的教育事业。学校汇聚优秀师资，积淀大学底蕴，在陇原大地谱写了一曲曲红柳赞歌。

学校数代师生员工身上体现出的精神特质正如红柳一样，充满了战风沙、斗严寒、耐酷暑的时代印记。创办大学前的40年，学校教职工依靠租赁校舍、肩扛背驮到黄河取水艰苦办学。创办大学之初，教职员工自己垦荒种菜，自己动手修建校舍，自制教具，自编教材，硬是依靠艰苦奋斗精神在昔日的土堆岗上建成了大学。特别是1965年机械工业部接管学校后，来自首都北京、白山黑水、大江南北的许多知名专家学者，如我国水力机械学科带头人曹鹍、著名焊接专家沈世瑶，以及“亚洲焊王”陈剑虹等青年才俊，纷纷放弃优越的工作生活条件，自愿来到贫瘠落后的西部建功立业。他们扎根西部、艰苦创业、教书育人、默默奉献，许多人献了青春献子孙，为西北地区高等教育事业发展做出了重要贡献。

在教育部本科教育水平评估、审核评估和国际工程教育专业认证中，各专家组高度赞扬“红柳精神”在办学治校中的突出作用。用人单位评价毕业生“吃得苦，留得住，用得上，贡献大”，历届校友将其奉为事业发展的不二法门。“红柳精神”在学校创建高水平大学、推进“双一流”建设的征程中彰显出蓬勃向上的新时代力量。

在“红柳精神”的引领下，70%的毕业生投身西部大开发，涌现出“神舟”九号飞船系统副总设计师李卫、首届“甘肃省科技功臣”李维谦、一家三代奉献国家航天事业的柳晗等杰出代表。学校坚持将“红柳精神”纳入师德师风教育体系，以“全国师德标兵”杜永峰教授为代表的一大批老教师传道授业解惑，激发了青年教师创业育人的理想抱负，不仅顶住了“孔雀东南飞”的压力，而且使师资水平一直居于甘肃高校前列。“红柳学科计划”“红柳人才计划”“红柳大讲堂”和《红柳颂》等文化品牌，产生了广泛而深远的影响力。

自2008年开始，学校启动的“红柳人物”系列宣传，通过讲述身边人、身边事，以榜样的力量感召人，以先进的事迹鼓舞人。目前，累积宣传报道师生典型千余人次，编印系列书籍6本，在校内形成了尊师重教、赶超先进的时代正能量，为培养德、智、体、美、劳全面发展的社会主义建设者和接班人营造了浓厚的育人氛围。全国师德标兵杜永峰，见义勇为英雄魏玉川，中共十八大代表、国宝级潜航员傅文韬，“全国五一劳动奖章”获得者、中国经济年度人物刘霞等就是其中的佼佼者。

（李建东　朱莉萍）

国家重点实验室十年磨一剑

2013年12月20日，科技部和甘肃省人民政府联合下文，正式批准依托我校建设“省部共建有色金属先进加工与再利用国家重点实验室”。这是甘肃省属高校第一个获批建设的国家重点实验室，是学校继1998年获得工科博士学位授予权后取得的又一重大突破，是学校建设国内高水平教学研究型大学的一座重要里程碑，标志着学校成功进入国家创新体系，科技创新实力迈上了一个新的台阶。

学校省部共建国家重点实验室的建设发展历程，是一部理工大人扎根西部、默默耕耘、无私奉献的创业史，也是一部理工大人自我加压、奋力拼搏、勇于超越的奋斗史。

2002年11月，经甘肃省科技厅批准，在原“甘肃工业大学材料科学与工程实验室”基础上成立了“甘肃省有色金属新材料重点实验室”，学校在建设经费非常紧张的情况下，投入大量资金重点建设该实验室。2003年1月3日，经科技部批准，“甘肃省有色金属新材料重点实验室”正式获准为省部共建国家重点实验室培育基地，这是甘肃省第一个省属高校省部共建国家重点实验室培育基地。2005年4月，该培育基地通过了国家科技部建设验收。实验室学术委员会由有色金属材料界著名专家学者15人组成，其中院士4人，中国工程院院士、材料化学专家薛群基教授任实验室学术委员会主任，甘肃省政协副主席、中国焊接学会理事长、原甘肃工业大学校长、国家有突出贡献专家陈剑虹教授任实验室名誉主任，甘肃工业大学副校长郝远教授任实验室主任。2005年8月，甘肃省科技厅任命夏天东教授为重点实验室主任。2010年10月，学校决定将重点实验室机构单列，并任命寇生中教授为重点实验室主任。

10年间，实验室立足甘肃有色金属资源与产业优势，针对国家新材料产业及循环经济发展战略、甘肃经济社会与有色金属材料学科发展需求，积极组织科研攻关，不断加强科技服务，形成了明显的科研优势与特色，对甘肃省有色金属产业结构调整升级、区域循环经济发展提供了强有力的技术支撑。实验室先后承担了59项国家级、100多项省部级重大科技项目和企业难题招标项目，解决了镍钴金属资源高效利用、不锈钢加工工艺、镁合金微弧氧化技术和异种金属焊接技术等基础科学问题和关键技术问题。同时，实验室在人才培养、科研成果转化及推广方面取得了长足发展，充分发挥了重点实验室作为甘肃省有色金属新材料开发与深加工基地、人才培养基地和产学研基地的作用，为推动地方经济发展和实现工业强省战略做出了重要贡献。2006年、2008年和2011年连续三次以“优秀”的成绩通过了甘肃省科技厅组织的实验室评估。

为推进国家重点实验室培育基地建设，省委、省政府主要领导多次来到实验室视察指导建设工作，投入专项建设资金，设立了专项科研计划；学校也反复凝练研究方向，多次邀请专家论证，逐渐厘清了建设思路，使重点实验室的层次、内涵和科技创新能力，特别是其在行业的影响力发生了根本性的改变；重点实验室积极利用学校柔性引进高层次人才的政策，先后柔性引进了清华大学“洪堡”学者、“长江学者”特聘教授、国家“杰出青年基金”获得者曾攀教授，中科院金属研究所“洪堡”学者、国家“杰出青年基金”获得者马秀良研究员等知名学者，形成了一支年龄与知识结构合理、长期从事有色金属加工成型的科研队伍；重点实验室已具备了研究我国镍钴金属等有色金属重大基础问题和关键科学技术的基础条件。

2010年3月，省委、省政府与清华大学签订省校合作框架协议，随后根据协议提出在“甘肃省有色金属新材料重点实验室——省部共建国家重点实验室培育基地”基础上，与清华大学联合建设“有色金属先进成形技术重点实验室”。2011年9月，在教育部和甘肃省人民政府领导见证下，兰州理工大学与清华大学签订了正式合作协议。2012年，重点实验室与金川有色金属集团公司联合牵头推进镍钴金属新材料协同创新工作，建立协同创新中心，同时积极协助金川公司建设镍钴新材料企业重点实验室。

为早日进入国家重点实验室的行列，甘肃省及学校尝试从各种渠道、以各种方式积极争取申报国家重点实验室。在申报方式上，从最初的晋升申报，到与清华大学联合申报，最终确定为省部共建申报；在实验室名称上，从“有色金属新材料”“镍钴金属先进成形技术”“有色金属成形与连接”到“有色金属先进成形技术”，最后定名为“有色金属先进加工与再利用”；在申报材料上，从2011年9月到2013年10月，历时两年，学校组织国内相关专家反复论证，经过30余次修改，最终形成《有色金属先进加工与再利用省部共建国家重点实验室建设申请报告》，上报科技部。

2013年12月14日，由科学技术部与甘肃省人民政府共同组织的“有色金属先进加工与再利用省部共建国家重点实验室遴选论证会”在学校召开。以中国科学院院士、中国科学院金属研究所所长、沈阳材料科学国家（联合）实验室主任卢柯院士为组长的9位专家听取了实验室主任曾攀教授的报告，对实验室进行现场考察，并审查了相关资料。经过充分质询、讨论后，专家组对实验室的建设给予高度评价并形成一致意见：“该实验室针对国家新材料产业及循环经济发展战略、甘肃经济社会与有色金属材料学科发展需求，确定了镍钴金属材料及先进加工、轻金属半固态加工及表面改性、异种金属连接、有色金属再利用等研究方向，实验室定位准确，研究重点突出，学科特色明显；同时，实验室结合地方经济的需求，围绕有色金属先进加工与再利用技术，在镍基合金纯净化及塑性加工、高性能镍基粉体材料及新型能源材料、有色金属半固态成形和微弧氧化、异种金属的连接与冶金装备制造等方面取得了重要的研究成果，形成了明显的研究优势与特色，对区域经济发展和甘肃省有色金属产业结构调整与升级提供了有效技术支撑。该实验室已具备省部共建国家重点实验室的基本条件，建议予以优先建设。”

2014年1月10日，学校召开省部共建有色金属先进加工与再利用国家重点实验室表彰大会，对在重点实验室建设申报中做出突出贡献的集体和个人进行表彰。先进集体为材料学院、科技处，先进团队为镍钴金属材料及先进加工团队、轻金属半固态加工及表面改性团队、异种金属连接团队、有色金属再利用团队，突出贡献优秀个人为陈剑虹、曾攀、毛开富、寇生中、李元东、杜雪岩、王希靖，主要贡献先进个人为陈体军、丁雨田、樊丁等19人。

自国家重点实验室获批以来，学校理顺国家重点实验室的运行管理机制、紧抓平台建设与人才培养，努力开展基础研究和应用基础研究，取得了一定成绩。

（朱莉萍）

工程学、材料科学进入ESI全球前1%

2017年3月10日，基本科学指标数据库（Essential Science Indicators，简称“ESI”）发布最新统计数据，兰州理工大学材料科学学科首次进入ESI全球前1%。至此，学校进入ESI全球前1%的学科总数达到2个，分别为工程学和材料科学。

基本科学指标数据库是衡量科学研究绩效、跟踪科学发展趋势的基本分析评价工具，它是基于Clarivate Analytics公司（原汤森路透知识产权与科技事业部）Web of Science（SCIE/SSCI）所收录的全球11000多种学术期刊的1000多万条文献记录而建立的计量分析数据库。当前，ESI已成为世界范围内普遍用以评价高校、学术机构、国家/地区国际学术水平及影响力的重要评价指标工具之一，其数据库以学科分门别类（共分22个学科），采集面覆盖全球几万乃至十几万家不同研究单位的学科。

进入21世纪以来，兰州理工大学科研成果的国际影响力不断提高，高水平论文数量持续增长。其中，2006年1月至2016年12月，材料科学学科一共发表708篇SCI论文，总被引频次4154次，有2篇高被引论文，按照被引次数全球排名791名。另外，兰州理工大学工程学发表论文367篇，总被引频次2310次，有6篇高被引论文，继续保持ESI学科世界排名前1%，排名持续上升，表明学校工程学学科的建设水平稳步上升。工程学和材料学ESI学科的突破，体现了兰州理工大学学科建设水平，在学校的发展史上具有里程碑的意义，是学校“双一流”建设取得阶段性突破的标志性成果。

一个学科是否进入ESI全球前1%排名，是衡量该学科是否世界一流的重要指标，也是衡量一所大学核心竞争力的重要指标之一。近年来，兰州理工大学高度重视ESI学科建设，推出《一流学科建设实施方案》和《创建ESI一流学科奖励实施暂行办法》等重大举措，以ESI学科建设为抓手不断加强学科内涵建设，提升学科创新能力和国际学术竞争力。

（朱莉萍）

昔日兰工坪

兰工坪位于七里河区正南部，距小西湖两公里，紧挨着骆驼巷南面的黄土坪。在20世纪50年代，兰工坪则是兰州经过七道子梁通往甘肃南部的唯一公路通道。当年汽车不多，偶尔驰过扬起阵阵灰土。

我的童年是在兰工坪度过的，小时候我曾跑遍那里的沟沟坎坎，熟悉坪上的一草一木。

两条排洪沟拥抱着这个黄土坪，东边有着从狗娃山方向及兰工坪上的多条山谷汇聚到骆驼巷的排洪沟，一路沿硷沟沿、西津桥（今小西湖民贸城处）入黄河。西边是来自西果园、韩家河方向汇聚甲子坪西侧的山水，由晏家坪东沿七里河入黄河。

过去这里是没有地名的，当年父亲的外地来信地址写的都是“兰州西郊小西湖甘肃工业专科学校”。

这里旧时十分荒凉，没有树木，没有居民，只有晏家坪村的农民种了一些靠天生长的谷子和洋芋。民国时期建成的电池厂绿树成荫，成为坪上亮丽的一道风景线。

1952年4月，我家迁至骆驼巷西头骆驼巷的原谢义锋公馆。这里离父亲单位只有一公里多路，我坐顺路的单位马车去坪上工专玩要过几次。次年春，我们家搬到工专西南头的家属院内。兰临公路由骆驼巷向西200米，沙土公路便进入向南约500米长的山道。地势逐渐抬高，公路两旁没有房屋，依山隘脚挖有一尺来宽的排水沟，两旁的山隘时高时低，最高处达十多米，上了大坡便是平坦的兰工坪。1953年秋此处拨归兰州工业学校，这个黄土坪才有了“兰工坪”的名称。此处只有三个门牌号，公路东侧的兰工坪2号为“中央地质部兰州中心化验室”、3号为“甘肃工业专科学校”（人们简称为化验室和工专），公路即当年唯一的一条街道（现在被称为兰工坪南街）。

公路西侧只有一个约3000平方米的大院，大门朝东，即兰工坪1号。临大门南边有一溜平房，共六间。沿大院四周墙边生长着十多米高的洋槐树，院子空旷，估计是旧时的停车场，不时有人来练习学开卡车。兰州工校接收此处后，雇民工花费数月建了两米多高的土墙将这片土地圈了起来。在门口的平房设置了工地指挥部，一家供销合作社和一间邮政代办点，工大修建之前这里存在几个相隔二三百米、高十来米的土山包，我也常常在上面与小伙伴们做攻防军事游戏，后来从这里扩展开来建设了工业大学。

从建筑规模看，化验室和工专两家单位本是连在一起的，整个企业建筑南北全长延绵500米，有四个大门面向兰临公路，东西宽约200米。企业的四角建有岗楼，南头还有一碉堡，如同电影中的炮楼。东边、南边都临天然泄洪沟，大院中部靠后墙有土围墙的院子建有防空掩蔽工程：在地面上架圆木柱梁，上面覆以厚土层和煤渣；洞内宽两米、可供架子车进出，人可以直立行走，可能是在抗日战争期间修建的，很少有大人来，我们偶去洞里"探险"。学校中都是土木砖混结构的平房，有成排的厂房（教室），也有几处住宅小院。另有一栋群树环抱的两层西式小楼。

整所学校位于兰临公路东侧，绿化很不错，大门前有10米宽的绿化带，种植着洋槐树、榆树，为了保水都低于公路一米多，夏天大雨后常常积满雨水。单位院内绿化也很好，路旁、房后都生长着侧柏、洋槐树、榆树、红柳、沙枣、白杨树及几株连翘、碧桃、黄刺玫，树坑间以水沟相连。林间修有砖砌的蓄水池。看来原来的单位领导或设计者很有抗旱保水的远见和先进思想。几十年来，我一直无法知道这个人是谁。

兰工坪开始建设，学校添置了两部汽车：一辆解放车装上大水罐拉水来供应生活所用，一辆车头浑圆的捷克柴油卡车用来拉东西和人员。马车马号开始退槽下岗了。每天有学生乘卡车轮流从城里校本部来此劳动，将旧时的战壕平整成场地。这里陆续盖起了四座楼，包括一座四层教学楼、两座三层的学生宿舍楼、一座两层的行政办公楼，接着又修建了实习工厂。工校在马号旁边建起了养猪场，夜里常常有野狼来骚扰。

当时，工专家属院后面狗娃山西侧的甲子坪上没有树木，山头布满旧时的碉堡战壕，农村合作社化后晏家坪村的农民在山坡上开了三层梯田。过了工专兰临公路开始下坡，跨过排洪沟上的一座小桥，向南面继续往韩家河、西果园、七道子梁方向延伸。坪下岸边有苗姓人聚集的村庄，即晏家坪村，村中有口水井和一棵数百年的高大榆树，坪上有一座庙。夏季常有狗娃山西侧和西果园方向汇聚来的山洪流经七里河桥入黄河。

当时附近没有商店，买东西要去小西湖或七里河。孩子们都在上西园小学就学，每天沿沙土公路步行或经小路过沟爬山，来回四趟十多里路十分辛苦，当时母亲为我们做鞋很头疼，一双新鞋没穿几天鞋底就磨通了，为此父亲专门自制了一套工具给我们钉鞋掌。每逢周六晚上单位都要放映露天电影，我常常和小伙伴们模仿苏联电影、书中的人物铁木耳、鲍里斯、夏伯阳、马特洛索夫等英雄，做军事游戏，盖小屋，建堡垒、要塞，在兰工坪的昔日战壕里奔跑，攻占山头……充满了无穷的乐趣。

1955年原位于萃英门内的兰州工业学校开始部分搬迁，父亲和一些教师在萃英门、“兰工坪”两头授课。当时，工校招收一批东北籍学生，父亲因材施教组织了学生足球队，参加全市院校足球比赛，获得亚军，在学生中很有威信，我亲眼看到一伙学生兴高采烈地簇拥着父亲从兰工坪下山去市里打比赛。多少年后，也还常常听到老人们对父亲足球技术的神奇渲染。

1958年，兰州工业学校扩大升格为甘肃工业大学。萃英门内的校本部和处在下沟的分部，全部迁入新校址。家属也大量增加，学校开始了大规模建设。从化验室引来了自来水，结束了汽车拉水的历史。工专旧址成为医院、后勤及家属院。1957年我上中学了，结束了我的童年，次年我家也搬离了兰工坪。

岁月流逝，韶华不再，上了年纪，许多往事逐渐消失在我的记忆深处。但那儿时生活的兰工坪工专家属院，欢歌笑语、辛苦乐趣，却久久留驻心头，我永远怀念着童年的温馨。

兰州工业学校迁来的同时，兰工坪陆续迁建了不少企业，增添了许多居民，也通了公交车，很快带起了邮电、银行、商业、服务业的繁荣。用地不断扩大，工大新开了北向的大门，附近修建了小学校，工专家属院成了学校医院，后面的甲子坪完全被绿化成了校园的风景区。兰临公路也改道西迁了，自兰工坪北侧（现兰工坪街）西行，抵七里河沟再南折通到韩家河，并入兰临高速公路。

兰州工学院1958年扩大升格为工业大学，有80多年历史的老牌工业学校，新时期后以兰州理工大学的新名，它又在西边几里处扩建了西校区。如今，整个兰工坪盖满了高楼大厦，旧貌换新颜，正在蓬蓬勃勃地发展着。

（廖敏生：其父曾在兰州理工大学前身的甘肃省工业专科学校任教，童年在兰工坪上度过。本文节选于2014年2月24日《兰州日报》副刊版。）

50年后，寻访东重旧址

1965年3月，经中央批准，甘肃工业大学归属第一机械工业部领导。为全面贯彻党对国民经济以调整为中心的“调整、巩固、充实、提高”八字方针，战胜经济困难和执行第三个五年计划，国家决策加速三线建设，逐步改变工业布局战略。根据这种形势和当时中央关于高等教育的战略布局要求，第一机械工业部决定将东北重型机械学院的水力机械（该专业前身是1955年成立于哈尔滨工业大学的我国高校的第一个水力机械专业）、化工机械、石油矿场机械三个专业和北京机械学院的焊接工艺及设备专业整建制搬迁到兰州，与甘肃工业大学保留的机械制造工艺及设备、铸造工艺及设备、工业与民用建筑三个专业共同组建成以机械类专业为主、崭新的甘肃工业大学。

搬迁任务在8月下旬基本顺利完成。其中，迎来东北重型机械学院的教师、干部94人，家属49户，学生406人。由东重迁来的三个专业慢慢发展形成了我校现在的能源工程与动力学院和石油化工学院。而东重其余的专业院系于1985年至1997年间，整体南迁秦皇岛市，更名为燕山大学。

50多年过去了，我们踏上寻访东重的路途。

齐齐哈尔市位于黑龙江省西部，“齐齐哈尔”源自达斡尔语，是“边疆”或“天然牧场”之意。齐齐哈尔是东北地区西北部区域中心城市，中国13个较大的市之一，是中国重要的老工业基地、商品粮基地、畜牧业基地和绿色食品基地，也是黑龙江省西部地区政治、经济、科技、文化教育、医疗、商贸和交通的中心，辐射黑龙江省西部和内蒙古北部，有着800多年的建城史和255年的黑龙江省省会史。

位于齐齐哈尔市富拉尔基区的东北重型机械学院校址依然留存了下来。在东重南迁秦皇岛后，该校区由齐齐哈尔市接管，齐齐哈尔医学院在此办学，后医学院迁往齐齐哈尔市区，现在由齐齐哈尔理工职业学院在原校址继续办学。

寻访东重旧址有感

高国礼

东进北上再西北，
寻访东重昔日辉。
荒芜斑驳存儒雅，
聚散去留酒一杯。
西迁途中蹉跎路，
借此光影慰前辈。
五十年后再回首，
风流岁月梦中飞。

前辈们响应国家和时代的号召，没有提任何条件，从遥远的东北来到西北，离开故乡在这里扎根。西迁来此的老一辈东重人都已经退休了，年轻的我们也许不知道他们的姓名，也不了解他们的事迹，但他们无怨无悔，将毕生精力奉献给了学校，培养出一批又一批优秀学子，为西北地区的经济社会发展做出了巨大贡献！让我们向他们致敬！

（杨天雨）

校友情系母校中的“七七现象”

如果你问90后母校是什么，他们可能这样回答：母校就是一个自己抱怨了四年却不容外人说半句不好的地方；如果你问80后母校是什么，他们可能这样回答：母校是我行走江湖的底气，她予我知识更予我做人的智慧，她让我出发又不断提醒我不要忘记为何出发……当问及50后母校是什么，1977年考入甘肃工业大学建筑工程系的他们这样回答：母校改变了我们的命运，让我们有机会为国家、为社会做点事情。

1977年是特殊的一年，那一年恢复高考，科学的春天到来了，教育的春天到来了，祖国的春天到来了。1977级的大学生都是在动乱中不忘学习、尊重知识的一批人，优秀、感恩是他们的标签，浓厚的国家情怀、集体情怀是这一代人的时代印记和群体特色。

兰州理工大学土木工程学院的1977级校友中，既有甘肃省人大常委会副主任、我校原校长李慧，海南省地方税务局原局长冯大安、我省建设厅原厅长屠锦敏等这样一批管理能手，也有参与或主持国家重点项目设计与施工的一大批业务精兵。截至目前，这批校友已有近30人被评为教授或教授级高级工程师，4人获得博士学位，3人获得硕士学位，1人在美国获得双硕士学位。无论岁月如何变迁，他们情系母校的心从未改变。

今天我们就给大家讲一个1977级老校友支持关注母校工大发展，积极创办、经营两项基金的故事，看他们如何“雪中送炭捐款、精打细算保值、大胆改革增值”，如何“把好钢用在刀刃上”，如何一心一意、坚持不懈地为学校建造这项“坚固有温度的爱心工程”。

设立基金，献给母校生日的别样礼物

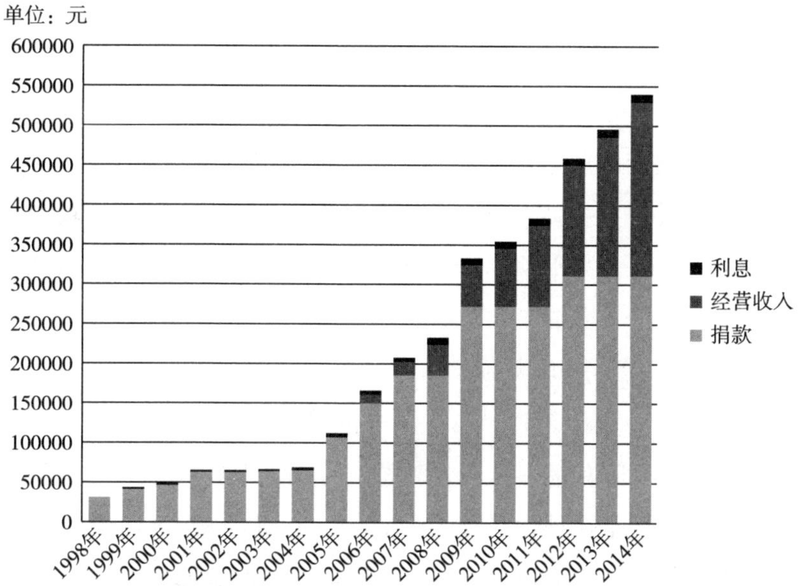

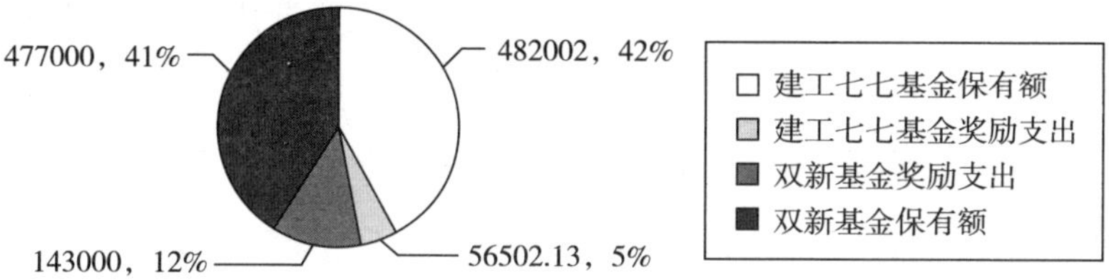

到2014年年底两项基金捐款、利息及经营利润总额已超过116万元，
其中建工七七基金总额近54万元，扣除颁奖支出后，保有额近100万元。

建工七七基金和双新基金情况

1996年，甘肃工业大学成立77周年。这一年的校庆前夕，一些建工1977级校友在同学联谊的时候，商量成立建工系七七级校友奖励基金（简称“建工七七基金”），作为献给母校生日的别样礼物。当时商定，由个人捐款资助设立优秀青年教师科研和教学研究课题。一时间，这个决定得到了全国各地建工1977级校友的广泛关注和热情支持，许多校友当即从千里之外打来电话，表达对母校的衷心祝愿。从1998年收到第一笔2.16万元的捐款开始，建工七七基金经过18年的经营，到2014年10月，基金总额累积已达54万元，先后资助了土木学院和设计艺术学院100余名青年教师科研起步。

雪中送炭捐款。1996年，土木工程专业要接受国家建设部国际接轨评估，亟须为该专业建设计算机房，而面临的困难是经费不足。建工1977级校友李俊得知后，他们夫妇二人毫不犹豫地给母校捐款1000元，而当时大多数人的月工资只有不到200元，所以这笔资金相当于一名教师半年的工资。李俊，建工1977级同学联谊会的第一任会长，正是他最早提议设立建工七七基金。多年来，李俊夫妇二人总共捐款41000元，并另外捐资3万元用于资助设计艺术学院四届大学生手绘画大赛专项基金。现任甘肃恒业房地产开发公司总经理的王保安在上大学之前是一名锻工，母校带给他的是人生轨迹的彻底改变。王保安在甘肃省建筑设计院工作10年后，20世纪90年代初就到国外下海经商。当听说母校的青年教师经费缺乏时，身在国外的他毫不犹豫地捐款，已先后出资3万元。像这样的故事还有很多：校友郭栋去世前还坚持捐款；冯大安等近10名校友、基金会成员常年在外地工作，但是，一有机会来兰州就要看看母校的发展现状；袁筱琳等校友甚至奔波万里，专程从国外回到母校参加活动。

精打细算保值。基金前期成立的时候，捐款主要交由学校财务处、土木学院管理或者存在银行。基金会成员精打细算，只为能多资助一些教师。但是仅靠校友个人出资，又有奖励支出，基金结构几经变化，如何在保值的基础上增值成为校友们面对的又一个问题。

大胆改革增值。为了能让有限的基金发挥更大的作用，2006年，建工七七基金会成员和土木学院决定将部分资金让校友王保安和徐振铎经营，每年上缴一定比例的经营利润。2008年金融危机席卷全球，银行1年存款利率由4.14%一度降到2.25%。校友徐振铎的企业受到很大影响，按照委托经营协议，此种情况属于不可抗拒因素，可暂时少向基金会上缴经营利润，但是徐振铎把母校情感放在首位，注重信誉，按时向基金会上缴了约定利润。到2014年，建工七七基金经营收入已达217600元，占到了基金总额的40%左右。

成立于2009年的“5·12”一周年纪念日的西部土木工程防灾减灾新技术新人才基金（简称“双新”基金），是由甘肃省住房和城乡建设厅、兰州理工大学共同发起，甘肃省外国专家局、甘肃省地震局协助成立的一项旨在资助和奖励土木工程防灾减灾领域青年人才的公益性学术基金，面向对象主要是本科、硕士博士研究生及博士后留学生。基金已先后奖励资助防灾减灾领域国外博士后短期访问人员3名，奖励博士生、硕士生50余名，奖励优秀本科生120余名。

双新基金成立后，为了保证基金保值增值，又是建工1977级的校友们承担起了此项任务。他们将双新基金与建工七七基金合并经营，实现了爱心基金的自主滚动发展。目前，这两项基金总额已经超过120万元。

小基金发挥大作用

“授之以鱼”亦“授之以渔”。景良竹，兰州理工大学土木工程管理专业教师，在2014年全国广联达算量大赛中，他们团队取得了历史上的最好成绩——二等奖。回校以后，景老师的团队申请到他们这个专业的第一笔科研基金——建工七七基金的资助，继续做“计算机软件在工程造价中的应用”研究。虽然只有两万元的资助经费，但在年轻的景老师看来，这实属不易。“工程管理专业属于‘大土木’中的‘小专业’，很难申请到科研经费，建工七七基金的资助，不仅是物质上的支持，更重要的是给了我们青年教师教学科研的信心和勇气。”

宋彧是一名因超龄而经过基金会特批授予1998年度建工七七基金奖的教师。当时，学校整体经费紧张，他多年都没有机会外出参加学术交流。“建工七七基金”为他提供了1000元的经费，让他赴昆明参加全国结构工程学术会议，宋彧非常认真地做了准备，一次会议上宣读了两篇论文，其中一篇获得了全国结构工程优秀学术论文奖。面对这样的惊喜，他感慨万千，多次说：“是建工1977级校友们的爱心捐助给我提供了机会，让我获得了信心。”

获得过建工七七基金资助的青年教师，之后很多成长为科研能手，他们在收获建工七七基金或者双新基金奖项的时候，亦被基金背后的科研精神所触动。韩建平、王文达、党星海、王立、丑亚玲、吴长等几位获奖者分别在几次颁奖大会上发言：“建工1977级的学长们为我们树立了学习业务的典范，树立了关心母校、服务社会的典范，更为我们树立了做人的典范。我们得到的物质支持是有限的，但这个爱心活动传递给我们的精神财富是无限的！”

用基金搭建学术平台，好钢要用在刀刃上。建工七七基金的评审流程非常严格，申请人都是土木学院青年教师中的佼佼者。申请人递交申请后，还要经过初审、院内参评、校外专家函审等过程，获奖者的论文和申请项目经常递交到日本、美国等专家手中。双新基金同样选择的是优秀的学生加以资助，甚至资助过3名来校做短期学术访问的博士后留学生。基金会校内负责人杜永峰老师主张开放性的科研，用基金打造与国际接轨的学术平台。获奖对于获奖者而言已经不单单是物质奖励，更是对其学术研究的肯定。从2015年起，建工七七基金团队奖作为省建设科技攻关项目新专业专项发布。两项基金已经不单单是一个资助平台，而是发展成为具有一定影响力的学术交流平台。

他把基金拉扯大，里外操碎了心

建工七七基金校外筹集，校内发放，如何联系校友？两项基金如何在校内进行获奖者评比，如何管理基金？这个把“基金资金”与“真正适合获得者”对接的任务落在了建工七七基金的副秘书长——杜永峰老师的头上。

这位“很忙”“很瘦”“朴素”“节俭”“坚持在课堂第一线”的全国师德标兵，经常晚上11点左右还在办公室工作，有时候甚至通宵，为了节约时间，他在办公室吃上两个馒头喝点水就是一顿饭。

2014年，杜永峰荣获“全国优秀教师”“全国高校优秀思想政治工作者”称号；2015年，他被评为“全国师德标兵”。正是这样一位优秀的“时常住办公室”的中国好老师，“啃馒头”的防震减灾专家，搭起了两项基金的构架，为基金的发展奔走，操碎了心。

王景玄，土木学院博士生。研究生期间发表3篇EI、2篇权威论文，2012年硕士论文《考虑火灾全过程的钢管混凝土组合框架力学性能研究》获得双新基金特等奖。他说：“这份荣耀是特别的，奖项背后所承载的科研精神更让我难忘。正是因为杜永峰老师十年如一日的奉献精神，才会有今天的双新基金。当我想起自己是基金获得者的时候，会不由自主地想起杜老师，想起他的精神，这将继续鞭策我前进……”

“七七现象”受关注、被肯定、在推广

建工七七基金和双新基金的发展，得到了我校多位领导的关怀支持，他们多次参加基金的颁奖、评奖及校友联谊等活动，为校友对母校的深情所感动。2012年4月29日，建工1977级校友回母校举办毕业30周年集会，王晓明校长为他们颁发了“心系母校的杰出校友群体”荣誉证书，冯大安代表校友接受荣誉证书。对于这个荣誉，这批大多数已年近花甲的校友个个都视若珍宝，用他们的话讲，只是因为它来自魂牵梦绕的母校。

建工七七现象诠释了红柳精神，为其他级校友基金的创办和发展提供了方向。近些年，两项基金资助师生的模式，得到了土木学院的推广。据杜老师介绍，学院1989级土木建筑工程专业和2005级土木工程专业也都建立了类似的基金，还有其他学院的校友主动和他联系，希望效仿建工七七基金的做法，加入为母校做出长效贡献的行列，建立自己的基金。

18年的持之以恒，18年的爱心传递，建工七七基金和双新基金就像一股涓涓细流，不断地给予师生们温暖和滋润，这背后，是一群被称作建工1977级的校友，是他们对母校的挚爱和感恩，成就了土木学院甚至学校特殊的“七七现象”。

（朱莉萍　李强）

八号楼初印象

一个非常难得的机会，让我有幸来到兰州理工大学工作。时值深秋，漫步校园，古朴的建筑与现代文明校园相映成趣，遍布校园的青松与梧桐围绕在一座座建筑物周围，和谐而优美。暖阳下，黄绿相间的树叶与依稀可见的后山红柳显得格外耀眼。身处西北一隅，这所百年名校的历史厚重感和勃勃生机令人感动和自豪。

履新闲暇，仔细观察所处的行政办公楼——八号楼，我深有感触。这是一座老楼，看风格属于20世纪50年代国内修建的那批苏联建筑。1958年，甘肃工业大学在这里易址重新组建，估计是那时建的。“向科学技术现代化进军”的大字在楼顶矗立，尽管略显斑驳，但依旧可以体会到这座工科大学实业兴国、科技强校的办学理想。

楼高三层，局部四层。楼内装修简洁，因吊顶楼道已不显很高。各办公室的门已经换过，装有门套和窗套，还包了暖气，有些安装了木地板，有些还是涂了红漆的水泥地。除此之外，基本保持原来的风格。电灯开关还有拉绳式的，颇有怀旧之感。窗户是木质，一眼看上去，窗框窄，用料薄，用直尺量了一下，活动窗扇宽度横4.5厘米、竖4.3厘米，关键是固定部分的玻璃框，木条宽度仅2.5厘米。可见20世纪50年代后期，物质匮乏，木材短缺，只能尽量节省用料了。玻璃用小铁钉、腻子固定。腻子大部分脱落，有锈蚀的铁钉露出。窗框外侧灰绿色油漆斑驳，露出老化之木体，窗框内侧刷乳黄色漆，也显陈旧。拔出铁质插销，打开窗户，窗扇框架已经略有松动，榫卯处略有裂开。看来，已经年久失修。不过，如果重新油漆一下，还是有些古董味道的。

正门外挂有兰州理工大学木牌匾，丈余，竖向，行书字体，系集毛主席字而成。正门进去是一门厅，左右有传达室，中间走廊横贯楼体。宽阔的楼梯正对大门，楼梯上去半层后，有一平台，楼梯分开左右，继续上后半层，风格与我曾经工作过的航天部701所41号大楼类似，只是用料和尺寸略小。记得41号楼窗户是双层的，且窗框厚实，地面是水磨石的。或可说明当时北京的建筑标准，要高于西北地区。

楼为灰砖，平顶。东北、西南朝向，正门面向东北。两侧各有一配楼，位置略有错开。配楼内部原来不与主楼连接，现已打通，两楼各有一窄门洞及过道和两边走廊连接，便于主配楼之间人员往来。不知道这个门洞是什么时间打通的，可以想见，没通之前，主配楼人员往来非常不便。

墙外侧可见竖向水泥框条。据李仁年副校长说，八号楼曾经加固过，外墙水泥竖条就是加固时增加的。楼体质量现已不是很好，曾经有人提出拆了重建，但限于经费困难，一直没有促成。

纵贯校园的主路两侧，也有若干早期苏式建筑，有的质量比八号楼好一些。楼有尖顶的，也有平顶的。尖屋顶看起来比较单薄、简易，恐怕也是当时建筑材料稀缺的原因。

八号楼是学校领导机关所在地。多年来，学校管理干部一直坚持在这栋老式建筑内办公，即使学校后来新建和修缮了很多建筑物，但他们始终没有搬走，也没有对八号楼进行大规模的修缮，而是把有限的资金投入教学楼、实验室、学生宿舍的建设中。

我想，兰州理工大学能够在祖国西北边陲的艰苦条件下办学几十年，且取得了骄人成就，与领导干部率先垂范的作用是分不开的。学校这种艰苦奋斗、自强不息的红柳精神非常值得敬佩。

2017年11月2日简记

（袁幼新，兰州理工大学副校长）

1958年，我从巴蜀大地走来

田少民老先生

光阴流转，岁月如歌。兰州理工大学这所开创了中国西北工业高等教育先河的学校，在过去的100年间，已经哺育了一代代朴实、勤奋，具有开拓精神的工大人。在他们的身上，工大“艰苦奋斗、自强不息、求真务实、开拓创新”的红柳精神得到了最好的传承和体现。

在西南蓉城，我们见到了76岁高龄的田少民老先生，听着半个多世纪以前他与工大的故事，仿佛看到那个时候兰工坪上满目黄土的校园，聆听到那些坚守西部、鞠躬尽瘁的老师的谆谆教诲。历史给出了我们寻找的答案。

我们将田少民校友的故事以口述的方式呈现给大家，朴实的话语背后，是饱含温度的活态校史。

田少民，1941年生，重庆人，1958年考入甘肃工业大学机械系学习机械制造工艺及其设备，系我校第一届本科生。田老是国务院特殊津贴获得者。目前担任成都小松工程机械有限公司董事长、总经理。

当五年的大学时光遇上60年代的中国

我是1958年从成都来到甘肃工业大学的，当时是一名姓张的女老师来招生，来自四川的同学差不多10名。入学时，我不到17岁，因为年龄小，身体也瘦弱，所以是母亲带着我来到兰工坪上的学校报名。记得我那时身高才一米四左右，老师们还以为是学校的子弟，走错了地方，应该去学校附中报到。

入学时我选择的是热能动力专业，1959年转为机械制造专业。班主任是毕业于北京师范大学的戚蕴玉老师，她温文尔雅，对我们无论从生活还是学习都照顾得很好。来到工大之后，我就赶上了全国大炼钢铁，除此，还参加过很多次劳动，像崔家崖修水渠等。紧接着又是三年困难时期，我记得当时吃得最多的是小米、土豆煮稀饭，同学们个个都有一个大盆，因为吃干饭的机会不多。现在的年轻人可能不知道“瓜菜代”这个词，在我们那个艰难的年代，粮食很少，所以更多的是用瓜菜代替口粮，所以就有了这个名词，也是属于我们这一代中国人独有的记忆。为了能吃饱饭，同学们最喜欢去兰州通用机械厂等单位实习，因为工厂的口粮要多一些。大学五年，也是中国现代史上一个特殊的时期，所以母校的生活至今想起来，还是那么难忘。

难以忘记的工大好老师

虽然生活条件艰苦，但庆幸的是，我们遇到了一群工大的好老师，这也是多年后留存在我心中的最美好的记忆。教电工学的刘美玲老师，上海人，她的脚虽然有一点残疾，但做事亲力亲为，认真仔细，带我们去洛阳一拖实习，她指导我们非常悉心，个人动手能力很强；教机械原理的汪朴诚老师，是一个非常有想法的人，他的一项学术成果发表在当时的《机械工程学报》上，在出成果的过程中，他总是有意识地让我们帮他抄手稿，为的就是让我们耳濡目染，也能学会如何做学术、写论文；教务长魏庆同老师，对待学生亲切热心，我毕业的时候写了一篇编译文章《加工余量计算新法》，他知道后，非常高兴，专门用铜版纸印刷出来和其他高校交流，这种鼓励方式让我这个当时并不起眼的本科生充满了感激。还有教毕业设计的王明德老师、数学老师段子美等，这些老师很多都是从西安交大过来的，学术水平非常高，但是他们依然在不断地努力，这种上进、求实、认真的精神，是我们工大学生一生受用、无法替代的财富。

工大是一生的精神家园

当年我们班里总共有40多名同学，宿舍其实就是一间教室，20多个男生就挤在一个大通铺上，但是大家很团结，也友爱。班里有一些学生是工农兵出身，学习底子不是很好，所以我们高中毕业的学生就会进行帮扶，我就带了两个同学，一直到毕业。1963年，我大学毕业，刚开始是要分配到天津的八机部设计院，但是当时学校机械系秘书找我谈话，有一个同学是独生子女，想离家近一些，而我家姐妹5人，所以就把这个单位让给他了，我来到了黑龙江柴河林业机械厂，从西北到东北，一干就是17个年头。25岁那年，我毕业第三年，就当上了车间副主任。上学的时候，我的外语是俄语，为了工作需要，我自学英语、日语，1979年，在《航空知识》杂志上发表了一篇论文，题目是《激光加工技术》，得到了同事们的赞许。1993年，我有幸获得国务院颁发的政府特殊津贴证书。

回首这么多年，我没有停止追求知识、提升自我的脚步，这全得益于我的母校——甘肃工业大学，得益于工大的老师们。我总想起，在那个艰苦的年代，不管什么条件、什么际遇，他们的身上，总是有那么一种坚忍的精神，一股子拼搏的劲头，想起他们，我便有了前进的动力。

1958年，我从巴蜀大地走来，这一生，工大都是我的精神家园。

（朱莉萍）

母校的艰苦奋斗精神，我一生铭记

严敬，1947年出生于重庆，1984年获工学硕士学位（水力机械专业，兰州理工大学），教授，研究生导师，中国机械工程协会高级会员，西华大学能动学院学术带头人，作为西华大学优秀教师两次公派（高级）访问学者赴美研修。长期从事泵类产品及其基础理论的科研教学，为研究生开设相关课程7门，以第一作者出版专著及教材3本，以第一发明人申报发明专利4项，其中2项已由国家知识产权局通过实施。以第一作者发表论文近70篇，大部分为中文核心刊物，其中发表于《农业工程学报》《农业机械学报》等刊物的8篇论文被EI收录，论文内容广泛被其他研究人员引用。完成多项纵、横向科研成果，荣获不同部门的奖励。长期为《热能动力工程》《排灌机械工程学报》审稿，也曾为《兰州理工大学学报》《农业机械学报》审稿。

“两进两出”甘工大

我对甘肃工业大学的印象确实深刻，我在甘工大共学习、生活五年半，“两进两出”，第一次入校是本科，1977年年初入校，工农兵学员，三年。第二次入校是研究生阶段，1982年年初入校，两年半。我是甘工大第二届研究生，水机专业，当年全校只有7个研究生，硕士研究生学制两年半。我印象最深的是甘工大的三件事，值得继承。

一个是老师的无私奉献。当时改革开放刚开始，高校并没有奖金津贴，老师们都把搞好专业作为事业，从没有考虑要从当中获取什么名利。水机专业原来在东北，是从哈尔滨工业大学富拉尔基分校（原东北重型机械学院）全建制迁至甘工大的。“文革”前，这是全国唯一的水力机械专业，后来全国的水机专业都是从甘工大出发的。

这批老的专家考虑个人问题很少。当时的条件很艰苦，老师们成天在实验室，每个人都有自己的课题。我记得当时有张丕祚、关景凡老师（后调到江苏大学），经常在实验室从早晨待到深夜，有一种很顽强的钻研精神，有这样的精神必然就会有很大的收获。那个时候在水机行业，甘工大地位很高。1977年“文革”后，国家要编写一批水力机械专业教材，甘工大分配到两本，其中《离心泵与轴流泵》（1978年，机械工业部出版社）就是我的硕士研究生导师丁成伟主编的。老师们的奉献精神让我印象深刻。

另外还有一点，当时甘工大的老师们在治学方法上非常重视实验。那时候研究生都必须到实验室里做实验，没有实验结果要毕业很困难。我记得当时的水机与焊接的实验室永远都有人，工科的创新不能靠纯粹的理论，必须由实验去揭示一些规律，这是甘工大的传统，现在继承得也比较好。前不久，“热能动力与工程”有篇论文要我写出评语，是兰州理工大学一位老师的论文，其中就有实验结果，现在有实验结果的论文比较少，能坚持工科发展的正确方向，这是甘工大的特点，也是甘工大的优势。这样的优势一定要继承。

我再谈一下第三点。甘工大的工科在当时非常注重与企业合作。跟企业合作的意义在哪儿？就在于寻找课题，课题也可以从书中寻找，但这样的话面很窄。人的正确思想要从实践中来，企业在生产运行过程中会遇到很多问题，解决这些问题就是完成课题。我记得当时张丕祚老师搞轴流式水轮机的奇点分布法，就是来源于甘肃一个电站水轮机改造所得出的一个方法。关景凡现在是水泵行业的一面旗，当时他在甘工大时，就在原中国石油兰州化学工业公司接课题，搞了几种新型的叶片。这就是说，和企业结合是寻找新颖课题的源泉，也是检验理论正确与否的标准。你提出的方法是否先进，产品是否先进，要得到企业的认可，通过企业来验证其可行性，此外，通过企业合作可以得到研究经费，进一步支持科学研究。

“没有不好的专业，只有学不好专业的学生”

我是坐火车来的学校。刚到学校时候，条件很差，每人每月两斤米，还有一些苞谷供应，那时候我们很期盼吃米饭。当时我们是四个人一个宿舍，研究生时是三个人一个宿舍。我们班里的同学来自五湖四海，全国都有。

当时的校园文化生活比较单一。我认为学习机会难得，一周七天都在学习，上学期间仅去过一次公园。

那时候的学生专业扎根的思想比较强烈，现在有些学生更注重待遇，不认为专业是自己不可缺少的一部分。不过，尽管现在有各种各样的社会思潮，但所有人对于发展生产力、建设小康社会的态度一致。一定要坚持自己的专业方向，没有不好的专业，只有学不好专业的学生。

研究生阶段我也参与了水机的课题。现在有的研究生的课题更多来源于书本、设想和想象，而不是实践，要把甘工大重视实验、重视与企业合作的优良传统继续保持下去并发扬光大。

“保持继续学习的状态”

母校老师无私的奉献精神、严谨的治学态度对我有很大的影响。我记得当时曹鹍是副校长，我在1984年研究生毕业，离开兰州的前一天晚上，和曹校长见面，曹校长对我提了一个要求，他说学校的学习打下了一个重要的基础，但也仅仅是一个基础，今后要保持继续学习的状态。曹校长的这个要求对我的一生都有重要的影响，意义非凡。在这个影响下，这几十年我一直在学习，现在还在继续学习，我也对我的学生一直强调不断学习的重要性。

今后希望学校也要在继续学习方面加强教育。我与学生的关系一直很好，现在虽然退休了，但还在带学生，还在工作，与学生的沟通联系很多。

我一直尽量做到与人为善，团结同学，就像原来母校的老师对自己要求的一样。

（杨智圆）

在甘肃工业大学的美好回忆

1965年8月，我带着家乡亲人的祝福和希望，第一次乘上火车，来到远离故土的兰州。一出火车站，就看见对面悬挂着一面旗帜，“甘肃工业大学”六个大字，醒目地映入我的眼帘。我喜出望外，一股激动的热血顿时涌满全身，健步走上前去，原来这是新生接待站。四五个年龄比我略大的同学，热情地接待了我。他们把行李放到车上，不一会儿，就到了我渴望已久的甘肃工业大学。后来，我认识了那几个接待员，他们是我们专业五年级的徐晓天、周士彬、汪涛等，刚从遥远的黑龙江省齐齐哈尔市来到这里，路程比我远得多，却不顾个人辛劳，立刻投入了新生接待工作，真不愧为大哥哥、大姐姐。

赵清仕上学时在校门口

当时的甘肃工大，校区较小，共有七座楼房。一号楼是教学楼，我的教室在二层。二号楼是行政办公楼，最上一层是女生宿舍。三号楼是教工宿舍。四号楼是医务所，楼最小，已拆除，原址在今逸夫馆处。五、六号楼是男生宿舍，我住在五号楼三层。七号楼也是教学楼，由于当时学生少，所以几乎空闲着。那时没有图书馆，大量的书籍就存放在七号楼的大教室里。校门在一号楼的东面，一块长木板上写着校名，挂在墙上，字体浑厚有力。

那一年，是甘工大在20世纪60年代困难时期停办后，重新上马的第一年。

赵清仕上学时在教学楼前

全校共有3个系，7个专业。一系有机制、铸造、焊接3个专业，8个班。焊接专业二年级是从北京机械学院迁来的。我们二系有水机、化机、矿机3个专业，22个班。二、三、四、五年级是从东北重型机械学院整体迁来的。三系仅工民建一个专业，2个班。以每班30人计算，当时全校仅有学生约960人。那一年，还从湖南大学合肥工业大学调来了部分老师，使甘工大得到突飞猛进的发展。

从“东重”来的师生，不仅带来了好品德、好学风，而且带来了一项特有的运动项目——滑冰和打冰球。在七号楼的南面，学校专门修建了一块滑冰场。他们在冰上运动时那柔美、矫健、刚劲、勇猛的身姿，着实吸引了全校师生及许多市民的好奇与关注。我们专业的丁成伟、程兆雪、王明智等几位老师，都是冰场上的名将。在他们的带领下，我们新生也穿上冰鞋，走进冰场，摔了一个又一个跟头，有一位同学被冰刀划破了新棉裤，还有一位同学摔掉了半截门牙。胯骨摔疼了，手指划破了，寒风吹来，都阻挡不住我们的勇气。像幼儿学步一样，慢慢地，我们能站立了，能滑动了，能快速如飞了。我曾高兴地写过一首顺口溜《学滑冰》：“初到冰场上，不如童学行，一步三跤十指雪，摔得屁股疼。苦练腊月天，红颜露笑容，脚踩双刀冰上飞，笑得肚皮疼。”

冰雪融化之后，这里就变成了田径运动场。1966年5月甘肃工业大学第一届军体运动会就在这里举行。当时的一张精致的运动会标签，至今我还珍藏着，估计已经成了稀有文物。在百年校庆的欢乐中，我把它献给了母校。那年运动会上，有一项3000米长跑，运动员们都迈开大步勇猛地拼搏。我很感动，就写了一首小诗，送到广播站，给他们加油：

红旗迎风招展，锣鼓震地动天。

欢腾运动场上，长途赛跑三千。
牢记主席教导，排除千险万难。
吸口气，忍着汗，跨巨步，越三千！

我参加的项目是小口径步枪射击，平时体育课上的成绩还行，那天的成绩却是：子弹拐了弯，落石横了向。

1967年春节，在我们班的联欢会上，大家各自出演节目，各有特色，非常热闹。教我们“理论力学”课的陈冬生老师也参加了，他的节目很有趣，他说：“我老家是无锡的，那里有座山，但是没有锡矿。我以此出个上联‘无锡锡山山无锡’，请同学们对下联。”大家一看这个巧妙的上联都愣住了，半天也凑不上。有几个人对了几条，都不符合要求。联欢会似乎进入了休眠状态，后来，我想了一句“天水渭水水有天”。陈老师说：“不行，第一，我是无锡的，而你不是天水的。第二，我的上联首尾皆是无锡，而你的不是天水。第三，和上联的对仗也不合要求。”经陈老师这么一点评，我明白了，是差很远。在陈老师的启迪下，我想起了我的家乡内黄，想起了流经内黄的古老的黄河。偶然间，我组成了“内黄黄河河内黄”一句。我激动地走上讲台，写在黑板上。陈老师笑着点了点头，同学们给予了热烈的掌声。

1967年下半年，“复课闹革命”开始了，既要上课，又要闹革命，所以上课得变个样，以显示出“革命的风味”。外地传来了学生上台讲课的“经验”，我们班也就跟着学起来。当时，邓基义老师给我们讲下册《高等数学》，他也很支持我们的想法。于是班上就推荐了三位同学，经邓老师同意，去做“兵教兵”的尝试，我是其中之一，我要讲的内容是“双重积分的计算方法与定限”。老师让我们先预习课本上的内容，提出问题，由他指点。弄明白后，写出自己的教案。经过两天反反复复的学习，我终于写好教案，并获得了邓老师的认可。

11月25日上午，尝试开始了。我怀着恐慌的心情走上讲台。邓老师戴着眼镜，微笑着，坐在我的座位上，注视着我。从几十双明亮的眼睛里，我看出了他们对我的支持与期望。慢慢地，我镇静下来，按照准备好的顺序，正确、有条理、准时地讲完了应当讲的内容。课后，邓老师又当面对我们进行了点评，说:“这次兵教兵的尝试是成功的”，并要求我写一份总结材料。思考后，我写了一篇《我是怎样走上大学讲台的》。这件事，成了“复课闹革命”的典型。甘肃日报社的记者来到学校，进行采访。看了我的总结，大加赞扬，并指出:“这个标题太文静了，不符合时代精神，不如改成‘毛主席叫我杀上讲台’。”我不喜欢这个“杀”字。后来，这篇总结竟刊登在《甘肃日报》上，只是标题改了。甘肃工业大学的教育革命受到上级的表扬。

1969年，为了纪念五四青年节50周年，我们班邀请了董长福等几位年轻的老师一齐去陇右第一名山——兴隆山游玩，初夏的原野，山清水秀，芳草溢香，松柏参天，群峰峥嵘。我们人人情满劲足，满心欢喜，先后游览了造型别致的云龙桥，瞻仰了停放过一代天骄成吉思汗灵柩的大佛殿，畅饮了甘甜爽口的太白泉水，登上了海拔2400多米的东山主峰，眺望远方，峰峦起伏，势如长龙，岚聚深谷，云霏太空。好一派壮丽景色！这时，杨松厚同学突然放声高歌:“我站在高山之巅，望黄河滚滚，奔向东南，汹涌澎湃，卷起万丈狂澜……”赢得了大家的一阵掌声。我们坐在一块草地上，拍下了这伙年轻人生龙活虎般的身影。后来，我在照片的背面，写了一首诗:

江南飞来秀丽山，兴隆胜景不虚传。
泱泱松涛响风雷，潺潺流水拨琴弦。
坐憩净砚饮泉水，攀爬高峰望通天。
一群风流巅上笑，各自游历争相谈。

通天，指通天柱，是兴隆山海拔最高的道教建筑，位于栖云峰峰顶。原来这里建有一座八卦亭，内竖一八棱石柱。

1969年6月，学校开展无偿自愿献血活动。人们都说生命是宝贵的，而血液应是生命的基石。为了他人的生命，为了他人的健康，青年大学生，应当献出自己的爱。于是，我挽起衣袖，把胳膊伸进了抽血的窗口。事后，学校给义务献血者每人发了五斤鸡蛋，用于补养。兰州生物制品研究所赠了一本印有“×××同志，光荣献血留念”的《毛主席语录》小红书，以予鼓励。

甘肃工业大学是一所工科院校，所以很重视理论与生产实践相结合。1965

年9月我们刚入学，学校就多次组织全校新生到工厂参观。记得我们首先参观的是兰州石油化工机械总厂，即兰石厂。这是20世纪50年代“老大哥”帮助建立的大型工厂。我们走进一分厂，车间里摆满了高大的机床，隆隆的响声淹没了大家的话语与欢笑。天车提着巨大的工件在空中飞翔。我第一次见到这些庞然大物，第一次听到这种轰鸣声。我惊奇、兴奋，感到周身有一股力量在迸发，眼前有一幕幻觉在闪动。三分厂铸造车间，铁水似小河，钢花赛牡丹。我们都看呆了，止步不动。

我们还参观了兰州热水瓶厂、兰州塘瓷厂，看到热水瓶、洗脸盆、茶缸的流水生产线，都很奇妙。我不禁赞叹：“工厂真壮观！工人真伟大！”

这次参观，确实使我们开阔了眼界，增长了见识，这比课本上的知识更丰富、生动。我激动地写下了《参观三厂有感》一文。

两三年后，学校又组织我们到工厂实习。我曾去过兰州水泵厂、沈阳水泵厂。在那里，我穿上工作服，跟师父学习设备操作技术。我做过钳工，当过车工，当过修理工。工厂这本书知识多，内容广。我决心毕业后，到工厂去，为祖国、为人民贡献自己的力量。

大学是美好的，甘肃工业大学在我心中更加崇高。因为那里有我尊敬的老师和亲密的同学，有我火红的青春和成长的足迹，还有我美好的回忆和灿烂的梦想。

（赵清仕，水力机械1965级2班校友）

贺兰理工百年华诞

西北重镇，金城汤池。兰山脚下，大河之滨。浩浩黄河，揽昆仑琼浆以赴东溟，不舍昼夜；巍巍兰山，聚仙气龙涎以育苍苍，不辞劳苦。白塔巍峨耸立，闻名遐迩；中山铁索壮观，通达南北。此地咽喉锁钥，自古兵家必争之地；险关要隘，从来建功立业之所。霍将军五泉饮马，封狼居胥；彭元帅横扫四马，威震河曲。山川形胜，钟灵毓秀。兹我母校，坐落其间，肇始乙未，今时己亥，岁华荏苒，已历百载。

魏员

想我先师，草创之初，筚路蓝缕。正值国家羸弱，民生凋敝，内有军阀混战，外有列强欺凌，国无一席之地以立世界之林，民无半分尊严而受奇耻大辱。先师闻鸡起舞，卧薪尝胆，存愚公移山之志，效越甲吞吴之事，以实业救国为旗，以振兴中华为念。不避西北苦寒之地，贫瘠之所，资金匮乏，物料奇缺，节衣缩食，多方筹措。终于萃英门外，海家滩头，破土奠基，始有吾校。救民于蒙昧混沌之中，施教于枪林弹雨之间。红柳有志，石缝扎根，欲添一抹绿颜色，装扮荒山；英雄有志，披荆斩棘，誓将少年变栋梁，复兴中华。

几多沧桑，几经变迁，几番重组，几易校名。岁月流转，光阴易逝，览一号楼灰砖红瓦，看七号楼铁桌木椅，赏图书馆顶一枝独秀，观西校正门游标卡尺。兰工坪上郁郁葱葱，龚家湾里夏意盎然。春风吹起，宜海湖荡起涟漪；秋霜落下，甲子坪层林尽染。银杏林中，莘莘学子读书声悦耳；红柳堂前，济世之才纵论声铿锵。学子们纵横亚非拉，栉风沐雨，宵衣旰食，重构丝绸之路；工程师工笔图纸板，披星戴月，精益求精，赶制大国重器。曾甘肃工大，今兰州理工，以立德树人为本，以奋进求是为训。省部局共建，产学研合作。桃李芬芳，硕果累累，随改革之春风，播撒天下；闻时代之召唤，扎根四海。

“大学之道，在明明德，在亲民，在止于至善。”想玉川同学，见义勇为，岸边纵身一跃，大河扑簌呜咽，兰山哀鸣悲痛。思德已逝，雷锋往矣，然革命牺牲之精神永存，舍己救人之壮举已彰。养天地正气，法古今完人。格物致知，修身齐家，为天地立心，为生民立命，为往圣继绝学，为万世开太平。处纷繁之间，静听花开心神；于嘈杂声中，善养浩然之气。

兹我母校，虽非校中魁首，亦未驰名中外，然百年之积淀，深厚之底蕴，历代之经营，以红柳之坚韧，沙棘之顽强，进取之志，锐意之心，未尝懈怠。所教者尽是经世致用之学，而非哗众取宠之资。国之事业，为实干焉，非空谈也。无冥冥之志者，无昭昭之明；无惛惛之事者，无赫赫之功。学子奔赴各方，位居平凡之岗，身处实干一线，殚精竭虑以尽本职，勤学苦练以图施展，未敢息肩，恐有辱没。千里之行，始于足下，非淡泊无以明志，非宁静无以致远，四载学成，受用终身。

躬逢盛世，四海升平，国运昌隆。群芳竞艳，绿树成荫，再无漏雨之茅庐，再无颠沛之窘境，代之以广厦，代之以祥和。今喜逢华诞，幸甚之至，辞藻粗鄙，作赋以贺，聊表予心。

（魏员，2006级机设13班校友。毕业以后先就职于中铁十八局集团第一工程有限公司武威项目部、蒙华项目部。现就职于固原市保险行业协会，担任财寿险工作部主任一职。）

红柳人物

甘肃“教育救国”“实业救国”的先行者

牛载坤（1886—1934），字厚泽，甘肃临洮人。自幼勤奋好学，考取清朝狄道廪生，后考入甘肃文高等学堂，1909年新疆巡抚保送其入京师大学堂，学习测绘。民国建立，复入北京簿记讲习所攻会计学。回甘肃后，他以顽强的毅力、开拓者的创业精神积极投身于“教育救国”“实业救国”的理想实践中，他应周务学之邀，赴青海玉树搞勘界测绘。1917年，在甘肃筹办手工传习所，设毛编、制革、地毯三科，后改称省立工艺学校，为兰州理工大学的前身。1919年，兰州工艺学校改名为省立工业学校，牛载坤任校长一年两个月。

少小立志　勤奋好学

牛载坤生于1886年6月25日，原籍狄道县八松庄，后居临洮城内，祖上世代贫寒。牛载坤年幼聪明好学，于1930年考中狄道廪生。1907年考入甘肃省文高等学堂，成绩优异，后被校方以不丁忧有违礼法予以除名。先生自感无颜回乡，决定去新疆探望长兄牛秉坤。由于经济不宽裕，囊中羞涩，行至酒泉时把所带一本《四书》售出，充作盘缠，艰难跋涉，才与长兄会合。在乌鲁木齐，长兄秉坤为他谋了一份教书的工作，牛载坤勉强维持生计。1909年，清廷培养测绘人员，责各省保送学员。牛载坤考取后，经西伯利亚铁路转南满铁路到达北京，入京师大学堂学习测绘。在此期间，他受新思潮的影响，向往民主革命，建立了“教育救国”“实业救国”的抱负。民国成立，复入北京簿记讲习所攻会计学。此时，正值武昌起义，牛载坤和一些有志之士认为西北贫穷落后，应该向先进地区学习，广开眼界，然后再回家乡，开展建设事业。于是约了一些志同道合的友人到南方访问学习。他们参观访问了南通师范、无锡师范、上海中学、商务印书馆、大生纱厂等学校、企业。其间更是结识了不少社会名流，如张謇、黄炎培、马相伯、史量才等，获得不少教益。

实业救国 多方奔走

1913年，牛载坤学成返回故里，看到甘肃教材缺乏又极不统一的现状，在兰州集资创办正本书社（原址在今张掖路），任经理。与上海商务印书馆签订合同，销售商务出版的中小学课本、各种杂志期刊，以及一般文化教育用品、图书仪器等。他不畏压力，还销售《新青年》等新式杂志，让“民主”与“科学”开始在闭塞落后的甘肃传播，一定程度上起到了传播新文化、新思潮的作用。在正本书社院内，还有销售西药的诚信大药房和摄影的镜真照相馆，都为古老的兰州增添了新意。时任《大公报》记者、《西北丛编》作者的林竞，在对牛载坤做采访交谈后，赞其为“甘肃艰苦卓绝之实行家”。后来凡是到西部的社会名流、学者，多会慕名前来正本书社参观，牛载坤热情接待，畅谈己见，增进了人们对西部的了解。

牛载坤看到甘肃羊毛出产丰富，但农民不会加工的状况，决定在甘肃发展毛纺织业。他与兰州的能工巧匠一同研制了脚踏纺线车，成本低廉，并亲自在辕门（中央广场）向广大群众推广展示，观者如潮。编织毛袜工艺较为简单，牛载坤以此为突破口加以推广，因而人们都把毛织褐子叫作毛袜褐子，并称他为“毛袜祖师”。左宗棠在甘肃首创的甘肃织呢总局曾因亏损而停办，到1920年又恢复生产，改为官商合办，改称“甘肃织呢公司”。当局任命邓隆为总办，牛载坤任坐办（副经理）。当时织出的黄色呢子和驼毛毯风行一时。但日久，公司又成官僚机构，用人不当，贪污盗窃横行，连年亏损，牛载坤遂愤而辞职。

牛载坤离开织呢公司后，被当局派去筹办甘肃省银行。白应泰任经理，牛载坤和王遵先任协理。银行基金日益充裕，所发行的纸币，信用远超“官银号”。国民军入甘，为筹措军费，向银行借款，牛载坤和白应泰清楚实则有借无还，便通知存户，连夜将全部存款提走，库存一空。当局借款不着，衔恨不已，导致牛载坤1926年被迫辞去银行协理职务。

1926年，牛载坤受临洮县长牛鸿之托，到临洮北乡建设新民川工程。这年冬天，牛载坤遭陷害诬告被指为反动政客，被主甘督办刘郁芬押解兰州，同捕的还有杨世昌、龙育若等共5人。经多方营救，声明牛载坤系教育家、实业家而非政客。牛载坤在狱中起草《振兴甘肃毛业计划书》，由杨世昌楷书誊清，呈送刘郁芬。刘郁芬加以审查后，请示驻在宁夏的冯玉祥。冯复电同意释放，但不得擅离兰州。牛载坤出狱后，寄住友人处，兴办济贫工厂，实行以工代赈，救济难民2000余人。经刘郁芬进一步审查，始允许回籍探亲。嗣因地方变乱扩大，家乡遍遭横祸，遂又返兰。

1926年冬，刘尔炘负责兰州“八社”产业，让牛载坤担任陇右实业待行社社长。牛载坤根据自己办理济贫工厂的经验，办了惟救工厂，制作大批棉毛脚踏纺线车，招收兰市贫民纺毛线、织毛衣毛袜，扩大到织毛巾、地毯、褥子，做肥皂，给兰州市贫民特别是贫苦妇女开辟了一条谋求生活的道路。

教育救国　初心不改

1913年，牛载坤和在甘肃文科高等学堂时的同学水梓邀集甘肃教育界人士，筹募资金，兴办教育，在家乡八松庄办起树风学校，聘请兰州品学兼优的青年担任教师，并致信张謇题写校名匾额和“坚苦自立、忠实不欺”的八字校训。学校一开始系四年制，后改为四三制，初小四年，高小三年，学生平均年龄较大，学习扎实，县、省升学考试均名列前茅。该校“文革”时易名为八松小学。他办起16所风化小学，为便于宣传募款，留胡须以示老成。

牛载坤在江南各省考察时，发现各地都有教育会的组织，有舆论力量却不受教育行政的影响，并可以一定程度地影响当局决策，便与甘肃教育界人士于1914年共同筹建办起甘肃省教育会。同年8月，牛载坤应周务学之邀，与周希武等人赴青海玉树勘界测绘，周希武负责调查地方沿革历史，牛载坤负责测绘疆域地图。他们历尽艰辛，克服困难，和当地藏民同吃同住，终于在次年上半年完成任务。1916年，牛载坤任甘肃省教育会长，与全省教育界名流共同努力，除兰州原有的一所师范学校外，在甘肃各主要县份共办起8所师范学校，培养年轻的教师。

牛载坤在上海考察时看到南洋公学提倡平民教育，担心兰州的中学、师范有贵族化的倾向，与水梠研究后，利用北洋军阀陆洪涛的出资，在小西湖东边置办了校址，修建校舍教室，创办陇右公学。此公学招收平民小孩，有初小两个班，牛载坤还采购了树苗万余株，带领当地群众在校内外广为栽种，修建了“水刮子”蓄力提汲井水灌溉。学校后来搬迁至中山林，称陇右中学和陇右小学，现已改名为兰州第八中学。

1917年，牛载坤向甘肃当局申请，筹办工艺传习所（今通渭路），设毛编、制革、地毯三科，由外地聘请教师、技师，招收本省学生培养。一开始用手工制作，后购得日本织袜机、织衣横机，逐渐向机械化过渡。后工艺传习所改称为省立工艺学校，为兰州理工大学的前身。1919年，兰州工艺学校改名为省立工业学校，牛载坤任校长一年两个月。

冯玉祥、阎锡山倒蒋失败后，水梠返回甘肃任教育厅长。当时牛载坤生活无着，水梠就推荐牛载坤任省图书馆馆长。牛载坤奉令将甘肃省公立图书馆改名为甘肃省立图书馆，大加整顿，又采办新书，扩大阅览室及借书业务，延长开放时间。藏书楼上的窗户，都做了帆布护盖，防止阳光暴晒，骤雨淋湿。同年，牛载坤在兰州正式成立甘肃国医分馆，邀请柯与参、权爱棠等名医开展医疗活动和医务人员培训。

出任县长 壮志未酬

1933年，牛载坤任民勤县县长期间，积极开办学校，兴修水利，植树造林，防沙固田，放粮赈灾，发展生产，倡导妇女放足，学习纺织。他清正廉明，政绩卓著，深受当地民众爱戴。

1934年春天，骑兵第五军马步青部驻民勤的马营长，向县府索要马车200辆，民夫数百人支应军差。时值春耕季节，牛县长体恤民情，拒绝派差，于是马部兵丁胁迫他到团部去“谈判”。牛县长被裹胁，行至县城大什字，他突然脱帽掷地，席地而坐，高声抗辩说：“今日宁死于此地，绝不强派百姓马车、民夫，要派就把我乘的马车拉去！”一时间，群众蜂拥而至，替父母官解围，愤愤不平之声四起，马营长慑于众怒难犯，便怀恨而去。事后，驻河西骑五军军长马步青得知牛载坤违抗其命，便怀恨在心。

同年夏，牛载坤赴兰州述职，并返籍安葬先君。在武威，因马步青部属从中作梗，买不到汽车票，不得已，遂雇马车起程。6月5日行至皋兰境内哈家咀枇杷台岘，遭到跟踪歹徒狙击，身中四弹，全中要害。据亲眼见到的乡民叙述，牛载坤遗体挺放路旁，血迹斑斑，惨不忍睹，夜里才用汽车拉走。次日，从红城子来的马家军数人，自称“奉命办牛案”，枉加当地村长尹永福不及时报告之罪，并将他抓去关押于红城子军营。经家人花钱托情，月余后才赎回。

牛载坤遗体运至兰州，厝于光荣寺，以邓宝珊为首的省城数千人前往悼念，挽联有“廉吏可为不可为”之句，表达对他故去的敬仰与哀痛。牛载坤被害的消息传到民勤，当地民众悲愤异常，痛哭失声。后来，百姓们在牛县长“抗马掷冠”处修建牌坊一座，上书“甘棠遗爱”，以志纪念。

（陶康）

一位老院士的西部情怀

利用太空中微重力等特殊环境，开展涉及微重力流体物理、微重力燃烧、空间材料科学、空间辐射效应、重力生物效应、空间生物技术六大领域的19项科学实验，这就是我国首颗微重力科学实验卫星——“实践十号”将要完成的光荣任务。

这些听起来离普通人生活很遥远的科学实验，在“实践十号”工程项目首席科学家胡文瑞院士的眼里极其重要：“微重力环境能观察到很多地球上不可能出现的独特现象，在空间材料科学、空间生物技术和空间生命科学等多个研究领域有非常重要的价值。”

胡文瑞是中国著名流体物理学家、中国微重力科学研究的奠基人，他倡导并主持建立了我国唯一的微重力科学研究中心——国家微重力实验室。作为“中国载人航天工程”（飞船应用系统）主要完成人之一，他还获得了国家科技进步特等奖与“载人航天工程突出贡献者”称号。

68岁那年，胡文瑞来到西北甘肃，成为兰州理工大学与中国科学院的共享院士，在这片遍布红柳的热土上，开始了他的西北情缘。

扎根西部　助力风电行业发展

甘肃省的河西走廊又被称为“风电走廊”，酒泉是中国风能资源最丰富的地区之一。它所辖的瓜州县被称为“世界风库”，玉门则被称为“风口”。

到了甘肃之后，胡文瑞瞄准这一领域，为甘肃“陆上三峡”战略献计献策。他带领专家多次到河西实地考察，提出在兰州理工大学开展大型风力发电机研究。经过多年的发展，兰州理工大学风能与动力工程专业已在全国具有一定的影响，学校先后承担国家“973”计划、“863”计划、国家自然科学基金等科研项目40余项，为甘肃省乃至全国的风电行业培养和输送了大量专业人才。而在胡文瑞到来之前，这一切是很多教师想都不敢想的。

兰州理工大学副校长李仁年说：“学校之前的科研项目主要来自企业，以应用型工科为主，缺乏从工程实践中总结提炼科学问题的精神，这些都因为胡院士的到来发生了改变。”2005年，胡文瑞开始指导兰州理工大学申报风电方面的国家“973”科研项目。经过连续三年的努力，终于申报成功。该项目设立的“大型风力机高性能叶片的气动、气弹与气动声学综合分析研究”项目由兰州理工大学主持研究，实现了我校国家重点基础研究发展计划“973”项目零的突破，学校科研水平步入“国家队”。

此后，兰州理工大学的风力研究步入了快车道。在胡文瑞的主持下，全国风力机空气动力学学术会议、海峡两岸“垂直轴风力发电机组”标准工作组会议、甘肃省风电技术论坛等每年10余次的国内外学术研讨活动接连在兰州理工大学召开；甘肃省风力机工程技术研究中心、甘肃省水力发电工程学会风力发电专业委员会、国家级风电设备质量监督检验中心相继成立；国际合作项目“大型风力机风轮关键技术研究及示范”等项目为相关风电制造企业提供了技术支撑。尤其是以风力发电为纽带，促成了中国运载火箭技术研究院与甘肃省的全面合作，推进了风电制造业的本土化进程，风电装备制造业已成为甘肃省新能源装备制造业的龙头产业。

立足科研　推动精准扶贫进程

科学研究的精神一经点燃，就会产生强烈的辐射效果。自2014年开始，兰州理工大学西部能源与环境研究中心团队在胡文瑞的指导下，根据太阳能经济性集热温度与生物质高效恒温发酵温度相匹配的特点，提出了太阳能与生物质能互补供能系统的设想，并以连续稳定、高效低成本地满足用户冷热电气等用能需求为出发点，积极开展了基于可再生能源的分布式供能系统、农牧废弃物混合恒温厌氧发酵过程及其产物高效高值循环利用、太阳能的光热转换过程强化及高效利用、水合物法净化生物天然气等工作。

学校也先后承担了国家“863”计划、国家科技支撑计划、国家星火计划、国家自然科学基金、国家国际合作专项、甘肃省重大科技专项等40余项纵向、横向科研项目；研发了自主知识产权的“太阳能温控型恒温沼气池建造技术”“生物质能与太阳能互补供能系统”等成果；实现了利用禽畜粪便、秸秆、果蔬废弃物等生物质能和太阳能全年连续稳定供电、供燃气和采暖/制冷等功能，并已在省内外村镇绿色建筑、温室种植、暖棚养殖、循环生态园区建设等领域推广应用，对甘肃省科技推动精准扶贫计划、建设美丽乡村具有重要支撑作用。

战略定位　促进新能源开发

2015年，胡文瑞在国家科技战略座谈会上提出，兰州理工大学新型风力机的研究需要尽快安排研制低速、大流量、大扭矩和高效率液压泵的主要关键技术，以及高压液体输送、存储和发电等相关研究，争取在3年左右将这种新型风力发电机推向市场。他的建议受到国家的高度重视，国务院总理李克强和副总理刘延东分别做出重要批示，要求做好项目的调研论证和研发工作。

目前，兰州理工大学已成为甘肃省内新能源的重要研究基地之一。学校相继建立了风力机数值计算实验室、风洞实验室、混合原料恒温厌氧发酵实验室、水合物法净化生物天然气实验室、干旱区沼肥—水—土协同作用机制实验室和生物质能与太阳能互补供能系统中试基地，并在甘肃省景泰县建立了国内第一个风力机外场综合实验平台。2005年，兰州理工大学开始招收风力机研究方向的研究生和博士生。2009年，学校被教育部批准成立风能与动力工程本科专业并开始招生。学校在酒泉建立新能源学院。如今，学校每年都有上百个项目申报，最多的一年，全校共获批64项国家自然科学基金项目。近10年，学校承担的国家自然科学基金和社科基金项目将近300项。

从2004年开始，胡文瑞每年在兰州理工大学的工作时间超过三个月。他总是说："只要学校有需要，我随叫随到。"每次来到学校，他都给师生做报告，专门针对如何提炼科学问题、怎样进行科学研究进行辅导。每一年，他修改过的国家自然科学基金项目申请书都有几十甚至上百本。老师们在聊天中提到，兰州查不到某些资料，胡院士回北京后，就专程去图书馆查找。

10余年的谆谆教导，胡文瑞潜移默化地影响了兰州理工大学的很多人，也让这所西部高校的老师开阔了视野。老师们不仅乐于从事科研工作，而且敢于将自己的想法付诸科学实践。许多年轻老师都把胡文瑞修改过的申请书珍藏起来，作为鼓励自己不断进取的动力。"作为大师的胡先生关心青年人成长，平易近人的人格魅力，让我们年轻人更感受到了他所寄予的重托。"兰州理工大学能动学院教师杨从新说。

（李建东）

矢志不渝的坚守

“能够坚守在西部，坚持不懈地在一个领域里做出别人没有做出来的东西，就是没有辜负国家的期望和信任。”

出生于杭州，在昆明读小学，在上海读中学，又到清华大学攻读本科和研究生。在最风华正茂的年龄，从北京来到兰州，在甘肃工业大学开始焊接方向的专业研究。

在“得不到大奖、拿不到大钱”的研究领域，他数十年如一日，耕耘不辍，硕果累累。2008年，他被授予我国焊接界的最高荣誉——“中国焊接终身成就奖”。他就是我国著名的焊接冶金专家陈剑虹教授。

苦心孤诣的“工匠”

“虽然我是南方人，但在西北生活几十年了，已经习惯了这边的气候和饮食。”出生于江南水乡的陈剑虹说，是焊接这个“红娘”把他和位于西部地区的兰州联系在了一起。这一联系，就是一辈子。

1967年，陈剑虹从清华大学焊接专业研究生毕业，被分配到原北京机械学院任教。按照当时国家布局需求，1968年，北京机械学院焊接专业整建制迁入原甘肃工业大学。

“祖国哪里需要我，我就到哪里去。”没有丝毫犹豫，陈剑虹收拾好行囊，赶赴经济欠发达的兰州，开展科研教学工作。

焊接是一门融材料冶金、机电控制、结构力学等学科为一体的综合科学和工艺技术。“就如同缝衣服。”陈剑虹解释说，小到模具机器，大到西气东输管道、太空飞船和航空母舰，都需要用到专业的焊接工艺。尤其在实践操作中，金属的材料、焊接区的温度、焊接接头的结构设计等，各个细节都决定着焊接效果。当然，这些细节也决定着中国工业制造业的水平。

“泰坦尼克号被誉为‘永不沉没的船’，有着良好的防水措施，使得它在任意几个水密舱进水的情况下都不会沉没，但是水面线下的船体由10张30英尺长的高含硫量脆性钢板焊接而成。这些沸腾钢的钢板撞击冰山时因韧性不够而很快发生脆性断裂。这就是那个年代因解理断裂带来的灾难。”陈剑虹用这个例子形象地说明焊接工艺和脆性断裂的重要性。

20世纪80年代，陈剑虹将研究目光聚焦到金属解理断裂方面。解理断裂会造成宏观脆性断裂，它的裂纹发展十分迅速，常常造成零件或构件灾难性的总崩溃。

那个年代，国内很少有人系统研究解理断裂机理，几乎没有参考材料。幸运的是，陈剑虹于1983年被国家公派到日本大阪大学进修。

“日本有当时很先进的电子显微镜，我只要有时间就到实验室里用显微镜观察。”陈剑虹说，这一时期的研究，使他发现了焊接接头里的韧性与组织结构的关系，这为他后来从事解理断裂研究奠定了基础。

兰州理工大学教授曹睿是陈剑虹培养出的一位拔尖人才。在她看来，老师最重要的贡献是就解理断裂的物理模型提出了一个完整的理论体系，系统描述了解理断裂的微观过程、临界事件、断裂准则，阐述了组织和韧性的关系。特别是焊缝和热影响区晶粒尺寸及韧性关系，以及钛铝合金的断裂行为。

“通过这个研究体系可以全面系统地理解金属解理断裂的微观机理，建立重要的物理概念，也能学习到与韧性有关的工业应用问题的分析和解决方法。”曹睿说。

陈剑虹说，有了解理断裂的物理模型，就掌握了系统的研究方法，能够准确评价不同金属材料在不同情况下的断裂行为。

陈剑虹提出的解理断裂新模型及三个判断准则，修正了1973年国际学界主流公认的RKR模型。这个模型提出了一个人为的条件，即正应力必须在一个特征距离上满足断裂准则才会发生解理断裂。而陈剑虹提出的模型则无须求助于一个人为的距离假设。

"陈老师和团队研究人员在国际通用的应力准则基础上还提出了另外两个准则，这就是满足应变、应力及三向应力度的三个准则。"曹睿解释。

1997年，在国际解理断裂专题会上，美国断裂研究专家A. R. Rosenfield高度称赞了陈剑虹团队提出的三准则模型，并将陈剑虹和他的博士生王国珍完成的物理模型称为"陈·王图像"。

这项研究也为兰州理工大学1998年获得焊接专业博士授权点奠定了学术基础。

2002年，陈剑虹带领团队又对该研究进行了完善，从而解决了20世纪70年代以来存在的一个科学问题：为何预裂纹试样中，在很小载荷时裂纹前端的正应力已超过试样的解理断裂应力而解理不能发生。

多年的研究为陈剑虹带来了意想不到的收获。1996年，应国际断裂力学权威Rice教授的邀请，陈剑虹在哈佛大学做了解理断裂的学术报告；2008年，他被中国焊接学会授予"中国焊接终生成就奖"；2014年，他综合了所著70余篇学术论文，由国际著名出版集团Elsevier出版了英文科学专著*Micromechanism of Cleavage Fracture of Metals*（《金属解理断裂微观机理》）；2016年，应美国焊接学会邀请，在其年会上做大会报告，成为被美国焊接学会邀请做大会报告的第一个中国焊接学者。

敢为人先的教育家

陈剑虹说，自己并不聪明，做出的科研成果，是靠勤奋和努力获得的，也得益于自己在国内接受到的最好教育。

在日本进修的那年，他在国际综合材料类顶尖杂志*Acta Metallurgica*上发表了第一篇国际学术论文。当时他已47岁。也正是在那一阶段，陈剑虹意识到，中国人在国际上的科研成果少并不是因为中国人比别人笨，而是科研基金不足，基础设备和实验条件差。

1985年，陈剑虹就任甘肃工业大学校长一职。他一边积极投身学校基础设施建设，一边创新性地提出了“三流学校办一流专业”的理念。

“只要为学生创造出良好的学习环境，再加上学生的勤奋和努力，出成果是迟早的事。”作为工科类高校，实验设备和条件对于学生的成长成才非常重要。而当时学校建设主要的困难就是经费不足，缺少实验设备。

陈剑虹的性格低调不张扬，但为了学校发展，他还是鼓起勇气，多次前往北京申请。他的努力得到了当时主管部门的支持。由此，学校引进了扫描电子显微镜、激光衍射仪等当时先进的进口设备，基本满足了师生的科研和教学需要。

兰州理工大学党委宣传部部长段开军认为，陈剑虹担任校长的10年，学校教学科研基础条件得到了显著改善，为学校后期的发展奠定了坚实基础。

“在三流学校也可以办一流专业。”陈剑虹的办学理念一出来，就轰动了全校教职员工。“以前没人提过，这一下子点明了学校的办学方向和路径。”段开军说。

在陈剑虹全新的办学理念指导下，学校集中力量加强了焊接工艺与设备、水利机械等优势专业建设，其中焊接专业当时全国排名前五。至今，这些专业依旧是兰州理工大学在全国“叫得响”的一流专业。

1998年，学校材料科学与工程专业获得博士授权点，成为当时西安以西唯一一个授予博士学位的工科学科，为学校优势学科发展奠定了学术基础。在此基础上，2010年，学校建成了有色金属先进加工与再利用省部共建国家重点实验室。

任校长期间，陈剑虹还相继提出了学校的长远目标是建成教学和科研两个中心；倡导改革学制、试行全学分，使学制更灵活。办学理念超前的陈剑虹还率先在甘肃省提出招收自费生并予以实施。

1994年，在陈剑虹倡导下，作为教学改革试验区的技术工程学院成立。该学院实行“全自费、全学分、全走读”制（学费全部由学生自行负担，修够学分就可以毕业，学生全部不住校），开设机械电子工程、计算机通信工程、计算机应用三个专业。

对于人才培养，陈剑虹方向明确。“要培养一名合格的工程技术类大学生，除了在学校从头学起、接受理论知识外，更需要来自社会上的技术实践训练。”陈剑虹认为，学校和企业等应共同合作，使大学生既能学习到理论知识，也能在工程实践中得到锻炼。这些在当时行之有效的培养模式，到今天仍具有很强的指导意义。

卸任校长之后，陈剑虹将更多的精力放在了研究生的培养上。工科学术研究枯燥、熬人。有时，为了一个实验数据，要在实验台和显微镜下长时间连续观察，一个数字的错误都可能使整个实验功亏一篑。但他乐此不疲，并鼓励学生要沉得住气、耐得住寂寞，静下心来，不求数量，但求质量，就能出成果。

秉持“贵在质量”的原则，18年来，陈剑虹陆续培养了13位博士生。其中包括甘肃省第一个工学博士王国珍，以及一批专业能力达到国际先进水平的优秀学者，如第14届中国经济年度人物特别奖的得主上海电气集团高级工程师刘霞。

在师生眼中，陈剑虹对学校的贡献不言自明。但他总是说：“是兰州理工大学给了我施展的机会。”

要“为世界留下点什么”

陈老面色红润，精神矍铄，声如洪钟，虽满头银发，但全然看不出陈剑虹已迈入耄耋之年。

尽管退休近20年，但他仍保持着和上班时一样的作息习惯。清晨6点起床，在校园里活动、健身，7点准时走进办公室，开始一天的工作。

在他不到10平方米的办公室内，两个大书柜摆满了各类中英文书籍。从办公桌到沙发椅上，放满了最新的学术期刊和报纸。就连办公桌下，也堆满了厚厚一沓文献资料。

“每天不做点研究，就感觉少了点什么。”退休之后，陈剑虹并没有闲下来，他的英文学术专著《金属解理断裂微观机理》就是在这个时期写成的。

“别人可以追着热点走，超导、纳米等，但我不具备条件和能力，就在金属脆性断裂领域一直坚持，一心一意做好这个工作，提升研究水平，达到国际水准。”陈剑虹认为，对问题的研究越深入，收获的成果越有价值。

“我们的专业能力事关国家工业建设水平。研究人员做得越深入，就越有价值，对国家就会有越大的贡献。”陈剑虹说。

扎根西北近50年，陈剑虹对科研、教学工作中曾经遇到的难题记忆犹新。但他始终认为，正是这种磨难才坚定了他的意志、培养了他的自信。“如果没有在甘肃工作，我可能没有现在的成绩。”

采访中，陈剑虹一直在强调，自己只是一名普通的人民教师，做的都是分内事。“我希望我能够为世界留下点什么。”陈剑虹说。

（张文静　刘领平）

1965年，我和东重水力一起来到了甘肃工业大学

年近83岁的程兆雪教授，如今还在他的工作室里阅读英文、俄文原著，为学报审阅论文，偶尔参与一些课题的相关会议。

1965年东北重型机械学院水力机械、化工机械、石油矿场机械三个专业整建制搬迁，在兰州理工大学的发展史上是举足轻重的一笔。从那以后，学校办学条件改善，学科门类增多，特别是水力机械、液压气动等专业在国内的影响力与日俱增，而程兆雪老师是这些重要发展历程的亲历者、见证者。

50多年过去了，程兆雪老师向我们讲述他和工大的故事，让我们真实地感受到一个始终秉承“奋进求是”校训的知识分子，如何坚守自己的良心和风骨，在教书育人的这条大路上铿锵前进。

程兆雪，男，汉族，1935年生于黑龙江齐齐哈尔，教授，享受国务院政府特殊津贴，全国优秀教师，国家一级冰球运动员，从事流体力学研究近50年、风力机空气动力学研究30余年。

1958年于哈尔滨工业大学机械系本科毕业后，程兆雪又进入清华大学力学研究生班就读，毕业后先后到哈尔滨工业大学、东北重型机械学院（现燕山大学）任教。1965年随东重院校迁往甘肃工业大学水机教研室，从事流体力学科研与教学工作至今。

1982年，程兆雪赴美国威斯康星州大学（University of Wisconsin）进修三年后回国。回国后，经过不懈努力，根据国际上通用的葛劳渥风轮气动计算方法，并参考空气螺旋桨气动计算的叶片理论研究出一种改进型风力机转轮气动算法，先后开发出三套水平轴风力机气动优化设计程序。他所设计的风轮都自制了模型，还分别进行了车载试验、风洞试验（二九基地）和小型风场试验（内蒙古苏尼特右旗的赛汉塔拉与甘肃景泰县的漫水滩）。在这期间有多篇论文分别刊登在*Journal of Wind Engineering* 和 *Industrial Aerody-namics*，或在国际风能会议和国内学术会议上宣读并刊登在会议论文集上。

1984—1997年，程兆雪曾主持三项有关风力机风轮的课题研究：一是国家机械工业部下达的“风力机高效风轮气动特性研究”，1986年10月通过机械工业部主持的技术鉴定。二是国家农牧渔业部的“七五”攻关课题“水平轴风力机系列叶片气动优化理论研究”，1991年12月通过农业部主持的技术鉴定。三是甘肃省自然科学基金及中青年科技基金项目“高效水平轴风力机叶片优化理论研究”，1997年3月甘肃省科委为他主持了科技成果鉴定。

在兰州理工大学任教近50年，程兆雪不仅在学术上取得了一系列高水平的研究成果，而且培养了一大批青年人才。

那个年代，大家都想当工程师

我是1935年12月生于黑龙江齐齐哈尔，父亲是安徽人，他于1919年毕业于南京高师学堂，此后闯关东来到齐齐哈尔。我于1953年考入哈尔滨工业大学的机械系，那个年代大家都想当工程师，建设积贫积弱的祖国。当时哈工大的本科生是六年制，第一年是预科，主要是学习俄语。这是因为学校之前是由白俄创办的铁路工大，新中国成立之后由我们国家接管。学校图书馆里的书籍大多都是俄文书，也有很多苏联专家、白俄老师，所以语言关是必须过的。我的俄文也就是在那个时候打下的基础。

当时大学条件虽然没有现在好，但是课时数、师资力量一点也不比现在差，我们基本都是自学，仿佛大家身上都背负着只有自己知道的使命。第一年预科结束后，前三年都是力学、数学、物理等技术基础课，四年级下半年开始学习专业课——锻造工艺与设备，只要基础课学得扎实，专业课一般都不在话下。距离毕业还有半年的时候，中科院力学研究所钱伟长等专家学者在清华大学组织办了个工程力学研究班，为期两年。经过努力，我被推荐入班深造。当时这个班的老师都是中国科学院力学研究所的专家们，像郭永怀、张福范等老师都来给我们上过课。这个时候，我的研究方向由固体力学转为流体力学。虽然时间短，但是这个阶段，我在力学基础和流体机械方面的专业知识储备上了一个大台阶。

1960年，我从清华回到哈工大，当了一年助教。按照当时的规定，大学毕业的第一年都要参加几个月的劳动，于是我又到学校的豆腐坊和农场，也是机缘巧合，这让我在那个时候基本没有挨饿。1961年，我被分到哈工大的富尔拉基分校任教，讲授流体力学课程。可这样的好日子没过多久，黑龙江很快成为当时的反修前线，学校要求把矿机、化机、水机三个专业都搬走。经过多方打听，得知同属于第一机械工业部的甘肃工业大学还在艰难时局中坚守，于是在1965年8月，我们50多名教师、200余名同学，还有部分实验设备分批来到了祖国的西北。

从东北重型机械学院到甘肃工业大学

我记得很清楚，我是在1965年8月23日这一天到甘肃工业大学的。当时学校建筑没有现在这么多，我记得只有一号楼、二号楼、三号楼、四号楼和七号楼，除此以外，还有校办企业机工厂以及一些生活用房。一号楼、七号楼用作教学；二号楼称为红楼，是红色的窗户，用作办公；三号楼是绿窗，所以也被叫作绿楼，用作单身教工住宿；四号楼在现在的逸夫科技馆那里，是卫生所和来宾留宿之处。学校大门是正对着一号楼的，从兰工坪那个坡上来就是。那个时候周边环境建设不好，我们从学校到七里河小西湖来回都靠步行，师生们戏称到学校要经历三坡：要劲坡、要汗坡、要命坡。

我们来的时候，学校只有三个系，分别是机制、土木和电气。我们来了之后，一机部又从北京机械学院、湖南大学、合肥工业大学抽调了一部分老师，学校就增加了水机、化机、矿机和焊接等专业。陈剑虹老师也是那时来学校的。这一来，学校的教学体制扩大了，师资力量也增强了。人来了，就要干活，学校领导和全体教师努力搭建起水机、电机、土木等各专业实验室，80年代，学校又相继建起了图书馆、逸夫科技馆、综合实验楼、国家实验室等，学校的办学条件大大改善了。

我来学校之后，主要是给本科生和研究生上课，带着学生做水力学与流体力学的实验，和其他老师一起编辑泵专业的五国词典，并和他们共同编写流体力学的教材。

我喜欢打冰球，来学校以后，我组织了一些喜欢这项运动的同学，在学校建了一个简易的冰球场：冬天很冷的时候，我们用土围了个场地，然后一层一层每天泼一些水上去，直到结冰。年轻的时候，除了学习工作，我最喜欢的就是打冰球。

两年美国访问完成两个工程研究项目

我是在1982年圣诞节到美国纽约的，之后前往威斯康星大学做访问学者两年，当时已经47岁了。说起去美国学习，实属无心插柳柳成荫，当时一机部在1980年提出要通过招考的形式让教师出国深造，因为年龄有点大了，我积极性不是太高，后来同事们都鼓励我试试，我就报名了。报上了就要加油准备资格考试了，那段时间，我经常抱着那个时候的钢丝录音机练习英语听力，逼着自己阅读大量英文作品，其间在合肥工业大学、广州中山大学各培训了一次，最后通过考试，我和学校的叶枝全、邱镕胜两位老师一起来到了美国。

到威斯康星大学之后，我在戴维·欧提斯教授的带领下做他水环泵的课题。还有一个诺木·毕切利教授在做环保节油汽车的课题，我也比较感兴趣，就申请加入了。所以那两年，几乎就是全力补课、研究和实验，暑假也没有出去好好转一转。美国的大学教育强调学生的动手能力，两个项目的试验台几乎都是我们自己搭建起来的，每天都在实验室里，对数据做一遍遍的测定、修正、校对。我还记得，当时在环保汽车那个课题组里，我需要编程，毕切利教授就给了我一台旧了的不用的电脑，我和另外一个访问学者一同鼓捣着，重新利用了它。要说在美国最大的感受，倒不只是他们先进的技术和理念，因为当时我们做的课题，苏联和德国在这方面一点不比美国差，我带的一本俄文专业书籍被美国指导教授看见了，他还让我翻译给他。真正学到的，是对知识的探索，还有动手能力，学会怎么做科研。1984年圣诞节，整整两年时间，我又回到了祖国。

卡车上的风力机实验

20世纪80年代，学校领导觉得只搞水力学与流体力学的教学和研究面太窄，于是成立了水利机械系，将研究方向扩大到流体机械领域。专业范围扩大，招的学生就多了，教师队伍壮大了，实验室也开始扩建了，我们有了水力学、流体学两个实验室。

我的主要工作当然还是教学，带本科生、研究生，这时的实验条件好一些了，带着学生们做实验。1984年，我申请到国家机械工业部的“风力机高效风轮气动特性研究”课题，于是我和叶枝全等三名老师一起，带着研究生开始做起了课题研究。我们当时给学生创造加工车间，提升学生的动手实践能力。当时兰州风不大，于是学校专门给我们课题组一辆解放牌卡车，我们把风力机的实验塔架、自己动手做的转轮、记录仪、蓄能电池等设备放在卡车上，车一开，不就有风了吗，就这样做起了实验，那时候总是在中川机场附近的23公里处，风大，直路上车不多，我们就在那里做实验。后来在卡车上做得差不多了，我们又去了四川的绵阳，那里有国家专门建设的风洞实验室，根据实验结果，我们回校后又动手调整，后来又去内蒙古的苏尼特右旗的赛汉塔拉与甘肃景泰县的漫水滩做了实验。在漫水滩，我们是实地到了农村的一户人家，给他们实地发电，他们用上了电灯电视，我们也完成了实验。

就这样前后花了3年时间，我们顺利通过了机械工业部主持的技术鉴定。有了这个课题做基础，后来又陆续有了好几个课题。2004年前后，学校聘请中科院胡文瑞院士来校指导工作，开展风力发电等新能源建设工作，因为我在80年代就开始做了一些前期的工作，所以就参与到这项工作中，一直到现在。

工科没有实验不行　不动手做实验也不行

我一生50余年在工大，主要职责就是教书，课堂上、实验室里，教出好学生就是我的幸福。这么多年，我担任导师带出的研究生只有3个，目前他们都在各自的事业领域做得非常好。我对自己的学生要求比较严，尤其是在实验的时候，必须自己亲自动手在实验台做，像画图等，必须自己动手画。

现在，我看很多学生不那么注重实验了，很多都是在计算机上完成，这不行，作为理工科学生，动手能力是根本，所以希望他们还是要重视实验。

兰州是我的第二故乡，兰工坪上的工大更是我一生事业之所在。我想，我已经用自己的行动证明了我对这里的感情。祝福工大！

（朱莉萍）

开创兰理工阀门学科的先河

如今，在全国大多数阀门企业中，都活跃着兰州理工大学学子的身影。2006年，学校温州泵阀研究院成立，更是为服务地方企业提供了强大的智力支持和技术支撑。而要说这一切的缘起，兰州理工大学石油化工学院的杜兆年教授居功至伟。

杜兆年，兰州理工大学教授，博士生导师，历任甘肃省人民政府参事、中国机械工程学会流体工程分会副理事长、中国通用机械协会阀门行业协会理事等职，长期从事化工过程机械、流体机械专业的教学科研工作。他主编、主审和参与编写的《机械工程手册》等著作已成为该技术领域的主要工具书，并获得全国科学大会奖等荣誉。研究开发和主持完成的“高温含砂介质离心泵组合填料密封”“形状记忆合金疏水阀”等项目的成果已应用于工业生产，并取得了良好的经济效益和社会效益，多次获得省、部级科技成果奖。其中液控止回蝶阀已成为定型产品，并纳入了国家技术标准系列。

1965年，杜兆年随东北重型机械学院化机专业整建制迁至甘肃工业大学。其后的50余年里，他扎根西北，潜心治学，审时度势地在高等学校中创建了阀门学科方向，跑遍了全国大小泵阀企业，编写了第一本阀门专业教材，培养了一大批行业优秀人才。

今年已是82岁高龄的杜兆年，依然精神矍铄，儒雅谦和，为学校和社会相关行业乐此不疲地奔波着。回首过往，他也曾有机会留在北京父母身边，也可以进入高新企业担任技术负责人，但他最终选择留在西部这片热土上，用他的话说："每个人对自己的人生价值和意义要很清楚，而我的追求就是教书育人、创新报国。"

从北京到东北再到西北，西迁治学义无反顾

1936年，杜兆年出生于天津市英租界，父亲是民国时第一批大学生，从小他就受到了良好的教育。在南开中学读完初中后，他跟随家人来到北京，在北京四中读完高中。1954年，杜兆年准备高考，当时的中国，工业以钢为纲，农业以粮为纲。他坚定地报考了北京钢铁学院（现在的北京科技大学）冶金机械系，1959年以全优的成绩毕业。时值全国大炼钢铁，哈尔滨工业大学来校延聘人才，杜兆年服从分配至哈尔滨工业大学的富拉尔基分校。

毕业第二年，全国进入了三年困难时期，各地钢铁企业纷纷下马，东重决定将冶金机械专业撤销，改为设立石油化工机械专业，原因是1959年，我国在东北勘探出了大庆油田。这之后，杜兆年的专业也从冶金机械转变为石油化工机械，并于1961—1963年到北京石油学院进修。

做一件事就要做到最好，这是杜兆年做事的风格。两年进修时间，因为学习认真，成绩突出，北京石油学院提出让他留校，改派另一名该校毕业生去东重。可是一想到东重校长对他的关心和学校的发展，杜兆年还是放弃和家人在北京团聚的机会，带着早已写好的《化工原理》讲稿，回到了东北。

1965年，中苏关系紧张，按照当时国家布局需要，东北重型机械学院的水力机械、石油矿场机械和化工机械整建制搬迁到甘肃工业大学。杜兆年带着自己的学生，收拾了专业书籍和实验设备，坐上发往兰州的专列，随东重的化工机械专业，搬迁到了祖国西北。

独辟蹊径　创建全国高校唯一阀门学科

1965年的甘肃工业大学，之前的学生都被分散安排，只有少数教师在艰难

时局中坚守。全校只有五栋楼房，一个水龙头，教学、生活条件的巨大落差并没有让杜兆年气馁，他和其他老师一起，到校之后就招生开课了。他说，那个年代的知识分子都是服从国家安排，竭尽全力奉献自我，除此再无其他想法。一年后，“文革”开始了，学校一切教学活动停止。其间，杜兆年曾跟随省委工作队到天水农村下乡，与农民同吃、同住、同劳动，了解当地农民生产种植情况，帮助他们修理拖拉机等。从小生活在城市的他从农村的生产实践中学到了很多，当地农民的土地保墒耕作方法成为他在课堂上经常援引的例子之一。1976年，“文革”结束，甘肃工业大学和全国各大高校一样，快速启动招生教学工作。而这一年的一次偶然机会，让杜兆年萌生了创建阀门学科的念头。

1976年，武威市黄羊镇糖厂在生产中使用的糖液泵和阀门不到10天就会泄漏，造成糖浆大量浪费和生产环境持续恶化，长期无法解决。武威市政府和该厂的负责人来到甘肃工业大学寻求解决办法，学校对此非常重视，杜兆年被安排前去调研解决。到糖厂实地查看后，杜兆年开始到全国各地相关企业考察调研。一年后，他研制出的一种聚芳酰胺组合密封填料，可使阀门的使用寿命延长至3个月以上，解决了困扰糖厂的生产难题，这一研究成果发表在当时国家糖业的权威杂志上，并在国内制糖行业得到推广应用。

经过这次调查研究，杜兆年意识到，当时全国有几千家生产制造阀门的企业，应用领域包括民用、国防航天和国民经济的各个领域，如果能在学校建立一个阀门学科的教学和研究方向，发展前景非常可观。1977年，杜兆年去第一机械工业部，有关领导对他说，所有的机械设备在大学里都有相关对口专业，唯独阀门没有，希望杜兆年带头在甘肃工业大学把这个专业建起来。这个建议与他的设想不谋而合，于是在第一机械部和学校的大力支持下，杜兆年排除困难，于当年建立了阀门学科研究方向，开创了这个领域的先河，使学校成为至今为止全国唯一一所培养阀门科技人才和有此研究方向的高校。每年都会有许多阀门企业和设计科研单位来校招聘人才和开展科研合作。

创建之初，杜兆年给学生开设讲座式课程，同时自学国外的阀门研究书籍和国际国内制定的阀门制造标准，又到北京的通用机械研究所阀门研究室学习。经过大量积累，他编写了全国第一本阀门教材《阀门设计与计算》，除作为教学用书，现已在从事阀门技术工作的群体中广为流传。长期的教学、科研、技术服务活动，使杜兆年与全国相关的学会、协会、标准委员会和知名企业建立了广泛的联系，兰州理工大学阀门教学与研究作为一个特色学科享誉全国，师生自豪地说，我们的专业系出名门。经常会有企业邀请杜兆年做学术报告，一次讲座中，杜兆年将自己研制的阀门密封材料给成员们传看，等大家看完返回到他手里时，材料已经被切割得所剩无几，因为企业技术人员都想研究采用这种密封材料。这样的求知渴望深深打动了杜兆年，让他意识到企业对专业知识的需求是多么强烈，也更加增强了他工作的责任感。

重视教学工作是杜兆年的突出特点，尽管参与编写了《机械工程手册》《实用阀门设计手册》等多部著作，发表过多篇论文，从事多项科研项目，先后获得许许多多奖项，可他最看重的还是学校在2003年颁发给他的“教学名师”奖。“学高为师、身正为范”是他矢志不渝坚守的座右铭，他培养的学生现已成为学校阀门教学科研的主力。退休后，他又先后在郑州、成都、苏州和温州等地开设阀门工程硕士班并亲自授课。

70岁协助筹建兰州理工大学温州泵阀研究院

浙江省温州市拥有3000余家阀门企业，是全国重要的泵阀生产基地。从1996年开始，杜兆年就经常应邀前去温州的泵阀企业开讲座，传技术，解难题，同时又将自己的调研所得转化为教学科研的重要素材，科技融合培育人才，教学效果获得学生普遍欢迎。其间，也有企业希望高薪聘请他，都被他婉拒了。岁月不负，耕耘不辍，杜兆年在温州的泵阀企业中建立了良好的口碑，不少企业家称赞他不仅技术过硬，同时也树立了一个做人做事的好榜样。而他总是谦虚地认为，这是自己作为教师应该做的。

2006年，为了让当地企业发展得更好，温州市政府主动联系清华大学等国内名校相关专业研究人员，为当地企业提供技术服务。唯独泵阀行业的联系高校，选择了兰州理工大学，并与学校商定成立兰州理工大学温州泵阀研究院，由温州市政府出资划地，学校派出研究人员。而杜兆年成为当时学校与温州市极力推荐的不可或缺的技术专家。当时已经70岁的他，再次肩挑重任，只身赴温州5年，协助筹建研究院。他带领成员建立了阀门的流量特性实验室等实验基地，创办了全国第二家国家级阀门检测中心，积极为温州及全国的泵阀企业提供技术服务，逐步打开了研究院的发展局面。目前，兰州理工大学温州泵阀研究院是学校在外地发展得最好的研究院之一，并且建成了温州泵阀研究院研究生分院，温州科技园也破土动工。

伉俪情深　与工大风雨同舟

“死生契阔，与子成说；执子之手，与子偕老。”与钟情的事业共相媲美的，还有幸福的家庭。杜兆年与夫人程琳琳两家是世交，两人自幼相识，青梅竹马，婚后一直相濡以沫，恩爱有加。这对学术伉俪于20世纪60年代一起来到甘肃工业大学，在50余年的岁月中，互相支持着对方的事业，为工大的发展默默奉献。

程琳琳副教授是中国科技大学首届毕业生，1963年毕业后在中国科学院工作。1965年，她放弃优越的工作生活条件，跟随丈夫杜兆年来到甘肃，成为甘肃工业大学自动控制系的一名教师。这么多年，她被丈夫对教育事业的执着热情所打动。“曾经也有很多机会摆在他面前，可他还是很坚定地选择了自己热爱的事业、热爱的工大热土。这一点，我很感动，也很支持他。”退休了的程琳琳，在学校老年合唱团找到了新的乐趣，说起工大近些年的发展，她很兴奋，也很关注：“工科生的毕业设计非常重要，作为学生从学校走向社会的最后一环，这体现了学生四年学习的综合水平，一定要对毕业设计严格把关，增强学生解决实际问题的能力。”

采访时，杜兆年说：“我一生既不求升官，也不求发财，却获得了精神上的富足。”他热爱教学，发自内心地关爱学生，传道授业解惑，乐此不疲。即使是自己编写的教材，每次上课，他都要充分准备，用他自己的话讲是“如履薄冰”，直到70岁临近退休，始终坚持为本科生授课，指导毕业设计从未间断。在给青年教师的讲座中，他最为强调的，就是“善待学生”。杜兆年作为甘肃省政府参事，充分发挥自己的专长，得到了省政府嘉奖。退休后又获得甘肃省老教授协会的“先进个人”奖。他由衷感谢老伴这么多年对他的支持：“从北京来到甘肃，她放弃了优越的科研条件和成长空间，这么多年，一直非常支持我的工作，我能有今天的事业，她的牺牲与付出，是巨大的，我感谢她。”

“大学，非有大楼之谓也，有大师之谓也。”杜兆年与程琳琳两位老师在兰州理工大学的故事，就是对这句话的经典注释。

（朱莉萍）

科学征途上的勇士

在兰州理工大学的百年办学历史上，有一位教授是苏黎世联邦高等理工学院（ETHZ）培养的第一名中国博士。他完成的《迟后型时滞控制系统的稳定性判断及稳定条件》论文曾引起国际自动化界的震动和注目。人们称，在他的身上，看到了中国研究人员锲而不舍的精神。

他就是兰州理工大学电信学院退休教师，已是81岁高龄的刘希远教授。

刘希远，兰州理工大学教授，机械电子工业部有突出贡献专家。1937年生于江西南昌，中共党员。1961年7月毕业于西安交通大学发配电专业，同年9月分配至甘肃工业大学动力系工作。主要研究领域为自动控制及人工智能，研究方向为具有时滞控制系统的稳定性及其控制策略和方法。曾先后完成“40火箭弹炸药压制自动生产线”、国家“七五”重点科技攻关项目一项、河北省经济信息系统总体设计方案研究等项目，并发表了《关于膜片式气动控制元件的几个理论问题的探讨》等论文47篇。

40多年里，刘教授先后为本科生、研究生开设过“大系统理论”“最优控制”“射流技术”等12门课程。历任中国自动化学会经济与管理委员会委员、全国高等学校机电类专业教学指导委员会委员、中国智能自动委员会委员等职。

1985年，刘希远在瑞士完成的《迟后型时滞控制系统的稳定性判断及稳定条件》论文，提出了检验时滞控制系统稳定性的一整套科学的判定方法及计算机辅助分析系统，解决了国际学术界未解决的课题，被国际同行称为“Liu-mansure法”。这些成果受到国际同行的称赞，对于大规模的生产过程、经济系统、生态系统、社会系统等具有大时滞类型系统的控制具有重要的学术价值和实用价值，在该领域完成论著、论文13篇。

“一弹一术”震全国

1975年，甘肃工业大学实行“厂校挂钩”，主要和本省范围内与学校专业有关的厂矿企业合作联系，选择适当的产品（典型产品）在技术人员和本校教师的指导下，进行现场教学或课堂教学。

那一年，刘希远作为玉门社教工作队秘书前往玉门404厂工作。其间，404厂附近的旱峡煤矿发生了一次矿难，刘希远作为唯一学过工程的技术人员立刻前往现场，冒着矿难再次发生的危险，与煤矿工人一起手工挖煤，完成了矿难救援和善后工作，当时他29岁。回到兰州后，刘希远继续在兰化、兰炼等工厂开展技术更新工作。

刘希远戏言，有一次在兰化304化肥厂差点没命了。当时他在观察硝酸排量是否达到排放液面，突然硝酸排量加快，超过了吸硝酸的标准水平面，从真空排气孔四周排出到空气中，车间顿时充满了黄色硝酸气体，呛得他眼睛流泪，咳嗽不止，肺部异常难受。要是坚持不住倒在地上，硝酸碰到地面管道，将会因强烈腐蚀而尸骨无存，后果不堪设想。幸好车间师傅及时发现后，将他扛出才幸免于难。

有了这次经历，刘希远暗下决心，一定要想办法控制硝酸排量防止超过标准液面。他研读国外先进技术，用气体作为介质，采用自动控制中的射流技术，利用射流中的某些物理现象例如卷吸现象、附壁效应等做成不同功能的射流元件，与辅件组成控制线路，使射流的方向改变，达到自动控制的目的。

与之前企业使用的电子器件每两三天就需更换一次相比，刘希远的研究成果只需两到三个月清理一次过滤器中的废气即可，大大减少了电子器件的腐蚀，延长了更换和维修时间。这一技术当时是国内首次使用。

1976年，刘希远来到平凉一个小山沟，这里有专门制造40火箭弹的5204厂，他的主要任务是给这里的工作人员做技术培训。40火箭弹是当时中国主要的反坦克武器，依靠苏联的先进技术制造，专用它攻打坦克。该火箭弹控制器件大部分为炸药，采用非接触爆炸方式，当火箭弹离装甲距离在2厘米左右时爆炸，其威力最大，一旦超过这个距离就会发生跳弹，爆炸时产生的火药流，温度可达几千摄氏度，穿透性强，杀伤力大。

实际生产中，遇到的棘手问题是炸药会因一点点的静电引发爆炸，导致生产线停产，人员伤亡，工人们都是冒着生命危险在工作，这也引起了国家有关部门的关注。刘希远课堂上几天前还在上课的工作人员，之后就因爆炸牺牲了。他感到很难过，心里想，“总会有办法的”。

当时，刘希远的爱人还在兰州，要经常下乡巡回医疗，顾不上孩子。他毅然决定带上两个儿子去平凉解决这一问题。之后，他基本扔掉了自己的专业，开始自学机械、气动液压知识，自己研发制造军用机械设备。功夫不负有心人，三年后，刘希远采用气体液压控制技术彻底解决了40火箭弹火药压制生产中的爆炸问题，安装了六条40火箭弹炸药压制自动生产线，减少了国家损失，震惊全国。

“ETHZ”培养的第一位中国博士

1979年，师资队伍建设工作成为甘肃工业大学的重中之重，措施之一就是从中青年教师中选送优秀人才出国研修。自幼学习俄文的刘希远为准备出国研修，在英语零基础的情况下，利用收音机、广播恶补英语。用了一年的时间，最终以优异的成绩被选送出国研修。

1982年，刘希远来到驰名中外的苏黎世联邦高等理工学院（ETHZ）进修。第一天，导师M.曼索尔教授就给了他一个难度很大的课题——“迟后型时滞控制系统的稳定性判断及稳定条件”。这个课题涉及数学、自动控制、计算机等多种学科，曾让好几个外国博士研究生望而生畏，不敢接受。困难是，关于“时滞”这个词，刘希远也是第一次听说。所谓“时滞”，是信息传递中的一种普遍现象，对任何一个自动控制系统中的元件输入端施加一个信号，都要滞后一段时间才能显示出相应的反应，这段时间被称为“时滞”。

刘希远面临一个艰难的抉择，是委婉地避开这个“冒险的暗礁”呢，还是知难而进？最终，他选择了后者，开始了“时滞控制系统稳定性问题”的研究工作。为了找到能使时滞控制系统稳定运行的充要条件，他花了大量的时间和精力钻研本专业的新概念、新定律和新公式。学习原本根底较浅的数学、系统科学理论，加上语言问题，刘希远觉得自己就像是钻进了连绵不绝的群山中，刚爬上一座山头，又见更高更险的山峰横亘在眼前。就这样，他不分白天黑夜地钻在资料堆里、实验室里干。在瑞士的第一年，他平均每天只睡三四个小时。

有一次，他边走边想问题，腰带挂到了门把手上也全不知晓，还继续使劲往前走，一下子把腰带给拉断了。有时走着走着，头撞到了墙上才突然醒悟。周围的人纷纷说：“这个中国人着魔了，傻了！”渐渐地，他赢得了越来越多的人的敬佩和赞叹，他们说：“我们在刘先生身上看到了中国人锲而不舍的精神。”

经过近三年的刻苦钻研，刘希远终于突破重重难关，原先不懂的东西弄通了，原先不会的公式运用自如了，德语水平也有了很大进步。他不仅对自控理论的经典问题有了全面、深刻的理解，而且逐渐走到了这个领域的前沿，对支持和促进新理论的数学理论的研究也达到了较高的水平。

在这个基础上，他开始向自己确定的主攻方向——“迟后型时滞问题”发起了进攻。为了扫清外围，他把这方面的一些重要成果都做了严格的理论推导和计算机模拟。这时，他发现导师曼索尔教授和另一个国家的权威教授的论文中有个原则性的错误。于是，他多次用不同的方法进行了推理论证，做了反复的计算机模拟，终于发现，他们把一个公式的充分条件作为充分必要条件了，由此而推出了一系列的错误结论。

刘希远的这一重大理论发现，使导师曼索尔教授震惊，这个“中国人”的分量在他的心目中增加了好多倍。他知难而进的精神曾被《人民日报》誉为“科学征途上的勇士”。

1984年4月，他的论文还在校对之中，就受到一位著名的自动化专家的称赞：“你们的研究已大大超越我和另一位教授合作研究的论文水平，因此我决定不再发表我们的文章了。”刘希远的研究成果一经发表，就引起了国际自动化界的震动和注目。有的科学家预言，它将在航天系统的控制方面发挥重大作用，有的指出它对军事科学有不可低估的作用，有的则认为它对经济的调节控制有很大的现实意义。

1985年4月，鉴于刘希远取得的这一重大成果，苏黎世高等理工学院破例同意他直接参加博士学位答辩。在该校，一般攻读博士学位需要六年甚至更长的时间，要通过许多相应课程的严格考试，而刘希远以全优成绩通过了博士论文答辩。这是该校首次将博士学位授予一名中国学生。

此外，刘希远联系了国际文化合作委员会，与ETHZ校长商议，筹备和促成了机械部和甘肃工业大学联合代表团访问瑞士ETHZ及有关工厂、学校，为甘肃工业大学和ETHZ进一步发展校际友好关系、学术交往奠定了基础。

1985年7月，刘希远谢绝国内外其他高校高薪聘请，载誉而归，继续在甘工大干事创业，成为学科带头人和学术骨干。

潜心学术报母校

1985年12月，刘希远任甘肃工业大学自动控制系主任。他一到任，就和系里56名教职工一一谈话，了解他们的愿望、建议和苦衷。他关心青年教师成长，协同各专业教研室根据每个青年教师的条件，确定业务发展方向并安排实际工作。逐渐地，全系每个教师都感到各得其所，各有所求，人心稳定、同心协力的工作好势头逐步显现。

凭着在科研上的实干精神，他和全系教职工一起制定了该系的“七五”规划，提出“拓宽专业面、筹建大系统研究室、建立学术梯队”等建设思路。他短期内编写出讲稿，开设了“最优控制”与“大系统理论及应用”两门课程，建立了自动控制和电气工程及其自动化两个专业，转年申请了这两个专业的硕士授予点。这些都为学校自动化学科的发展做出了卓越的贡献。时任校长陈剑虹高兴地说：“半年多的实践证明，刘希远没有辜负学校和大家的期望。”

除了教学管理工作外，刘希远继续投身到自己的科学研究领域。其中一个突出的项目是他与北京科技大学涂序彦教授一起申请到的国家“七五”重点科技（攻关）项目“国家经济信息系统专家系统关键技术研究与开发”。该项目创造性地运用了人工智能与大系统理论相结合的方法，解决了经济领域的综合性与专家系统的专业性之间的矛盾。国际联机文献检索查询结果表明：没有出现和大型专家系统综合技术的前五项技术相符或相同的文献，可以认为该技术具有新颖性，水平超前。目前，以该成果为基础的经济专家系统仍在使用，并为其他专家系统的开发提供了典型经验和示范样本。

1989年，作为公交营运系统主干企业的国营兰州公交公司陷入了严重亏损的困境，使企业丧失了生机与活力，直接威胁整座城市公共交通的正常运行。刘希远作为项目负责人开始着手“关于兰州市公交公司经营亏损问题对策研究”。课题组通过调查研究，在大量数据、资料的基础上，以国家政策为依据，从兰州实际情况出发，按照系统工程在折中意义下的优化观点，兼顾国家、企业、职工和乘客利益，对解决兰州市公交公司经营亏损问题提出了企业内部挖掘、调整票价、减免部分税费“三管齐下”的对策方案，所建数学模型科学，符合兰州带状城市的实际，为政府决策者提供了大量可贵的决策信息。

晚年不服老，研究在路上。近期，刘希远教授正在编写《宏观调控大时滞系统稳定性的实用判据》。在论文中，他提到了“大滞后”问题，也提出了解决“大滞后”，防止经济危机、金融危机的重要措施。

（潘彩燕　杨佩瑶　付杰）

立身笃行 拓荒控制学科

陈希平，男，汉族，江苏省无锡市人，1937年10月生，兰州理工大学电气工程与信息工程学院教授，中共党员。中学就读于华东师大附中，1954年考入上海交通大学工业企业电气化专业，1959年毕业于西安交通大学。毕业后分配至甘肃工业大学电工教研室任教，主讲“电工理论基础”及“电工学”课程，深受学生喜欢，1962年被评为学校优秀教师。

1980年，陈希平通过国家考试，成为我国改革开放以后首批出国留学的访问学者，留学英国Warwick大学和Strathclyde大学。1982年年底归国后，即在学校开设“现代控制理论”“线性系统理论”“最优控制”“最优估计”及“系统辨识与自适应控制”等本科及硕士研究生系列课程，为学科建设做出了突出贡献，于1984年被评为学校先进工作者，1987年和1991年两次荣获甘肃省高等学校教书育人奖。1996年，其主持的“仿真技术在自动化系列课程的应用”课题获甘肃省教学成果一等奖。

科教融合 创新笃行

48年来，陈希平在从事教学工作的同时，深入开展科学研究工作，早期研究的课题有“硅整流弧焊机的运行机理及设计方法”；归国后研究的课题有“卡尔曼滤波器及其在提高机床精度上的应用”及“省石油公司微机管理系统”，分别获甘肃省教委科技进步奖和甘肃电子应用三等奖。1989—1990年，应英国British Council之邀，陈希平以访问教授身份再度赴英，从事“自适应控制及其鲁棒性问题”的研究，论文发表在*System Science*杂志上。

1994年以后，陈希平从事“智能控制”及“系统故障诊断”方面的研究，多项研究课题被列为省自然科学基金项目，其中2项获省科技进步三等奖，4项获甘肃省电子信息技术二等奖。

陈希平曾任中国智能控制专业委员会、中国系统安全与故障诊断专业委员会委员，中国自动化学会7届理事。1994年被西安交通大学聘为兼职博士副导师，1997年任中国、加拿大两国合作区域规划与交通运输系统研究所所长，从事兰州市交通规划的研究，其成果获省电子信息技术二等奖及省科技进步奖。2002年10月，被清华大学聘为兰州市智能交通系统研究专家委员会委员。2003年被方圆标志认证中心（中国质量认证中心）聘为高级技术专家。2003年9月被评为学校首届“教学名师”。

自动控制学科的拓荒者

1959年陈希平到甘肃工业大学工作后，为学校自动控制学科从无到有、从弱到强，进行了开拓性的建设工作。1978年以来，陈希平作为自动控制学科带头人之一，与刘希远、邱镕胜等老教授从创建工业企业电气自动化本科专业开始，先后开发出16门课程，其中7门课程为新开设的课程。

经过20多年的不懈努力，1987年，学校获“控制理论与应用”第一个控制学科的硕士点。2003年，控制理论与控制工程获得二级博士点。他的学生李炜系兰州理工大学电信学院教授，2017年被评为“省级教学名师”。据李炜回忆，从那时起到陈希平老师退休的20年里，他始终在孜孜以求地学习、探索与研究，其间几乎承担了控制学科研究生教育中所有控制类的理论课程，包括“线性系统理论”“最优控制”“最优估计”“系统辨识”“自适应控制”“智能控制”“预测控制”等。

陈希平担任工业企业电气自动化教研室主任以来，除了承担分内的教学任务外，还把国内外先进的知识加以消化、巩固和扩充，贯穿到实际的课程教学中。李炜说，陈希平授课思路开阔、言简意赅、深入浅出、严谨缜密，几节课后她便对自动控制产生了浓厚的兴趣，并默默准备着，期待今后能进入航天航空领域接触最先进的控制技术。陈希平教授在“现代控制理论”课程授课中，上海普通话夹杂着一半的英语教学，至今仍令她记忆犹新。那也正是20世纪80年代他初尝双语教学，课程引申从卡尔曼的最优估计，到庞特里亚金的极大极小值原理，再到贝尔曼的动态规划等，内容充实新颖，极具吸引力。

陈希平曾在课堂上对学生说：“我希望你们通过学习，在茫茫黑夜的森林中，循着天上的北斗，能自己走出森林。”至今，李炜回想起来，都满怀感慨。老师的课堂真可谓授业又传道，不仅让学生学到了知识、开阔了视野，还让学生了解了当时世界最先进的控制理论与技术应用，更为重要的是对学生能力的培养和素质的强化。

此外，为推广计算机应用，培养青年教师，陈希平还为全校教工开出“FORTRAN语言及程序编制”课程。1983年夏，当时的“现代控制理论”没有合适的教材，陈希平利用假期编写了10万字的讲义，供本科生学习用。

开创兰州理工大学与Strathclyde大学的教育合作

1980年，陈希平通过国家考试，成为我国改革开放以后首批出国留学的访问学者，留学英国Warwick大学和Strathclyde大学。在Strathclyde大学的第一年，陈希平以进修学习为首要任务，主修“现代控制理论”；第二年先后参加了四个课题的研究工作，均取得了理想的成果，并发表三篇很有科学价值的论文。其中，《不确定滤波器在船航空位控制中的应用》及《用SZEGO-KOLMOGOROV方法进行数学谱分析》两篇论文，在1983年雅典召开的国际测量和控制会议上进行交流，广受好评。

1982年，陈希平完成学业回国之际，收到其所在学院院长的表扬信。信中称赞陈希平通过自己的努力，在自动控制领域做出了贡献，并聘他为该校“名誉研究员”，录入Strathclyde大学教职工名册，是当时7名留学生中唯一一个获有此荣誉的中国留学生。

回国后的陈希平一直参与Strathclyde大学研究项目。1986年，陈希平与

Strathclyde大学Tedford校长和罗国麟教授商议，为甘肃工业大学青年教师争取了两个硕博连读的培养指标，并达成派遣协议。1989年，应罗国麟教授邀请，陈希平再度赴英国进行“区域电力联网以后产生低频振荡的消除”项目的合作研究工作。其间，陈希平抓住机会，为甘肃工业大学与Strathclyde大学联合培养青年教师再次赢得机会。

2011年，经陈希平和Strathclyde大学罗国麟教授联合培养的学生李占明介绍，英国Strathclyde大学与兰州理工大学签订备忘录，建立了两校合作关系。2012年，两校“2+2”合作办学项目的课程设置及学分互换进行了正式对接，并签订了“2+2”及“4+1”交流合作协议，开启了两校在电信、机电、土木、化工及经管领域的教育合作。

谈起陈希平对国际间联合培养人才所做的贡献，李炜说：“我的老师一生崇尚科学、严谨治学。他为学校控制学科的起步、发展、壮大倾注了大量的心血，起到了重要的支撑作用，无愧于‘工大控制学科的拓荒者’之称。于我，先生不仅是学业上的启蒙者和引路人，更是我毕生学习的楷模。”

从1997年开始，年近花甲的陈希平被任命为中国、加拿大两国合作区域规划与交通运输系统研究所所长，从事兰州市交通规划的研究。其成果获省电子信息技术二等奖及省科技进步奖，为智能交通领域研究做出了开创性的工作，并成为控制学科发展的重要支撑。

（潘彩燕）

与甘工大结下的半世土木情缘

快70岁的时候，刘翠兰还和研究生一起换乘几趟公交车，去兰州城郊的省建二公司混凝土站做实验。为了确保成分配比合理，除了用手抓起一把砂土直接感受材质外，她还要像过去一样，爬上很高的混凝土搅拌站亲眼看了之后才放心。在她看来，做土木工程学科的实验、教土木工程专业的学生，不脏不累，也不辛苦，而是她一生挚爱的、不舍的事业和牵挂。

刘翠兰，女，汉族，河北省滦南县人，1936年出生于黑龙江齐齐哈尔市。1961年毕业于太原工学院（现太原理工大学）土木工程系工业与民用建筑专业，并提前留校。1962年调往齐齐哈尔市建筑勘测设计院，任结构设计技术员。1965年调往甘肃工业大学任教，1992年晋升教授。先后获“国务院特殊津贴”、“国家一级注册结构工程师”、甘肃省“教书育人”奖、兰州理工大学“学生爱戴的教师”等殊荣，曾担任教研室主任、学校学术委员、基建委员会委员、省教授咨询委员会委员、省高校高评会委员等职。

20世纪70年代末，刘翠兰和同在甘肃工业大学任教的丈夫祁学仁，到中国建筑科学研究院参与中国首次轻混凝土设计规程相关实验，由此开始了学校在此方面的探索研究。半个世纪以来，刘翠兰与甘工大的土木工程学科结下了甜蜜的、无法割舍的情缘，培养出一大批土木工程的学子，很多已经成为国内知名高校和企业的骨干力量。

着手设计建设八号楼

一头整齐的短发、干脆利落的话语，加上爽朗的笑声——和如今已是82岁的刘翠兰交谈两次，你会深切地感觉到她骨子里那种不服输、不怕难的劲头。

1956年秋，刘翠兰从齐齐哈尔铁路建筑工程学校中专毕业，当时正值新中国成立初期，急需各类人才，学校决定选送12名优秀学生保送到太原工学院读大学，其中就有品学兼优的刘翠兰。她在那里继续攻读工业与民用建筑专业，学制5年。1959年，因为国家需要，刘翠兰提前留校担任助教，又于1962年调往齐齐哈尔市设计院工作。1965年年末，她跟随丈夫祁学仁内迁至甘肃工业大学。来校不久，刘翠兰和丈夫就被分配至设计室工作。当时，学校开始筹备建设八号楼（现行政楼），刘翠兰任结构设计负责人。两年后，八号楼完工，刘翠兰和祁学仁到甘肃平凉泾川县下乡。1969年，刘翠兰夫妇回校后，学校设计室撤销，他们随即到建筑工程系工作，其间，刘翠兰参与设计了兰州市七里河区全部的人防工程。

1971年，甘肃工业大学招收工农兵学员，总共两个班。刘翠兰回忆说，班上有10个军人，几个同学是高中没学完，还有小学毕业的学生，这种构成复杂的班级应该怎么带，给当时的老师们出了个难题。刘翠兰和同事们按照学校的安排，成立“包乘组”，即专业课和基础课老师一起负责一个班级，直至学生毕业。1975级工民建班的钢筋混凝土专业课基本都是刘翠兰教的，这门课的重要性被她形象地比喻为土木类的一条“大腿”。面对基础层次不一的学生，从事过设计工作的刘翠兰，将理论知识巧妙地与实际操作相结合，讲课深受学生欢迎。很多学生毕业后都成长为工作中的骨干成员，而在此之前，当地的土木行业中，没有人是专业出身。正是这次教授工农兵学员的经历，让刘翠兰深深认识到作为一名教师的光荣和使命。40年后，在这个班的同学聚会上，头发已经花白的学生忆及当年，都感叹知识的可贵和遇到好老师的幸运。

奠定甘工大混凝土方向研究基础

1977年，“文革”结束，甘肃工业大学重新开始招生。此时，中国建筑科学研究院准备制定我国轻混凝土设计规程，在全国推广轻混凝土的重点研究项目，特招募科研人员。敏锐的刘翠兰意识到，这是个提升教学科研能力的难得机会，她和丈夫祁学仁及甘肃工业大学教师宋天齐，积极与建研院负责人联系，一起报名参加。

第二年，刘翠兰和丈夫带着女儿，在北京开始了辛苦而充实的科研生活。实验开始之前，她主持设计了100根轻砼试验梁，准备抗剪试验。从试验梁的加工、制作到试件安装、加载测试、收集数据，再到破坏试件、分析数据、完成结论，刘翠兰都亲自参与。之后，他们又做了“轻砼剪拌的抗震性能”和“部分预应力叠合板黏结强度”的试验。因为有的试验不能中断，需要不断更新数据，有时夜里1点，他们还在实验室。7岁的女儿就整天坐在装混凝土的车上玩。

“那个时候真不觉得辛苦，也没有像现在这样考虑发论文、评职称，就是单纯喜欢做实验，每次有一点小成果，都很有成就感。”刘翠兰回忆说。

回校后，刘翠兰和祁学仁又完成了“40根轻砼与普通砼连续梁抗剪强度、抗弯强度的对比”“框架边节点的抗震性能”“部分预应力叠合板（第二批）”等试验，并对部分结果采用有限元分析与实测。在此基础上，由祁学仁执笔撰写了《兰州地区陶粒砼设计施工规定》，并在省科技厅建造两栋陶粒砼家属楼试点工程，成为当时甘肃唯一的轻砼建筑工程。

这些试验结果，均通过省级鉴定，并被评为国内领先水平，其中“轻砼抗剪上、下限值”被列入全国“轻砼设计规程”，而此前甘肃省还没有做过相关研究；因为成果突出，中国建筑科学研究院还在甘肃省组织召开了全国轻混凝土学术研讨会。

从1979年开始，刘翠兰和同事们关于轻混凝土方向的研究成果开始陆续发表在国家一级学术刊物上，先后荣获机械工业部二等奖，甘肃省教委、甘肃省科技进步二、三等奖4次，发表论文多篇，奠定了甘肃工业大学土木工程混凝土方向研究的基础。

20世纪90年代开始，中国工程院院士陈肇元在全国推广高强混凝土研究，祁学仁参加了几次相关的学术会议，之后申请了课题。1994年，刘翠兰招收了第一个硕士研究生，师生二人开始进行有关高强混凝土的研究。

在接下来几年的时间，她带着自己的学生不断进行现场试验，在与甘肃省第七建筑公司和原甘肃省建筑工程研究院的协作中，刘翠兰师生研究出了C50级、C60级高强砼的最优配合比，不但强度高，还大大节约了企业的成本。这些研究成果最后被应用在省建七公司建筑的兰州第二电信枢纽工程中，是甘肃省第一栋高强砼工程，获得了甘肃省科技进步三等奖。完成的“高强、高性能砼的抗腐蚀、抗裂缝、耐久性”试验，“高强砼框架节点的抗震性能”试验，“中高强砼优选配合比”试验，以及在此基础上与铁道第一勘察设计院、兰州铁路局第一工程公司协作，开展的铁路局118、119号高层家属楼试点工程，获得了省建设厅科技进步一等奖2项、二等奖1项。

刘翠兰说，高校强调产学研，工科的老师就是要带着学生扎扎实实做试验，结果出来了，项目鉴定结束了，过关了，才能推广应用，进入实际工程，为企业解决问题。这么多年，刘翠兰是这么说的，更是这么做的，她带着学生进行过剧院、教学楼、试验楼、办公楼、宿舍、厂房、构筑物等几十项工程建设工作。

一生只做一名好老师

兰州理工大学土木工程学院乔宏霞是混凝土研究领域的杰出青年教师，因为工作原因，她经常要去地处偏远的商品混凝土公司，用手摸一下沙子、粉煤灰的成色，以准确判断建筑材料的质量。对大多数女性而言“脏乱差”的工作环境，乔宏霞却早已习以为常。在她的心里，导师刘翠兰就是她们女弟子科研路上的一个标杆。

“以前跟着刘老师做实验，每次去混凝土公司或者施工现场，她都会和我们一起看材料，爬上很高的工作面去看，从早上8点30分一直工作到下午6点。我们受老师的影响，心里只想着怎么做好实验，对工作的环境和自己的外在形象，根本就没多想过。”

30多年的教学生涯，刘翠兰给本科生、研究生讲过钢筋砼结构、砌体结构、多高层、抗震、高等砼结构、高强砼等多门课程，先后带研究生20余名。教学、科研中的严格要求，时常让学生忘记她是一名女老师，但是生活中，刘翠兰的细致、关心却让他们感受到母亲般的温暖。

乔宏霞至今仍清楚地记得自己结婚前的那天。“按照习俗，新娘都要从娘家出嫁，但我家在外地，刘老师当时就主动提出，让我从她家里出嫁。结婚头一天，我和好姐妹都住在刘老师家里，一起准备晚饭，就像在自己家里一样温馨。”乔宏霞还回忆，一次和刘翠兰老师做完实验一起去超市，她很想买一款洗发液，但生活费有限，所以看了又看，还是没有买。刘翠兰看见后，悄悄地买了送给她。十多年过去了，这件小事回想起来，她还是非常感动。

吴瑾是刘翠兰的一名研究生。在他大学二年级时，给刘翠兰老师写了封信，表达了想考研究生、做混凝土研究的愿望，但是又自信心不足。刘翠兰鼓励他好好学习。现在，吴瑾已经成为南京航空航天大学的一名优秀教师。

“有些事在我们看来是小事，但对学生却是影响他们一生的大事，不能不用心为他们着想。”现在，说起她的学生，刘翠兰笑着说，个个都是朋友、都是家人，逢年过节，学生们都会来看她，聊聊工作生活的情况。一个远在美国的学生，谈了女朋友，对方家人想要了解这个学生的情况，学生第一个想到的就是打电话给导师刘翠兰。“我就把学生的情况给女方家人介绍了，这是同学们对我的信任和感情，我很愿意。”刘翠兰甜蜜地笑着说。

1996年，刘翠兰60岁，到了退休年龄，她被学校返聘三年，又延聘了两次。这9年里，除了带研究生，她还负责本科生的毕业设计指导工作，每天上午的8点到12点，她都会和学生在一起，关闭手机，耐心辅导。

69岁那年，做完最后一个项目的鉴定，刘翠兰决定正式退休。回顾过去，她念念不忘的还是科研项目、众多的学生和工作的点点滴滴。但欣慰的是，她为之奋斗过，拼搏过，所以纵然有万般不舍，却也无怨无悔。

（朱莉萍）

有志、有识、有恒的教学名师

曾国藩言："士人读书，第一要有志，第二要有识，第三要有恒"。刘振全老师是一位有志、有识且有恒的教学名师，几十年如一日地奋斗在教学科研前沿。

刘振全是兰州理工大学石油化工学院首任院长，该学院是学校经甘肃省人民政府、甘肃省教委正式批准设立的第一个学院。刘老从1992年10月起享受国务院颁发的政府特殊津贴，被甘肃省人民政府授予甘肃省优秀专家称号，被机械工业部授予中国机械工业科技专家称号。刘老于2001年担任第三届国际压缩机技术会议学术委员会副主席，1997年起先后任甘肃省高教系列高级职称评审委员会委员、甘肃省正高级工程师职务任职资格评审委员会委员、甘肃省教育成果评审委员会委员、国家自然科学基金函审评审人、教育部基金函审评审人、中国科学技术学会会员等职。兼任《化工机械》《流体机械》《甘肃工业大学学报》《兰州理工大学学报》及《机械设计与研究》等学术杂志编委。

多年来，刘振全完成纵横向课题多项，获科研进款500余万元。主持完成的"QWR90-3.75Ⅲ型涡旋式空调压缩机"课题，于1999年获国家科技进步三等奖；"涡旋式压缩机计算机辅助软件设计"和"涡旋式压缩机性能实验台设计"等项目，分别获多项省部级科技进步奖。主持自主研发的第一款产品多年前已由西安市庆安压缩机厂实现商品化生产，近年来苏州英华特涡旋技术有限公司的涡旋压缩机生产也已形成拥有自主知识产权的品牌。他发表学术论文130余篇，其中SCI和EI收录30余篇，主编专著1部，获国家发明专利授权6项。

1960年，刘振全考入原哈尔滨工业大学分校（燕山大学的前身），是化工设备与机械专业的优秀毕业生，毕业后，在甘肃工业大学任教，历任化工机械教研室副主任、机械二系主任、校机械工厂铆焊车间主任和石油化工学院院长等职务。2001年起担任流体机械及工程学科博士生导师。

国外学习带回10箱资料

1985年10月至1986年12月，由国家选派，刘振全以访问学者身份赴英国斯特拉斯哥莱德大学（Strathclyde University）热力学及流体力学系和动力及控制系进修；又于1994年10月至1995年4月，以高级访问学者身份被派往日本静冈大学工学院机械工程系进行合作研究；多次赴美国等地参加国际学术会议。

刘振全对学术研究有着强烈的热情和执着。在英国访学期间，他收集了大量资料，回国时带回了整整10个箱子，并把普渡国际压缩机会议第一届至第十届的全部会议文献都复印回来，以前资料难找，西安交通大学的学生曾经到我校来查找资料。他从日本回来时不仅带了大量的资料，还向柳泽教授以教学的名义要了一台汽车涡旋增压器带回学校。可是，爱人杜桂荣老师让他给他自己买个血压计，他却连记都记不住。

想方设法鼓励师生做科研

在任石化学院院长期间，刘振全对学科建设和人才培养工作始终如一地进行着努力。在申报“流体机械及工程”二级学科博士点时，学校决定化工学院与流体学院联合申报，在两个学院的共同努力下一举申报成功。之后，又出现建筑环境与设备专业申报硕士点的难题，当时建环专业是刚开办不久的新专业，还没有一届本科生毕业生，申请硕士点谈何容易。刘振全选择果断申报，并锲而不舍地努力。他认为不尝试、不努力就连机会都没有，结果功夫不负有心人，建环专业硕士点申报成功，既鼓舞了专业教师的士气，又提升了办学层次。

刘振全经常鼓励老师们认真做科研。为了学院的建设和发展，当年学校给石油化工学院立了一项“地下室教室改造项目”的课题，拨款25万元，他立即把课题交给有专长而暂时无课题的老师们去完成。他还用自己的科研经费给有思路无经费的老师设立子课题予以研发。

在学生指导方面，他总能在理论和科研关键问题上给予细心、深入、透彻的指导，使学生们有豁然开朗之感。当发现部分学生有科研压力时，他会及时开导，让他们放下包袱、从容应对、积极创新。他的学生们有一种共同的感受：刘老师将科研工作视为享受，他会把常人眼里的艰苦转为乐趣。为了攻克难关，他常常夜以继日、不知疲倦地工作。60多岁时，刘振全曾对学生们说：“要是我能够再年轻10岁，我会再好好干十几年。科研过程虽然难题不断，但攻克难题后可推进科技进步，这正是科研的魅力和意义所在。”

刘振全性格开朗，积极乐观，幽默风趣，爱好广泛。他喜欢唱歌、跳舞、钓鱼、滑冰、游泳和打篮球等各项活动，还喜欢烹饪，能给家人做得一手好饭菜。

（杜桂荣　刘兴旺）

赤子之心助力学报27年改革发展

孙品一，男，汉族，1944年3月生，辽宁省本溪市人，1969年毕业于甘肃工业大学水力机械专业。中共党员，1978年调入甘肃工业大学学报编辑部从事专职编辑工作。

1986年以来，孙品一连续4届当选为甘肃省高等学校学术期刊编辑研究会副理事长兼理科委员会主任委员。1991年他被聘为中国高等学校自然科学学报研究会CUJA委员会委员、中国高校学报文献数据库建设与发展系统CUJA甘肃省联络组组长，1992年起被聘为甘肃省出版系列中级、高级职称评审委员会委员，2003年起担任甘肃省教育厅领导的甘肃省高校学报编辑部评估专家组组长，1996年起连续当选为中国高校自然科学学报研究会第三届、第四届、第五届理事，2005年被甘肃省科技厅聘为甘肃省科技期刊专家兼专家委员会主任委员。

严谨求学，做脚踏实地的科研者

20世纪80年代，孙品一在专业杂志上发表了流动可视化技术等方面的论文，翻译了《涡轮机械内部流动的可视化法》《奇点分布法在涡轮机械中的应用》《水泵、水轮机的叶片理论、设计方法、小流量区域的特性》《流体机械发展状况》等大量外文论著及教材，参与了《全国水力机械专业本科生教学大纲》的制定工作，主审了由张永义教授主编的大学日语专业教材《日本语》（上、下册）（2000年兰州大学出版社出版）。编写和讲授了“插图的设计与绘制”“学术期刊的关键词”“论文主题类型分析”等课程，在《编辑学报》《科技与出版》《编辑之友》《中国科技期刊研究》等刊物上发表论文50余篇，多篇论文如“试论情报加工对深化编辑加工的影响”“论科技期刊的语言特征”等被国家教委科技司、中国高校自然科学学报研究会评为优秀编辑学论著一、二等奖。

由孙品一主持的“甘肃省高校学术期刊状况调查与分析”课题于2002年被甘肃省教育厅评为“甘肃省高校社科成果二等奖”，“中国西部高校学报（期刊）状况调查与分析”课题于2004年被甘肃省教育厅评为“甘肃省高校社科成果二等奖”。

尽心竭力，创学报多个第一

《兰州理工大学学报》于1975年创刊，为自然科学类综合性学术期刊。孙品一自1985年主持学报工作后，将学报出版由半年刊改为季刊（后来改为双月刊），并固定了刊登的学科栏目。他通过完善管理体制，逐步建立和健全了稿件审查制度、编辑和校对制度，推进了学报编排的标准化和规范化。

在国家1985年至1990年期刊整顿、停批新刊的情况下，他曾多次往返北京，向有关部门汇报工作反映情况，学报终于获得了国家机械委申报、国家科委特批，得到刊号，于1988年正式公开发行。

孙品一在对甘肃省和中国西部省（市、区）学术期刊现状调查与分析的基础上，以国家关于期刊管理的政策、法规为依据，借鉴兄弟省（市、区）的办刊经验，根据本系统、本地区期刊编辑部的现状，构建了学报（期刊）编辑部评估体系，采用“层次分析法”确定为3个层次，5项水平，16项评估指标。这项工作作为甘肃省自然科学基金资助项目（ZS022-A25-041)得到甘肃省教育厅的肯定。甘肃省教育厅成立了“甘肃省高校学报（期刊）编辑部评估专家组”，并任命孙品一编审为组长。

为了实现编辑出版工作现代化，1990年，在孙品一的主持下，学报在甘肃省率先实现了微机排版，成为国内较早实现编辑出版工作现代化的单位之一。设计编排了《教学研究与高校管理专辑》和《土木建筑专辑》。孙品一总结提炼出的“自排三校一讨论”的编辑制度促进了学报编校质量（差错率低于万分之一）的不断提高。所谓“自排”就是编辑自行微机排版；“三校”就是初校、二校、三校及三改，或初校、二三连校及二改，编辑轮流担任当期学报的总校对，负责组织校对工作的实施；“一讨论”就是主编围绕当期学报出刊前后编校中发现的问题组织一次讨论。这一制度改变了过去编辑工作和校对工作的固有模式，使二者融为一体，不但提高了学报的编校质量，而且还减少了校对次数，同时也有利于提高编辑人员的业务水平和实际工作能力。

自1988年以来，学报在全省、全国范围的评比中，编校质量始终处于领先地位。1992年，我校学报经国际CODEN中心审批，成为首批103所高校学报被分配、确认CODEN码的期刊之一。1993年经中国科学技术期刊文摘（CSTA)数据库（英文版）工程建设理事会审查通过，学报被选入CSTA数据库首批收录的刊源名单。

1988—2005年，我校学报荣获重要奖项达10余项。目前《兰州理工大学学报》已被《中国机械工程文摘》《机械制造文摘》《中国数学文摘》《焊接文摘》《中国化学文献数据库》《中国科学引文数据库》，以及美国《化学文摘》、美国《剑桥科学文摘》、美国《数学评论》、俄罗斯《文摘杂志》和德国《数学文摘》等20多种国内外权威检索系统和文摘期刊收录，被北京大学、中国科学院和中国科技信息研究所列为“核心期刊”。

赤子之心，做热爱教育的教学带头人

孙品一一直重视学校的教学、科研和学科建设等工作。1983年我校水机专业举办全国水机行业学术交流会时，孙品一和另外两位水机教研室的老师一起完成了日本东北大学村井等教授来华讲学讲稿（1—3册）的翻译工作。之后又配合完成了陈剑虹教授主持的国际焊接学术会议论文集的编辑与出版工作。他积极争取出版管理部门的支持，多次编辑出版了《教学研究与高校管理专辑》

《舞台机械专辑》《土木建筑专辑》等著作。其中《土木建筑专辑》具有广泛的影响,专门成立了“土木建筑专辑编辑委员会”，集中了全省土木建筑行业的专家、学者，促进了我校土木学院和全省土木建筑行业的学术交流。

自1986年起，孙品一一直从事党务工作，先后担任过甘肃工业大学机关党总支委员、教科研党支部书记、图书学报党支部书记、教科研党总支书记、甘肃工业大学纪委副书记等职务。他注重研究党群工作在新时期的工作特点，结合学校中心工作，不断加强党的思想建设、组织建设和作风建设，在学校的教学、科研、学科建设、物资采购、图书管理、学报等工作中都取得了很好的成绩。教科研党总支自1997年以来多次被评为甘肃工业大学精神文明建设先进单位、综合治理先进单位。1999年被中共甘肃省委授予“党的建设和思想政治工作先进集体”。孙品一多年来一直以一名共产党员的标准严格要求自己，刻苦钻研业务，勤奋工作，成绩斐然，被上级主管部门授予多项荣誉称号。

（罗丽）

怀揣一颗仁爱之心，坚守教育50载

2018年5月17日上午，怀着敬仰与好奇的心情，记者一行来到了章阳生老师的家里。一进门，我们就被墙上的书画作品，书架上摆放着的合影照片、专业书籍、获奖证书等吸引住了。这些陈设直观地反映了章老师在兰州理工大学50余年间的一幅幅精彩的故事画面，让我们迫不及待想要走进他的工大岁月。

章阳生，1939年生，河南省光山县人，1964年8月毕业于甘肃工业大学机械系铸造专业，后留校任教，先后任职于机电工程学院工程图学教学部、甘肃省工程图学会、甘肃工业大学基础部制图教研室。任教50余年，章阳生勤奋敬

业，严谨治学，积淀了扎实的理论知识和丰富的教学经验，先后承担“机械制图”“画法几何及工程制图”“建筑制图”等多门本科生课程的教学任务，主编和参编了《画法几何记机械制图》等教材4部，主审各高校《工程制图》等教材20部，多次被评为“优秀教师”和“先进个人”。

1995年，章阳生荣获甘肃省“园丁奖”，“工程图学教学改革与实践”课题于1999年获甘肃省教学成果二等奖。2001年，他被评为“学生爱戴的教师”，2002年获甘肃工业大学“教学优秀奖”，2003年主持和参加的“工程图学”课程被评为“甘肃省精品建设课程”。

在工大，这一教就教了50年

章阳生回忆说：“当初毕业后想去工厂为祖国建设出力，没有想过成为一名教师。组织分配留校后，服从组织安排，淡了去工厂的心思，一心做好教师的工作。”用章老师的话说：“我在工大，这一教就教了50年。”50年的教学生涯里，章老师见证了学校的种种变迁。

回忆当年的经历，章老师感慨地说，刚任教时，老教师带着学习，除了观摩讲课以外，业余时间就抱着教材和辅导书来回反复地琢磨，画了无数的图，在一套又一套的习题中掌握规律，巩固知识，设想了无数种浅显易懂的方法去教学生。

1968年，毛主席提出：“知识青年要到农村去，接受贫下中农的再教育。”也就是那一年，章阳生和学校200多个老师响应国家的号召，到甘肃省泾川县梁河公社进行贫下中农再教育，与当地农民同吃同住同劳动。随后的几年间，不断有城里的知识青年来到这里，当地政府为此还专门成立了一个知青农场。

“文革”期间，章阳生带着1965级的学生去机车厂实习，现场教学，与学生吃住在一起，结下了深厚的师生情谊。在此期间，他不忘自己的教师职责，在当地还教过40天的小学，看守过当地的李子树。

“我比较擅长书画，喜欢画毛主席头像，闲暇时间就画上几幅……回城后，我在学校烧过锅炉，做过炊事员。那时还利用自己的专业知识，给机工厂的锻工车间建造了一个加热炉，给机工厂100多名师傅轮训过‘工程制图’。这对他们的业务和上手能力提升帮助非常大。”时光荏苒，50年过去了，曾经洒下的青春汗水，留下的许多美好回忆，是章阳生一生当中最宝贵的精神财富。

50多年的教学生涯，章老师始终忠诚于党的教育事业。随着国家发展的脚步，无论周围环境如何艰苦，他始终不忘自己教师的职责，用一颗报国之心，为国家的人才培养和学校的发展默默地奉献。

对学生要关爱、鼓励和帮助

章阳生在教学工作中兢兢业业、严谨治学，课堂上风趣幽默、平易近人，被评为“最受学生爱戴的老师”。荣誉的背后是章老师对教育事业的坚守与执着。

采访的每一个细节中都渗透着老一辈教育者的师者风范。他回忆到，教过的学生里有一个来自东北的机制专业的女学生，因“工程制图”课程复杂困难，哭哭啼啼跑到车站说学不下去，不想学了，产生了放弃、回家的想法。得知这一消息后，他马上让同宿舍的同学赶到火车站把人给追了回来。每次做作业的时候，章老师都要一对一地悉心辅导，在交谈中对该学生进行心理疏导，帮助她放弃逃避的念头，重新树立学习的信心。最后，在章老师和师生的帮助下，这位同学制图还考了80多分，直到现在都特别感谢他。

章阳生每次上课时，教室都是座无虚席，甚至还有同学站在门口听课。每每回忆起这个场景，都令他大为感动，因为这是学生对他教学的认可，也是最好的回馈。如今，许多同学回母校聚会时，仍心系章老师，要见老师一面。不管距离千里，毕业多少年，那份真挚的师生情谊永远不变。对学生关爱有加，平等地对待每一个同学，学生有困难时及时帮助解决，都是源于一颗教书育人的仁爱之心。

自编教学口诀，让枯燥的课程“活”起来

章阳生的睿智更体现在课堂上。在多年的教学生涯中，他一直喜欢思考灵活的教学方式，并且鼓励学生开发开放思维，从多种不同的角度分析思考

问题。

上课时，章老师不喜欢照本宣科地讲课，注重对学生兴趣的培养，重视引导教学。学习中，他是学生们的良师益友，课堂轻松且愉快。他总是将知识点与实际生活相结合，帮助学生深刻地理解和记住这些知识点。

工程图学是一门以图形为研究对象的学科，用图形来表达设计思维枯燥难懂。为了让学生更好地理解、记忆疑难点，章老师自编教学口诀，千方百计地提高学生的学习兴趣，比如“长对正、高平齐，宽相等”的口诀，能有效帮助学生找出工程制图三视图中实体对应点的位置、尺寸关系，从而引导学生形象地看懂图纸所要表达的实体形状。这种轻松的方式让学生们很快对学习产生兴趣，进而举一反三，通过实物模型进行演示加强印象。有时，他让学生上台以自身为例演示投影规律，课堂氛围轻松幽默，寓教于乐，让枯燥的机械类课程“活”了起来，受到了学生的爱戴和好评。

50余年的教育生涯中，章阳生培养出了一批又一批的优秀学子。他常说：“教师二字，不仅包括‘传道’，还要‘育人’。身为教师，就要有良好的师德师风，一言一行都要对学生负责。”他认为，一名教师如果自己这根线都画不正，学生如何画得正？似懂非懂的知识是不可以传授给学生的。老师在课堂上讲课一定要简明扼要，深入浅出，基本理论要说清，对疑难点要分解释惑，还要对学生严格要求。

回忆起自己的从教生涯，章老师如数家珍，不管是学习，还是情感方面都给了学生很大的帮助，他和学生们亦师亦友，他总是执着地认为，只有学生认可才是最大的成功，只有真正地融入学生当中去，才能真正潜移默化地传播教育精神。

时过境迁，始终不忘人民教师的初心

温和平静、平易近人，这是笔者采访章老师产生的最深感觉。教育是一份职业，更是一份事业。教师肩负着立德树人的重任，要有崇高的人生境界、高远的治学境界。“我们要能静下心来思考，埋下头去做事，孜孜以求，奋发有为，正所谓‘高山仰止，景行行止’‘虽不能至，心向往之’。”章阳生深有感触地说，教育的核心是关爱，没有关爱就没有教育。作为一名教师，要把爱体现在平凡的工作中，体现在学生点滴的进步中，一个关切的眼神、一句温暖的话语，都会让学生真切感受到家一般的温暖。

听章老师讲故事，我们深深感受到老一辈教授的儒雅气度和奋斗精神，让我们对老教师肃然起敬，脑海中不自觉地开始想象学校50年前的场景。学校的发展正是一代代工大人奋斗和传承的缩影。时过境迁，他们对学校的深情，已无须用辞藻描述，早已深藏在一段段记忆当中，这就是一名人民教师的初心。

习总书记说："一个人遇到好老师是人生的幸运，一个民族源源不断涌现出一批又一批好老师则是民族的希望。"从章阳生老师身上，我们看到了老一辈教师对教育的执着，那是埋头苦干的热情，那是孜孜以求的学习，那是榜样示范的力量。

采访最后，章老师寄语青年教师："教育事业是人类伟大的事业，教育的最终目标是培育人才，一个老师就是一个示范，讲课时不讲废话，课堂上把基本概念、基本理论一定要讲清楚，学生才能深入理解，要尽可能地提高讲课的效率，并且要充分利用辅导答疑的时间为学生答疑解惑。一个教师，你所上的这门课的基本功一定要扎实，一面是严格管理、严格要求，另一面就是温情的关爱、鼓励、支持和帮助，一定不要歧视他们，要像关爱自己的孩子一样。还有就是要把全部的精力集中在你讲授的学科上，刻苦钻研业务，打铁还需自身硬，既然选择了教师这一职业，就一定要忠诚于党的教育事业，无私地奉献，不懈努力。"

章阳生在培养青年教师的过程中，始终坚持"传帮带"的教学模式，定期示范教学，并观摩指导教学，提出意见和建议，帮助新教师提高课堂教学的能力。退休后，章阳生还长期负责学校教学督导团的任务，参与青年教师培养工作，为本科教学工作殚精竭虑。

大半辈子教书育人，如今已桃李满天下！章阳生用爱诠释教育的真谛，用心谱写着红柳精神的时代华章。我们祝福您！

（雷燕玲　李波）

风风火火西部留歌

他1965年毕业于天津大学焊接专业，同年来到兰州理工大学任教，将学识凝结成智慧呈献给西部。他是鱼米之乡的江苏张家港人，如今却在西北的工大工作了40余年，这是一段不短的岁月，一段留下青春背影的充满艰辛和汗水的路，一段没有懊悔而又平凡的路。他就是博士生导师陈学定教授。

陈教授曾任焊接教研室副主任、焊接研究所副所长、校高新技术实业总公司总工程师、合金材料总厂总工程师等职。1986—1987年在日本大阪大学焊接研究所研修，1990—1991年，经日本文部省批准聘为大阪大学外国人研究员（同客座教授）。

他先后研究开发了水雾化、气雾化制粉技术，耐水轮机汽蚀与泥沙磨损用自熔性合金粉末，低真空等离子喷涂TiO_2涂层结构与光电流特性，快中子增殖堆中焊接接头耐钠蚀机理，镍基、铝基非晶和微晶薄带钎料制备及其钎焊性等20多项课题，并完成了国家“863”“镍钴有色金属粉体的研究与开发”项目。

他曾担任过有色金属材料非平衡制备学术梯队的负责人，研发Al基、Mg基、Co基、Fe基等新型合金体系的非晶材料，纳米晶材料、磁性材料等。所研究的大口径薄壁管的高频焊接科研成果获甘肃省、宁夏回族自治区首届科技大会奖。在日本进行的低真空等离子喷涂TiO_2涂层结构与光电流结构特性研究达到了国际领先水平，并获日本岗田财团焊接振兴会奖。“七五”期间承担的耐水轮机汽蚀与泥沙磨损用合金粉末解决了Ni—Cr—B—Si涂层韧性问题，该项成果获原机械工业部科技进步二等奖。另有4项成果获部省级科技进步三等奖，有3项成果实现了产业化。他创建了兰州理工大学合金粉末厂、热喷涂厂、大港油田粉末厂和西北特种材料实业有限公司4个企业。高压雾化法制取镍粉、铜粉技术在金川公司已投入生产，其细粉出粉率处于国内领先水平，年销售额达2000万元。在国内外学术刊物发表论文100余篇，出版专著《表面涂层技术》1部，参编了焊接专业全国通编教材《电渣焊及特种焊》中的电渣焊部分。

陈学定教授曾荣获全国优秀教师、"全国五一劳动奖章"、原机械工业部有突出贡献的专家等荣誉称号，享受政府特殊津贴。先后为本科生、硕士研究生、博士生讲授了"纳米材料与纳米技术""腐蚀与防护"等十多门课程。

从上可看出，陈学定教授在教学、科研、产业三方面都取得了很高的成就，当被问及如何处理好这三方面关系时，他说："其实我也没有什么成就，工作是第一位的，在工作中要发挥自己最大的主观能动性。科研、教学、产业都是我最喜欢的，这三项工作一年四季同步进行。科研能提高教师学术水平，科研项目的方向都是自己专业领域的，科研会丰富自己的教学内容，例如受全国专业学术委员会委托，我写的《表面涂层技术》这部专著，就是把20多年的科研与实践加以总结并上升到理论而成的，在当时这是一门新兴的学科，该书是国内首部在理论上具有较高水平的专著。80年代末，全国仅有几所高校开设这门课，而我率先给本科生和研究生开了这门课，目前国内高校普遍都开设了这门课。通过科研使自己掌握了学科前沿，并加深了对理论的认识，将这些东西补充到教学内容里，讲课会更生动，学生不仅学到了课本上的知识，又了解了与其相关的前沿信息。"

陈学定教授现在正在进行的"大块非晶材料"的研究，也是在全国起步较早的。他将该项研究与纳米研究互相渗透。他认为这对培养学生创新能力是非常重要的。他说，科研对教师有两大益处：一是理论上的探索，二是理论在实践中的应用。好的科研方向，既可提高自己的学术水平，又可丰富教学内容，同时还可以在国内外开展学术交流活动。教学和科研是相互促进的，在时间上有时会发生冲突，关键是如何处理和把握，处理好了矛盾也就解决了，当科研与上课发生矛盾时，科研要服从教学，教学是第一位的，下课后再进实验室也不晚。

陈教授从“文革”结束后，一直坚持白天上课或到实验室进行科学研究，晚上备课、看文献、学习理论知识。50岁以前他基本每天晚上都要到12点30分才休息，次日早晨准时上课或到实验室，寒暑假也基本如此，长年累月始终是这样坚持的。

在讲课方面，陈老师认为不仅要熟悉教材，同时还要考虑课堂上的授课方式，上课应该像演讲一样，讲稿要细，有些理论的东西学生不太爱听，但只要将科研与生产过程中的事例穿插到里面，理论就讲活了，学生的兴趣也就被调动起来了。例如，“我在课堂上讲到某一基本理论时，就对学生说，有一个企业领导向我请教了两个多小时，问了很多问题，其实我就是应用了这几条理论和自己的实践来回答与解释的，这样课堂上就生动了”。另外，教师在给学生讲授某一门课程时，应该明白自己所上的这门课对学生未来工作的作用。有的课程起到增长知识的作用，那就要求学生掌握基本的理论就行了，不要过于强调这门课有多重要，因为学生负担很重，时间有限。有的课程是非常重要的，那就要严格要求，学生应该掌握的就必须掌握，毫不含糊。

陈教授治学严谨，关爱学生，对研究生要求较高，学生所写的一切书面材料，不允许有差错，标点符号都必须规范。一二年级研究生很怕他，因为离陈老师要求相差甚远，还没有步入正轨，易出问题，所以怕挨批评。但到研三时学生就与陈老师成为交往甚密的朋友了。陈教授很会调动研究生的主观能动性和积极性，他们写的论文每篇都有奖励，个别研究生毕业时领取的奖金可高达2000元。

尽管陈老师对他的研究生要求甚严，但他们毕业后，都对陈老师深怀感恩。他们觉得在陈老师身边确实学到了很多东西，既培养了能力，又掌握了学科前沿的理论知识，这段不怎么漫长的生活成为他们人生中的一个转折点。在他的研究生毕业时，陈老师都要请他们喝一次咖啡，聊聊天，送学生一些箴言，为他们饯行。陈老师认为：“受过研究生教育的学生，毕业后属于高级白领阶层，大多数都要出国交流，我这样是为了让学生尽量适应国外习俗。”回忆起自己第一次出国时，是看着外国人学喝咖啡的，他不想让这些尴尬在他的学生身上重演。

“工作第一”是陈学定教授的追求。教学、科研、产业都是他的最爱。他沿着这条路，在工大已走过40多年，数载风雨，几度坎坷，风风火火地忙碌。他的坚持、他的毅力、他的执着，将这条路谱成一首首无悔岁月的歌，一首首无私奉献的歌，这歌留在西部，唱在西部……

（王德风）

敬业求实写春秋

博士生导师齐学义教授，1968年本科毕业后被分配到哈尔滨电机厂，1969年年底为支援内地建设迁到兰州电机厂，恢复高考后考取第一届硕士研究生，1981年6月毕业于甘肃工业大学流体机械及流体动力工程专业，获得硕士学位并留校任教至今。历任教研室主任、系主任等职。

1993年开始享受国务院政府特殊津贴的他，参加工作40年来多次被评为“先进工作者”，特别是任教以来，多次获“三育人”先进个人、“优秀共产党员”，以及校“九五”期间科技工作先进个人、先进课题组，学位建设工作中做出突出贡献的先进个人、学位申报工作先进集体等荣誉称号和奖励。2003年被评为我校首届教学名师，2004年4月被评为甘肃省先进工作者，2008年又被选定为我省的火炬手，参加了奥运会圣火的传递。

提起齐学义教授，校内教职工尽人皆知，赞誉有加。在采访中，他的学生、现已为同事的冯俊豪说：“我的导师齐老师告诉过我们，为人要真诚，做事要实在，学术上要精益求精。他是个办事很认真严肃的人，每次我的论文稍有不妥都逃不过他的火眼金睛。自责与惭愧是当时最真的自己，但是他的次次宽容与教导，不仅让我感激不尽，那种以身作则的办事态度也深受学生们的敬佩与爱戴。喜欢听他的课，因为课堂上的他总会将书本上所未涉及的知识生动地呈现给大家。可是在齐老师的日历中从没有星期天、节假日，他真的太辛苦了！他总是提早到办公室，加班到深夜才回家。有一天晚上加完班，齐老师还叫我和他一起回家，他下厨给我做羊肉面片，还有虎皮辣椒，他真的像父亲一般慈爱，令我感动。”

当时的研究生丁思云说：“齐老师是我们研究生最尊敬、最爱戴的导师。在学术上，导师治学严谨、认真，对我们要求严格，一丝不苟。我的亲身经历可以做证，那天我将课题报告交上去，本以为能顺利在导师那里通过，但没想到被退回来而且整篇文章全是红笔修改的痕迹。当时的我感到自尊心受到了伤害，可之后的面对面交谈让我受益匪浅，他先从不同内容的文章、报告书写的思路谈起，讲述了如何对要书写的文章进行构思，对要书写的内容筛选和方法也进行了详细的讲解，然后对报告的文字表述逐字逐句修改的原因做了逐一的说明和指导。过去我一直以为自己写作水平还算不错，可没想到与导师对文章的理解、构思、语言表述能力和水平相比是那样相形见绌，佩服之情油然而生。现在他连双休日都在办公室里，作为学生的我们更应奋进了，感谢老师！”

从教30年来，齐学义教授言传身教，指导、培养青年教师多名，已有多人晋升为副教授并成为硕士生导师，且其中有4人已晋升为正高，1人已成为甘肃省“三三三”“五五五”工程跨世纪人才和学科带头人，有3人已被评聘为博士生导师。特别是在特色研究方向及其学术梯队建设的3年中，他所带领的特色研究方向及其学术梯队在学校的大力支持与资助下，以队伍建设、人才培养为重点，仅在这3年的梯队建设中就有3名梯队成员晋升为教授和研究员，并且2名教授均已被评聘为博士生导师。他所筹建的小型CFD工作站，目前已培养出硕、博士生20余名。自1993年以来，他共指导硕士研究生15届45人，已毕业12届30人，均已获硕士学位。2000年他组织申请并获得流体机械学科博士学位授予权，2002年开始招生，他已招收博士生5届8人，现已毕业2人并获得博士学位，有1人论文已送审，等待正式答辩。指导工程硕士3届8人，均已毕业，并获得了工程硕士学位。齐学义教授多年来一直工作在教学、科研第一线，勤勤恳恳、兢兢业业、治学严谨，教学质量高、效果好，获得师生的认可和好评，连续7年（1999—2005）年度考核为优秀。30年如一日，成绩一贯显著。因而，2003年6月齐老师被评为首届兰州理工大学教学名师，2005年4月又被评为甘肃省先进工作者。

我们就教学和学生培养等方面的问题对齐教授进行了采访，他说："要想上好课，教师首先要以身作则，多实践与搞科研，不断扩大自己的知识面，才能对知识加深理解、牢固掌握和灵活应用，从而更好地言传身教。备课，一定要突出重点、难点和知识的完整性，培养和引导学生善于发现问题、分析问题和解决问题。"他认为本科教学，应以厚基础、宽口径、强能力为目标，以社会需求为指导，与时俱进地修改培养计划，而且应以厚基础为重点和主线。

齐学义教授不仅在教书育人中投入了大量心血和精力，在科研上也取得了丰硕的成果。他长期从事流体机械及工程学科的教学和科研工作，在流体机械（特别是水轮机、泵）内部流动分析和性能研究领域积累了丰富的理论与实践经验，并具有较深造诣。30多年来，他作为课题负责人或主要完成者完成科研与工程项目40余项。获省部级科技进步奖5项、厅局级奖5项。原机械部项目（编号87131041）甘肃景电提灌二期工程用泵"1200S56A、B"型双吸泵的研制荣获原机械工业部科技进步三等奖、甘肃省科技进步二等奖，为甘肃省的经济发展、生态环境的改善做出了巨大贡献；原机械部教育司项目"抽送黄河含沙水流离心泵的设计及试验研究"获甘肃省科技进步三等奖，为多相流泵类产品的开发提供了设计依据，为企业开拓了新市场；参加的"高扬程梯级提水灌区水工混凝土建筑物侵蚀机理及预防修复技术研究"项目，获甘肃省科技进步二等奖、省水利厅科技进步一等奖。获取专利3项，其中有一项发明专利获日内瓦全球专利技术成果博览会金奖。他主持完成的9座中小型水电站机组增容改造的项目，效果显著，均产生了巨大的经济效益和社会效益。尤为突出的是"新疆红山嘴梯级电站三级站水轮机转轮抗磨蚀研究与增容改造"项目，成功地将湍流流动计算方法应用于转轮设计中，研制出了抗磨蚀、增容的新转轮。经运行实践考验，证明该轮型不仅寿命较其他轮型延长了一倍以上，且在基本尺寸不变的条件下，使其单机容量从8750千瓦增至10500千瓦；三、四两级站机组改造后总增容6500千瓦，每年增加发电量1400多万千瓦时，使企业每年增加经济效益800多万元，3年共创社会效益12000多万元，受到行业与专家们的一致好评。该项目取得的阶段性成果，基本解决了多年来某些权威性单位试图解决但尚未解决的老大难问题，用事实证明并实现了日本专家的断言——“谁若解决了这个问题，将会给高寒地区水电事业带来一场技术革命”，也将为高含沙水质条件下工作的大、中型机组的设计或更新改造树立典范，提供有益的借鉴或参考。

甘肃武威黄羊河水电站2#机的维修与增容改造，在不改变原水工设施的前提下增容60%，为国内首创。这一项目，在5年合同期内净增发电量2370万千瓦时，直接经济效益净增284万余元（上网价只为0.12元，可见用户情况说明与效益证明）。类似这种水电站机组的增容改造，还有武威西营、广河红崖、青海黑石山、新疆鄯善等西北地区的7座中小型水电站，经济效益和社会效益显著。迄今，他已成功地研制出了4种水轮机转轮的水力模型，并均已应用于水电站的实际运行中。

他带领课题组成员2001年完成的带功率回收装置的“高压大排量径向柱塞泵试验台”的研制，可满足大排量、高压力径向柱塞泵的出厂和性能试验之用。同时将作为编制径向柱塞泵制定测试标准的依据。该试验台压力达40兆帕，排量400升每分，功率250千瓦，电机最高转速1800转每分（变频调速）。数据采集及控制是采用了工控机，并利用先进的软件进行有效控制和试验结果处理，特别是在液压功率回收的控制上，采用了泵、马达变量机构的电液比例跟踪，其技术先进、合理，为国内首创。系统内采用的马达过补偿和欠补偿处理技术是该项目的独创。该实验台已调试成功，并通过用户兰州永新科技（现华世泵业）股份有限公司的验收，交付使用；功能已远远超出合同所要求的性能。如此高压、大功率的液压泵实验台为西北地区仅有，它为高压、大排量的径向柱塞泵在甘肃省批量生产奠定了基础，创造了条件。他带领和指导硕士、博士研究生仍在研制的一种双流道式污水泵的水力模型，已取得阶段性成果，目前第二次修改方案的模型已制造完毕，正在试验中；若取得成功，即可鉴定。

多年来，他的学术积淀深厚，在核心期刊以上级及国际国内学术会议上发表学术论文130余篇；其中，EI收录13篇；独自撰写和第一作者的70余篇，且有多篇论文获奖，如《混流式转轮叶片裂纹原因分析及设计方法研究》一文，在第15次中国水电设备学术研讨会上，获五学会联合颁发的大会优秀论文奖。

除发表的学术论文外，他还与人合作编著教材两部、讲义两部。其中，《水力机械强度计算》讲义获校优秀教学成果二等奖；《水力机械强度计算》本科生统编教材获第三届全国高等学校机电类优秀教材二等奖；作为副主编参加编写的部级规划重点本科生统编教材《流体机械原理》还在使用中；独自编著的《流体机械设计理论与方法》是在为研究生授课讲稿的基础上，结合工程实践和多年工作经验整理而成，已于2008年7月由中国水利水电出版社出版发行。该书既可作为本学科研究生授课教材，也可供相关专业科技或工程技术人员参考和使用。还有《水轮机的工作原理及其设计》一书正在编著中，目前已基本完成初稿。

由上可见，无论是完成的科研课题或工程项目，还是发表的学术论文，或是出版的专业书籍，齐学义教授都在行业内和学科中产生了广泛的影响，为学校获取了良好的声誉，提高了知名度。此外，齐学义教授在社会学术团体中还兼任日内瓦全球专利事务评定与促进委员会评委，国家自然科学基金委员会评议专家，中国动力工程学会理事，中国机械工业教育协会能源与动力工程学科副主任委员，中国水力发电工程学会、甘肃省水力发电工程学会理事等职。同时还兼任《水动力学研究与进展》《水泵技术》《兰州理工大学学报》等学术期刊的编委，《江苏大学学报》（自然版）、《农业机械学报》等学术期刊的特邀审稿人。

在同事和学生眼里，他很忙，不论做什么都是那么投入，他敬业又精业，认真又诚信。几十年里在学校里奔忙，风雨无阻。他像一支蜡烛一样无怨无悔，将青春、才智、精力都全身心、毫无保留地献给了我国西部建设事业，献给了理工大。他热爱生活，热爱事业，勤奋努力，为人又是那么正直、厚道，这就是能源与动力工程学院的齐学义教授。

（王德凤）

刹那芳华逝 一心育桃李

一身穿着朴素利落，温和的面容透露出慈祥，今年已经70岁的他得知我们要来，执意走下三楼到楼门口迎接我们。他就是我校能源与动力工程学院教授陆初觉。

陆教授毕业于浙江大学数学理学系应用力学专业，1965年至今先后在东北重型机械学院水机教研室、兰州理工大学液压教研室工作，主要研究方向为油液污染与控制，参与了机械工程课题中有关流体力学方向课题的研究。他为本科生开设了“工程流体力学”和“液压流体力学”等课程，先后为硕士研究生和博士研究生开设了“高等工程流体力学”“黏性流体力学”“紊流机理与工程计算”等课程。

“目送着一批又一批学生走出校园，看到他们很多人都成了企业的骨干，为祖国的建设做出了贡献。作为一名普通教师，我已经很知足了。”陆教授在回顾自己几十年的教学生涯时动情地说。

陆教授的家乡在风景秀丽、气候宜人的苏州，很多人不明白古稀之年的他为什么不回老家颐养天年，却接受工大的返聘，而且一干就是10年。陆老帮我们解答了这个疑惑，他笑着说：“那时学院的老师比较少，而作为一名教师，教书育人是我的职责，也是我生命的重要组成部分。与其闲下来，我更愿意在这里继续做我喜欢做的事。”在这片黄土地上生活了几十年，陆老对这里的一切都充满着很深厚的感情，兰州是他的第二故乡，也是他的家，他愿意留下来。

从事教学工作几十载，陆教授一直勤勤恳恳。他很热爱自己的事业和专业，平常闲下来时他依然会看一些专业方面的书来扩充自己的知识。他说，作为教师自己要吃透课本，丰富专业知识，一心只为学生，这样才对得起学生和学生的父母。教师的职责就是传播知识，培养人才，帮助学生更好地完成学习任务，为他们以后的腾飞助力。几十年来，他言传身教培养了许多青年教师。在和青年教师的交流过程中，陆教授常说作为一名教师责任心要强，要把批阅作业当作一个与学生进行交流的过程，对待学生要友善，把他们当弟弟妹妹一样来看。他还经常帮助一些青年教师备课，尽自己的努力帮学院争取一些科研项目，鼓励青年教师参与科研任务。陆教授说，教学与科研是相辅相成的，教学是基础，科研是拓展。虽已年至古稀，可他依然很关心在校大学生尤其是成绩较差的大学生的成长。“现在的大学生思想都比较活跃，但有的缺少扎实苦干的精神，同学们要有自己的目标并且脚踏实地地一步一步实现它。”陆老说：“对于成绩差的同学我建议他们要多与老师接触，和谐同学关系，同学之间一定要互帮互助。”

时光荏苒，岁月如梭，瞬间芳华已逝，陆初觉始终在无怨无悔的岁月中，给工大学子以温暖和希望。

（冯长富）

墨香飘满耕耘路

大多平凡之人，都有着不平凡的追求，有着不平凡的成就。本文的主人公孟积忠老师就是这样的一个人。

孟老师退休前在兰州理工大学党委宣传部从事摄影和美编工作。他擅长美术、书法、篆刻、摄影，现为中国美术家协会甘肃分会会员，甘肃书法家协会会员，全国东峰碑书法研究会会员，中国王羲之基金会、国际书画学会会员、研究员，中国老年书画研究会会员。画作《荷花》获甘肃美协1980—1984年佳作奖;《墨竹》荣获1984年兰州画展三等奖；书法《精气神》获1987年“甘肃在腾飞”一等奖；摄影《拼搏》在全国高等院校摄影展获奖，并在8家杂志发表。1988年在兰州等地举办个人书画展。作品多次参加省、市级展览并获奖，入编《兰山印社作品集》《当代印社志》传略，辑入《当代书画篆刻家大词典》。2007年5月获首届中国书画“国魂、国艺”奖的国魂奖。

孟老师退休前在宣传部工作都是传统的办公方式，当时摄影、海报、横幅、宣传栏的工作由孟老师负责，宣传栏全靠手工抄写绘画。孟老师整天忙着采访，拍新闻片，随后还要到暗房冲扩照片。他的同事跟我讲，“当年孟老师爬楼可快了，我跟着他采访、拍照，都赶不上”，因此有人称孟老师为“满天飞”。不管环境有多糟，多危险，只要有新闻的地方就有孟老师。“孟老师一心在工作上，他对生活中的小事从来都无暇关心，他杯子里的茶叶长毛了，他都没有发现，加上水端起就喝。有一次我看见了，心里难受极了，以后我就替他每天清洗杯子换上新的茶叶。”他同事说。

孟老师特别关心学生，对他们也极有耐心。有一年，他给3个外国学生教书法和绘画。一个叫麦肯·劳瑞的学生让他记忆犹新。“他的父亲是美国的油画家，因为仰慕中国的文化才让他来中国学习。”他跟孟老师学了一个月，回去时赠给孟老师一本九寨沟的画册。书的扉页上写道：“赠给我的好友及尊敬的老师：孟积忠。谢谢您的帮助和鼓励，您的指教使我受益匪浅，请让我再次表示感谢！您的朋友及学生：麦肯·劳瑞。”

孟老钟爱作画，一直坚信“三人行，必有我师”。他特别喜欢齐老先生的画，齐老有个叫韩不言的弟子，生活极其贫困，孟老主动送去一车白菜，帮助他渡过了难关。韩不言很感动，与孟老成了朋友，还为孟老作了一幅画，孟老十分珍惜这幅画。有人要花高价买，无论生活多么艰难孟老都舍不得卖掉。“有时间孟老就拿出来看，有一次办公室的同志开了个玩笑，把那幅画藏了起来，孟老急得到处找，好像天塌了似的……”坐在孟老身边的王老师笑着告诉我们。

了解孟老的人说，孟老不仅对父母特别孝顺，而且对弟弟关怀备至，一直照顾弟弟及他的家人直至弟弟病故。为了给弟弟治病，孟老还找朋友借钱。退休后，孟老又开始照顾九旬高龄的岳母。“孟老对老年人特别敬重，为岳母洗衣做饭，从无怨言，当时他也年过六旬了。”

孟老给自己取笔名“丁草”，即一丁小草，他将自己最好的年华献给了理工大，用笔墨记录着理工大曾经的岁月，回望孟老走过的路，一路飘香……

（马俊梅）

奉献兰工坪 无悔为工大

王定隆，男，1932年出生，甘肃省景泰县人。1952年考入原甘肃省高等工业职业学校（后改名为兰州工业学校，现兰州理工大学），1955年毕业后由学校保送到南京工学院（现南京理工大学）进修两年，后一直在兰州理工大学任教，曾担任经管学院党委书记，1992年退休。

第一次见到这位为工大奉献一生的老人时，我们大家着实被他的精气神所震撼，王老看起来更像是一个入伍多年的军人。在我们交谈的过程中，他总是坐得端正挺直，讲话声音洪亮，丝毫看不出已年过古稀。

1952年，他以一名学子的身份走进工大，经过三年学生生活的历练，从一名普通的学生到担任学生干部再到毕业留校，直至1992年退休。从1952年到现在，他从一个寻梦的青年变成沧桑的老人。王定隆，用他的经历见证着工大的发展，诉说着工大的历史。

新中国成立之初，百废待兴，从翠英门里走出来的陇原儿女都积极投身到工大的建设当中。那时的工大师生，白天在翠英门上课，晚上到兰工坪平战壕，星期日全天都在劳动，他们这样夜以继日地工作，只是为了在兰工坪上建立起属于自己的学校和家园。王定隆老先生1955年毕业留校后，被选派到当时的南京工学院学习两年，回来后担任学校的教学工作多年，后又任职众多部门的领导职务。作为老师，他为人师表，勤勉治学，关心学生；作为领导，他坚持原则，帮助别人。他先后担任自控系书记兼机电系主任、机械工厂副厂长、经管院书记、财务处长等职务。

“文革”中，他担任学校机械工厂副厂长一职，用他力所能及的方式保护和帮助了一批受迫害的老师、工人和学生。他懂得做领导的难处，和同事们友善相处是他的追求。他说：“我不能帮他们什么，但是我总可以陪着他们上班，在他们工作的时候，送水送饭。”简单的话语却充分体现了这位朴实老领导的善良。作为一个共产党员，他时刻坚持党性原则，以自己的实际行动来践行一个共产党员的责任与义务。在担任财务处长期间，由于工作的特殊性，他建立了严格的规章制度，如“查账”、禁止超标花钱等，并以身作则。他用自己的正直和原则，牢牢把握着学校财务工作的大方向。

采访过程中，我们了解到，王老先生曾经帮助过一个很贫困的学生。当时他是机电系主任，一个偶然的机会发现一个学生吃饭时只有馒头而没有菜。他进一步了解发现，这位学生由于家里的祖父卧病在床而没有多余的生活费。王老了解情况后，跑了学校的许多相关部门，为这位学生争取到了学校生活方面的补助。“我只是在尽自己作为一个老师的责任，我学生的困难应该由我来负责。”他告诉我们，这位学生毕业工作后不久就去日本留学，学成回国，报效祖国，而且现在也在一所高校任教，逢年过节总会给他打个电话或者亲自来看望他。

1919—1958年，再到2003年，到现在，从兰州工校到甘肃工业大学再到兰州理工大学，学校在一步步的发展中前进着。王老说：“学校的发展是很好的，近年来的发展更是突飞猛进，学校教学设施的建设更加令人惊叹！西区真大，真好！”王老以他特别的眼光观察着学校的变化，对我校未来的发展充满信心，他相信“稳中求变”的道理，他也期待学校在发展中成长，在成长中发展。

（杜淑玲）

育桃李40载润物无声

芮莲生，1932年7月生，江苏省宜兴市人。1965年，从合肥工业大学调至甘肃工业大学从事教学工作一直到退休。在校期间，芮莲生先后担任制图教研室主任，基础课部党总支副书记、副主任，图书馆馆长，1980年2月晋升为副教授。

芮老曾任甘肃工业大学学术委员会委员、学位评审委员会委员、校刊编审委员会委员，以及甘肃省高级工程师及实验技术评审委员会委员，中国工程图学学会第二届、第三届理事，图学教育专业委员会第二届、第三届委员，工业造型设计委员会第三届委员，甘肃省工程图学学会第二届、第三届理事长，被江苏省宜兴市聘为经济技术顾问。

支援西北三线建设，来到甘肃工业大学

1950年，芮莲生考入合肥工业大学，当时正值中华人民共和国成立初期，国家实施第一个五年计划，急需各方面人才。由于教学需要，他提前毕业并留校到机械系制图教研室任教，是新中国成立后该系第二届毕业生。

“画法几何与机械制图”课程是工科院校重要的基础课程之一。1955年8月，

芮莲生与教研室主任一起参加了教育部在东北工学院召开的“全国画法几何与机械制图课程”教学经验交流会，听取了苏联专家达维道夫教授做的报告，系统地了解了苏联“画法几何与机械制图”课程的教学方法。回校后，他提交了教学改革方案，得到了系领导的一致认同，并在教学中贯彻实施，使教研室教学水平和教学质量有了较大的改进。

1956年和1958年，煤炭部教育局连续举办了两期部属中专院校制图师资班，学校安排芮老师担任师资班培训工作。作为一名师资班的老师，他勤学苦练，不借助绘图工具，在黑板上画圆是圆，画方是方，画出来的机械零件图和装配图十分漂亮，令学生们赞叹不已。同时，芮莲生主编的《工程图学》，作为全国高等工科院校教材于1960年由人民出版社出版发行。同年芮莲生晋升为讲师，任制图教研室副主任，被学校评为先进工作者，1959年6月加入中国共产党。

1965年，奉第一机械部教育局调令，芮莲生服从党组织的决定，放弃了在南方城市优越的生活条件和良好的工作环境，支援国家三线建设，带着家眷来到甘肃工业大学工作，与他一起调来的还有唐盛岑、杨玉贵、王天和、许敏学等18位合肥工业大学基础课教学骨干教师。

来校后，芮莲生任制图教研室第一副主任，主要从事“画法几何与机械制图课程”的教学工作。当时，教研室只有高崇仁、王常仁、章阳生等八位老师，后来，又陆续从东重、北京农机院等单位调来李洪恩、陆世远、杨培信、李良忠等教师，学校还抽调了部分教师补充到制图教研室，使师资力量有所增强。由于部分老师对课程的教学内容和方法还不熟悉，芮老师凭借多年教学积累的经验，坚持“传帮带”的教学模式，开展了多次教学研究，举办了几期讲座，培养出一批青年骨干教师。通过多年的不懈努力，形成了一整套适应本科教育的教学方法和教学风格，使制图教研室整体教学水平、教学质量有了显著的提高。

教书育人　心系学生

1969年，甘肃省革委会要求各高校尽快恢复教育工作，招收工农兵学员，并指定甘肃工业大学举办首届工人试点班，学制三年。学校派军宣队王政委、工宣队李连祯和机械二系杨明初主任组成三结合领导班子，负责试点班的管理工作，并选派芮莲生、李古哉、张兆昆、严忠锦等10余名有经验的教师任教，还从兰石、兰化等企业聘请一些工人师傅担任老师，30多名学员是从各厂选送的，1969年7月21日开学，定名为“七二一工人试点班”。

起初，试点班的学员上课、住宿在兰州医学院，实习和吃饭在兰州长津电机厂。芮老师结合学生的特点，编写了“机械制图”课程的讲义用于工人试点班的教学，该讲义作为工农兵学员教材于1971年在全国理工科会议上展出。

在制图课程的教学中，芮老师带着学生们到兰州机床修理厂，进行车床床头箱的测绘，绘制了床头箱体零件图。时任机械一系主任徐锡麟看了测绘图后，感叹地说：“这么复杂的床头箱体图试点班的学生都能画出来，真不简单！在过去，机制专业的学生画个油泵都画不好，现在的绘图能力的确比以前提高多了。”

从第二学年开始，试点班搬回学校教学，学校撤销了三结合领导班子，改由机制连领导，后来发现管理不到位，学生上课纪律涣散，严重时学生缺课人数达三分之一以上。针对这个问题，校党委召开了会议，决定由校党委委员赵课长负责整顿工作，并撤销机制连，成立试点班连，任命芮莲生为连长。芮老师常到学生宿舍广泛接触学生，深入了解，学生们反映原来安排的学习镗床设计难度大，缺乏实用性。后改为变速箱设计，同时恢复晨练，严格考勤、考试制度，调整了教学计划。

随后，芮老师带着学生们到西宁第一机床厂进行生产实习。学生们参观学习了机床零部件的加工工艺，同时应厂方要求，协助该厂在最短时间内完成了大车间的天车轨道水泥承载梁的浇筑工作，厂领导非常感谢。实习期间，校党委刘万真副书记和工宣队李连祯队长专程到厂里看望了师生们，并勉励同学们要继续努力，认真完成学习任务。

实习结束后，同学们增强了学习的自信心，大家都感到责任重大，非常珍惜来之不易的机会，学习风气日渐浓厚，圆满完成了学习任务，愉快地奔赴工作岗位。

机制七三师生设计完成首台援外舞台机械

机制七三班入校后，芮莲生任该班党支部书记，他借鉴了试点班的教学管理经验，与董庆珍、韩凤翔、李恕先等几位专业老师组成教学管理小组，研究制订了教学计划和课程设置安排。1975年，学生们到七里河农机一厂生产实习，在董庆珍老师指导下，学生们根据小履带拖拉机零部件，设计工具、夹具及拖拉机箱体后桥壳体卧式双面铣组合机床。毕业设计时将学生分成几个小组，分别进行镗孔组合机床、铣端面打中心孔半自动专机、一条山养鸡场自动化生产线等项目的设计。

1976年5月，甘肃省文化局负责人到我校联系，想请我校帮助援外项目——多哥人民联盟舞台机械设计。根据学校安排，芮老师与省文化局援外项目总工进行了商谈，初定由机制七三负责设计。省文化局考虑设计完成后由哪个单位生产，芮老师推荐了校机工厂，最后双方研究决定，机制七三负责项目设计，机工厂负责生产，该项目于1976年年底设计完成并投产。经过三年半的学习和实践，机制七三学生专业基础扎实，设计能力强，为各行各业输送了人才。

应有关单位邀请，芮老师利用业余时间，先后到校机工厂、兰州机床厂、兰州电力修造厂、兰州汽车修理厂、兰州市工人文化宫等单位开展科普教育，传授机械制图基础知识，产生了良好的效果，提高了生产效率，受到了好评。

组织全国部属院校机械制图课程协作组首次会议

1980年，芮莲生晋升为副教授，同年任基础课部党总支副书记、副主任。当时，一机部决定在部属院校中成立“课程协作组”，确定甘肃工业大学为制图课程协作组组长单位。当年暑假，一机部部属院校制图课程协作组首次会议在兰州召开。与会代表们讨论修改了机械类、非机械类“画法几何与机械制图”课程教学大纲，审定了湖南大学老师提交的机械类“画法几何与机械制图”课程书稿和插图，研究了非机械类“画法几何与机械制图”课程教材的编写及分工，大家相互交流教学经验、教学方法，收获很大。后来又分别在湖南大学、合肥工业大学等院校举办了多次协作组会议。会上，代表们建议将“课程协作组”改为“学科教学研究会”，芮老师将代表们的建议书面呈报给国家机械工业委员会教育局，并得到了批复。他曾多次被邀参加教育部“画法几何与机械制图”教学指导委员会会议，负责承办国家教委制图教学指导委员会在我校召开的会议。

1985年，我校与甘肃联合大学联合招收科英专科班，学校决定由芮莲生负责教学管理工作，他参考了西安交通大学科技英语教学计划，制订了我校科英专科班两年制教学计划。除了“英语口语”“英语精读”“英语泛读”等课程以外，还增设了“机械制图”“金工”“电工”课程，丰富了学生们的专业知识。芮老师和外事办石来宝老师一起去北京国务院专家局聘请外教专家，几经努力，终于物色到了一位教学经验十分丰富的美籍老师狄普瑞，她负责科英口语教学。金工课程除课堂教学外，还到工厂参观学习，了解机械零件的制模、铸造，机床的加工工艺。两年学习结束了，科英学生英语各项能力均达到了培养目标，许多学生分配到外事工作岗位，供不应求。

任学校图书馆首任馆长

1989年年初，学校兰工坪校区图书馆落成，芮莲生被任命为图书馆首任馆长，他深感肩上的重任。上任后，他克服种种困难，与全馆人员用最短的时间完成了旧馆全部图书资料的搬迁。那时，由于新图书馆建成后未启用，积满了灰尘。芮馆长带领全馆人员一起清扫地面，擦洗门窗，经过一段时间艰苦细致的工作，图书馆焕然一新，地面清洁明亮，窗明几净。同时，图书资料的梳理、编目录、上架等各项工作井然有序地进行。

开馆以来，芮馆长起草制定了图书馆各项管理制度并加以实施，专门聘请了我校有关专家教授到本馆进行专题讲座，加强理论与业务学习，了解图书事业的发展趋势及学术动态，为广大师生营造良好的读书环境，提供更好的服务，受到了师生们的高度赞誉。国家教委副主任何东昌、机械工业部部长于光远等领导曾先后莅临我校视察指导，陈剑虹校长、张弼副校长热情地接待了他们，并陪同他们到图书馆参观，领导们对我校图书馆开展的工作给予了充分肯定。

从1965年调入甘肃工业大学任教以来，芮老师扎根祖国大西北，几十年来辛勤耕耘，播撒希望，献身祖国的教育事业，与学生结下了深厚的师生情谊，受到学生们的尊敬和爱戴，与甘工大有着无法割舍的情缘。他是一名行政和教学双肩挑的党员领导干部，在担任行政管理工作的同时，始终坚持在教学第一线。教过机制、液压、矿机、工企、科英、社科等专业许多班的“画法几何与机械制图”课程，为国家和社会培育、造就了一批又一批优秀人才。

教书育人40载，芮老师具有扎实的理论知识、丰富的教学经验和较强的实践经验，主编出版教材多部。其中，《工程图学》（主编）作为高等工科院校教材于1960年由人民出版社出版发行，《工程制图及习题集》（副主编）作为高等工科院校教材于1991年由机械工业出版社出版发行。应甘肃省科委邀请，《机械工人识图与制图》（主编）作为科普教材于1984年由甘肃人民出版社出版发行，并多次再版，该书于1988年荣获甘肃省第二届优秀科普作品（书籍）三等奖。在1980年召开的中国工程图学学会成立大会暨首届学术研讨会上发表了《徒手绘图》论文，获得了好评。1989年在中国工程图学学会第七次图学教育学术研讨会上发表了《培养学生创造思维及深化教育改革》论文并在大会宣读，该文刊登于《图学教育论文选编》第二辑，芮莲生还被收录进《甘肃省教育家辞典》和《无锡名人辞典》。

（朱莉萍）

甲子山见证50年红柳情怀

迟淑惠，1943年生于天津市红桥区，中共党员。1965年9月，作为一名东北重型机械学院化机专业的学生，迟淑惠跟随老师们整建制迁到甘肃工业大学学习。令她没有想到的是，偏处西北一隅的她的人生竟然与兰工坪就此结下了不解之缘。

毕业后，凭借优异的成绩，迟淑惠留校任教。13年的讲台生涯让她对教书育人一往情深。之后，她先后在当时的科研处、研究生科、改革办、成人教育学院、后勤处任职。不管在什么岗位上，迟淑惠总是勤勤恳恳、兢兢业业。

1989年，迟淑惠在研究生科任职。在时任校长陈剑虹的大力支持下，经过她和同事们的不懈努力，学校成功申请机制、铸造、焊接、热处理、水机、液压、化机等9个硕士学位授予权，学校的学科水平显著提升。

1993年，迟淑惠任职成人教育学院院长，首次启动成人教育招生计划，与省内主管部门加强联系，开办了成人教育脱产班、自学考试辅导班、夜大、函授教育、干部培训班，学校成人教育初具规模。

“女强人”打通甲子山生命之源

1996年，54岁的迟淑惠临近退休，又被任命为学校后勤处处长。老骥伏枥，肩负重任。多岗位锻炼的经历让她练就了雷厉风行、遇事果敢的“女强人”性格。当时学校的各项基础设施还不完善，时常停水停电停暖，迟淑惠急在心里。

20世纪90年代的狗娃山（甲子山），因为没有水源浇灌，还是一片荒芜。所以，打通绿化工作的生命之源迫在眉睫。当时学校所有用水都源自一条接通市政供水公司的供水管道，水压低，还时常断水。为了解决这一问题，迟淑惠与后勤的同志们共同努力，百折不挠，终于与兰州市两山绿化指挥部达成协议，赢得支持，成功在现国防生公寓附近，打下一口深120米的水井，并引水上山解决了甲子山绿化和学生宿舍用水问题。

20多年过去了，如今的校园内绿树成荫、生机勃发，甲子山郁郁葱葱、松青柏翠。因为打通了灌溉水源，每年的植树节期间，学校发动师生大力开展绿化造林工程。早年的毕业生纪念林，如今早已成材。每逢春夏，群芳争妍，花香四溢。许多校友返校聚会时，都会去看看自己亲手栽下的树木，浇水培土，擦亮纪念名牌。

生命之源赋予了甲子山新的生机。如今的山上，一簇簇红柳英姿勃发，交相辉映，带给人无限的遐想。“艰苦奋斗，自强不息，求真务实，开拓进取”的兰州理工大学红柳精神在这里得到了最好的印证。

绘制学校第一张水电暖线路管道图

后勤工作繁杂琐碎，却事关师生们的衣食住行，丝毫不能马虎。迟淑惠就是这样一个有心人。一个寒冷的冬夜，学校锅炉房的鼓风机出现故障，校园供暖系统无法正常运转。当时已是凌晨1点，迟淑惠紧急召集电力职工检查鼓风机，排查配电箱线路。经过加急维修，终于在4小时后修好了配电箱。

这一晚，是迟淑惠到后勤工作以来，心情最焦灼的一次。全校的供暖压力让她认识到基础设施陈旧的问题，更重要的是，没有一张水电暖网图，不能及时发现问题，为排查维修造成了很大困难。1998年除夕，学校的下水总管道忽然堵塞，导致学校隔壁的钢板厂（现国防生公寓以南）被淹。接到通知，迟淑惠顾不上陪伴家人，急忙赶到现场，带领工人几番检查却迟迟找不到堵塞点。迟淑惠急得直跺脚，无奈之下只能紧急去找以前的施工方，最终赶在大年初一天亮前修好了下水管道。

上任三年，基础设施出了两次问题，都不能得到及时解决，主要原因就是学校没有完善的线路管道图。迟淑惠看在眼里，急在心头。从此，绘制一张学校水电暖网图，成了她心头难忘的一件大事。

1998年，迟淑惠开始安排后勤职工绘制暖气管道、电路线路、供排水管道图谱并做好记录。她带领职工和有经验的工人多次实地调查，通过一寸一寸摸线路的笨方法，硬是搞清了学校当时的线路管道系统，终于绘制出学校第一张线路管道图，不仅解决了师生工作生活的燃眉之急，而且为之后的后勤保障工作提供了重要的基础资料。

晏家坪菜地发挥了大作用

如今的学校家属院，环境优美、高楼耸立，学校师生由衷满足的是居住条件和环境。退休后的迟淑惠走在院子里，总会回想起以前老师们艰苦的住房条件。多年前，她和爱人、两个儿子挤在不到20平方米的简易筒子楼里，没有暖气，没有厕所，公共水房就是一个简易房，一住就是15年，这也是许多工大人的共同经历。

90年代末，学校发展步入快车道，但是校园占地面积有限，发展空间受到很大的局限。时任校长洪毅提出，要把扩建校园面积作为学校发展的重要目标。当时，学校有意将位于甲子山后380亩的晏家坪菜地并入，就安排迟淑惠实地考察，准备材料。经过多次沟通商讨，克服重重困难，最终将学校附近的晏家坪菜地并入学校。之后，又将原先的石化仓库、地毯厂（现国防生公寓以南）等地一并纳入学校。学校发展空间得到了很大程度的缓解。

现如今，征来的土地，部分已成为崭新的教师公寓，解决了教师的后顾之忧。学生公寓、学生食堂、大学生活动中心等基础设施，为学校后来扩大办学规模奠定了坚实的基础。这其中，凝聚了像迟淑惠这样的工大人数不清的辛酸苦辣、道不完的坚定执着。

50多年的工大生活使得迟淑惠对学校有着割舍不开的感情。每天在校园里走走看看，与熟人促膝而谈，总是让她满怀感慨。他们是学校发展壮大的亲历者和见证人，也是传承弘扬红柳精神的实践者和代言人。

（潘彩燕　陈祎鸿　叶鹏）

我所做的“三件事”

傅顶云，湖南湘阴东塘冲人，生于1946年11月，研究员，教育部普通高校本科教学工作水平评估专家。1969年毕业于西安交通大学机制工艺与设备专业，在甘肃省水电工程局机械厂工作，1977年进入甘肃工业大学机械设计研修班学习，1980年留校任教。从1983年起，在甘肃工业大学从事教学与科研工作的同时，先后担任教务处处长、技术工程学院院长、图书馆馆长、西校区建设管理委员会常务副主任等职。

今年6月3日，记者专程前往上海傅顶云老师家中，看望并采访了在我校工作38年、现已72岁的傅老师。傅老师身体健康，精神矍铄，思路敏捷，侃侃而谈。他说，几十年来，自己先后在学校几个部门担任过中层干部岗位职务，为学校做了很多工作且得到了领导和老师们的肯定。随着时间的推移，很多事渐渐地淡忘了，但有三件事，至今记忆深刻，难以忘怀。

创办“三全”学院，探索教育教学改革的新路子

早在20世纪90年代，为了适应国家经济体制和经济增长方式的两个转变，探索由计划经济向社会主义市场经济转型时期，高等学校新型教学管理模式与

人才培养模式，建立现代教育教学运行与竞争激励机制，解决甘肃乃至西北地区工业人才严重缺乏的难题，根据学校党委和时任校长陈剑虹提出的办学思路，学校决定创办“全学分、全自费、全走读”的“三全”学院，即甘肃工业大学技术工程学院。

学校于1993年6月向机械工业部和甘肃省提出申请创办甘肃工业大学教学改革新型工程学院，校址在小西湖公园附近权属学校的一栋楼内。1993年10月，机械部、甘肃省教委复函批复同意创办三全学院。

“全学分”有效解决了学生自主选择课程以及教师的问题，充分调动了学生的积极性和内生动力，增强了学习的灵活性。“全自费”则本着谁上学谁交费，多方筹措教育经费，减少国家负担的原则，逐步加大教学投入，提高培养质量。“全走读”推行后勤社会化探索，有效解决了学生食宿和条件保障等难题，扩大了生源规模。

1993—1997年，时任甘肃工业大学技术工程学院院长傅顶云带领学院同事们完成了学校“探索现代教学运行机制和高素质人才培养模式”重大教改任务。经过几年的不懈努力，试验取得重大突破，获甘肃省优秀教学成果一等奖，为学校此后的教学改革创造了先行先试的成功经验。当时为了试验成功，学院围绕新型教学管理模式、人才培养模式、教学计划模式及运行与竞争激励机制等，制订了具体改革实施方案，做了大量的调研论证。根据机械工业行业和甘肃省支柱产业急需专业人才状况，学院设立“机械电子工程”“机电控制及自动化”“计算机通信”“信息工程”“计算机及应用”5个专业方向，制订了与新型教学管理模式配套的5个专业培养计划，有效解决了以前教学管理存在的一些弊端，形成了以完全学分制、导师制、选课制、因类施管制、弹性学制和高额奖学金制“六位一体”的新型教学管理模式。1994年秋，学院正式招生。

傅顶云说：“当时的培养计划紧贴专业发展方向，加强实践性教学环节，我们建立了优秀教师人才库，实行教师聘任制，聘请的教师多是学校的教学名师，因教师队伍强，受到学生的普遍认可。”他回忆：在当时学院学生会组织的一次问卷调查中，认为整体教学质量优良的占94%。

良好的师资和教学质量，创新的办学机制，促使学生主动学习，刻苦上进，学生竞争意识明显增强，成才自主性及个性化发展得以释放。学生整体学风、学习质量和综合素质明显提高。傅顶云说:“当时学院第一届毕业生留校的就有七八个之多,现在都已成为学校的骨干。”

“那时的办学条件都是非常艰苦的,老师们都是骑自行车上下班,为了工大的发展,从来没有考虑过自己,早出晚归,中午自带盒饭,正是这种拼搏奉献、默默付出的精神,使得这所学院办得有声有色。”傅顶云深有感触地说。

处于经济欠发达地区的甘肃工业大学,能在1993年提出并实施此项教改试验,是需要一些胆识和气魄的。很多兄弟院校领导和同行均认为,甘工大迈出的这一步有眼光,是摆脱传统观念束缚的大胆尝试。正如当时甘肃省教委在批文中所说的那样:“符合高等教育改革的大趋势。”甘肃省教委负责同志表示:“技术工程学院所探索的新型办学模式及其系列改革措施,将是甘肃省高校今后发展的方向,代表着甘肃省高校的未来。”

始建图书馆自动化系统:先干出成绩,再争取条件

图书馆、师资、实验条件是大学的三大资源,1997—2000年任甘肃工业大学图书馆馆长期间,傅顶云与馆员们完成了工程量浩大的全部馆藏资源自动化建设基础工作,主持构建了先进的自动化管理集成系统,使图书馆管理层次和水平实现历史性跨越,达到了国内高校同类图书馆的领先水平。

当时甘工大的图书馆全部闭架借阅、手工检索,图书流通量低,读者不愿意进馆,师生意见很大。但当时学校自动化条件有限,经费紧张。我就提出来‘先干出成绩,再争取条件’,并组织部分骨干埋头苦研数月,终于研制成功了图书馆自动化管理集成系统,建立了模拟图书开架借阅、归还等多功能的自动化管理演示室,并赢得了学校经费支持。

当时在学校经费十分拮据的情况下,拨给了图书馆3万元,傅顶云买了一台386电脑,又从银行买了淘汰的终端机,几百元一台,买了十几台,组建了一个模拟系统,试运行半年时间。系统运行后,给每人办了一个条码借书证。模拟系统的完美运行,得到了学校领导的赞赏和认可,又拨款15万元,开始建设图书馆自动化管理集成借阅系统。

钱有了,如何建? 15万元要把整个图书馆自动化系统建起来,外包费用还

是远远不够的。为了节省经费，傅顶云带领全馆职工自己布线，爬高就低，穿墙打洞，布设网线，放弃寒暑假加班加点，为近百万册藏书贴条码、磁针、数据录入、倒架清库，一本一本手工贴码录入，工作量是非常庞大的。

经过艰苦细致的工作，图书馆图书从最原始的手工借阅完全变成自动化借阅。1999年，甘工大图书馆自动化管理系统全面开通，其自动化管理水平达到了国内当时同类型图书馆的先进水平，图书馆手工借阅成为历史，受到师生的高度赞誉，获得了甘肃省科委的科技进步奖。

“老一代图书馆人，现在说起那段建设经历，都有一种幸福感和自豪感。当年的自动化管理集成系统为后来的数字化图书馆建设打下了很好的基础。那一代图书馆人的奋斗精神可以在学校发展史上记上一笔。”傅顶云感慨地说。

艰苦创业，规划蓝图，始建彭家坪新校区

新校区建设是根据省委、省政府的要求和学校“十五”事业发展的目标及办学规模提出的。甘肃省委文件要求，学校2007年本科生达到2万人，硕、博研究生2000人。学校的事业发展规划提出学生规模近期达到2.5万人，中远期达到3万人。按照教育部1992年规定的校舍面积定额，每个学生人均1分地，而兰工坪校区占地只有700亩，严重不足，必须扩大校舍面积。

2000—2003年，傅顶云任新校区建设管理委员会常务副主任期间，在较短时间内完成了彭家坪校区1000亩教学用地的政府规划变更和审批，以合理价格达成了与失地农民的土地补偿谈判，完成了新校区校园建设总体规划。校区扩建成功，为学校后面的发展掀开了新的历史篇章。

傅顶云说：“现在的彭家坪校区绿树成荫，生机勃勃，对工大发展的促进作用都不用再说了，在甘肃省的高校里条件甚至都可以说是最好的。但开发建设伊始，土地不是很容易就能拿到手，征地的过程几经周折，相当复杂艰辛，每前进一步，都是艰难的一步。困难，远比想象的更难！”

“我们开展的工作就是先合并甘肃省轻纺工业学校。当时的纺校只有300多亩地，为了不给后面的征地补偿增加额外的负担，尽量回避拆迁。”傅顶云说，“当时我们到甘肃省航测局买了一张航测地图，按照地图比例和学校规划要求，

在一张《招生简章》上，裁剪粘贴，制作出了新校区第一张手工制作的规划平面图，向师生们描绘了新校区未来发展的宏伟蓝图。”

值得一提的是，当年新校区征地工作艰辛异常，傅顶云和同事们分工协作，以诚心、耐心、责任心，一遍遍请示汇报，到处表态游说。由于时间紧、任务重，傅顶云提出，要在最短的时间内由不认识到认识，由认识到成为朋友，再由朋友到“自己人”，用我们的诚心去打动他们。

“每天早上，还没有到上班时间，我们就早早在门口等候。刚一开门，我们就帮忙打扫卫生，慢慢建立起朋友之间的关系，再坐下来如实地说明学校的发展难题。就这样，感动了各级、各类人群。不论是艳阳高照，还是大雨滂沱，我们从彭家坪一步一步丈量新校区，半年的时间，创造了奇迹。”傅顶云激动地说，“征地过程是一个酸甜苦辣的过程，成功来之不易，回望奋斗的日日夜夜，责任感和使命感鞭策着我们打赢了一个又一个‘硬仗’，其中滋味只有身处其中，才能体会啊……”

回忆过往是为了更好地前行。兰州理工大学之美，在于其悠久的历史、厚重的文化和执着的信念，更体现在一代代工大人的奉献精神和教育情怀。这也是推动学校快速发展的不竭动力。

采访最后，傅顶云老师衷心希望新一代工大人继续发扬老一代人“艰苦奋斗，自强不息，求真务实，开拓创新”的红柳精神，为实现学校更高的发展目标而努力奋斗！

（李波）

教书就是要敬业、奉献、友善

张凤羽，辽宁人，1941年8月出生，中共党员，兰州理工大学能源与动力工程学院副教授。长期从事流体机械流体动力学的研究与流体力学的教学工作，2001年9月退休，而后返聘工作到2013年12月。在30余年的教学生涯中，他先后为本科生和研究生主讲“流体力学及叶栅理论”“流体力学泵与风机”等课程。他几十年如一日任劳任怨，无私奉献，以极大的热情和高度的责任感始终全身心奋斗在教学、科研一线。

张凤羽很小便遭遇家庭变故，父母相继离世，他和姐姐成为烈士子女，是姐姐抚养他长大。命运的不公并没有使他屈服，反而让他更加明白顽强拼搏的可贵。青年时代，他自强不息，于1962年考入东北重型机械学院（燕山大学前身）水机专业，通过努力获得国家奖学金，并于大学三年级正式成为一名中国共产党党员。如今回想过去，张凤羽老师笑着说：“我感谢国家，正是由于国家的培养才能使我完成学业，并找到了一生热爱的事业。”

共产党员，关键时刻就是要靠得住、顶得上

1965年7月，张凤羽和同学们在校外接受社会主义教育，期间接到老师返校的通知。回校后，他得知，根据国家要求，学校的水力机械、化工机械、石油矿场机械三个专业要整建制搬迁到位于兰州的甘肃工业大学（兰州理工大学前身）。

“系领导当时指派我和另一名老师卢堃护送学校的图书仪器和师生生活用品先期抵达兰州。”张凤羽并没有迟疑，因为任务紧急，他没来得及回家看一眼姐姐，就出发了。路上，他们和物资一起待在两节闷罐车里，遇上路况不好的时候，车体颠簸，他担心仪器受损，就把一些精密仪器抱在怀里。“我记得当时有个八线示波仪，里面有个小阵子非常容易损坏，所以我们会特别小心，路上一颠簸，我就赶紧抱起来。”就这样，张凤羽和同伴一路“呵护”物资，经过7天7夜，于8月5日顺利抵达甘肃工业大学。

当时的甘肃工业大学，条件艰苦，校舍简陋。可张凤羽没有灰心，刚到学校，他就投入相关工作中，为后续师生大部队的到来做准备。“当时我是因为党员的身份，才被上级选中来做这项工作，所以想法只有一个，克服一切困难，认真负责，确保完成任务。”张凤羽说，因为老师和同学们的信任，他才被党组织吸纳，成为一名中国共产党党员，是党员，就要在关键时刻靠得住、顶得上。

教师就是要敬业、奉献、友善

从1980年正式站上讲台，到2013年年底彻底离开讲台，张凤羽在工大奉献了他30余年潜心治学的宝贵时光。

说起张凤羽老师的课堂，同学们印象最深的就是从不看讲稿，教学深入浅出，灵活多样。虽然流体力学是他从任教就开始讲授的课程，但是期间对这门课的研究更新，张凤羽是几十年如一日，从未间断。他对自己的要求是，每一堂课都要上得好，要对课程有奉献、对学生有奉献、对学校有奉献。

从讲稿的准备到每堂课的教学难点、重点及例题等内容的精心组织，张凤

羽都一一在每天晚上的备课中做到了，他的教学方法多以启发、引导与深入浅出讲授相结合，将抽象复杂的流体力学理论与现实问题相结合，便于学生理解和记忆。学生说，他讲授的内容主次分明、重点突出、节奏感强。在多年的学生评教中，张凤羽的成绩均位于学院前茅。

“八九十年代的时候，每个班级都有固定的教室，如果晚上有流体力学习题课，我一定要去教室和学生一起度过。”对课后环节的重视，也是张凤羽对做一名好教师的一种坚守。从任教初期开始，他每天都要对学生进行课后辅导和答疑。对待学生的作业，他的做法是将错误的习题逐一改正，并将错误较多的习题重新做出来发给学生。张凤羽说，只要同学们肯学，他就愿意付出时间和精力，他将批改作业、辅导、答疑看作加强师生沟通联系的主要途径。

张凤羽多次担任学生班主任，他始终将班级的学风建设和思想建设放在首位，并积极努力发展学生党员，鼓励他们在班级中起到模范表率作用。他经常与学生谈心交流，为遇到学习、生活困难的同学提供及时的帮助和指导，和学生建立起了深厚的感情。他十分关心学生的就业，每当毕业季，他都会积极向用人单位推荐，为学生就业助力，得到用人单位、学生的一致称赞。1987年和1991年，张凤羽两次荣获“甘肃省高校教书育人先进个人”光荣称号，2007年获得兰州理工大学“就业工作突出贡献奖”。

当好青年教师领路人

如今能动学院已经成长起来一批优秀的青年教师，而作为他们引路人之一的张凤羽，看在眼里，喜在心头。他将如何在备课中设计教案、设计教学特定环节，如何写好讲稿，如何设计课堂板书的布局，以及如何在课后和学生沟通交流等几十年的经验，都一点一滴地教给了他的“接班人们”，特别是在提高青年教师的师德修养、教学责任感方面树立了榜样和模范。他对青年教师提出了明确要求——认真备课，功到自然成。

多年来，张凤羽先后指导和培养青年教师10余人，为学院师资队伍建设做出了积极贡献，指导的青年教师近年来逐渐成长为学院专业基础课的骨干任课教师，且教学效果良好，受到学生的好评，仅流体力学教研室教师近年来就在各级各类讲课竞赛中获奖20余人次。

张凤羽退休后，怀着对专业的无限热爱，不顾子女对他安度晚年的规劝，也多次拒绝外单位的高薪聘请，仍然将全部心血倾注在教育工作上，站在教学、科研第一线。他的敬业精神、奉献精神、团队精神值得学习，为青年教师树立了良好的榜样。在退休返聘的十几年里，他作为负责人成立了工业泵研究团队，培养出一批青年科研骨干，先后与沈阳鼓风机集团合作完成5项国家重大装备成套项目的子课题，累计科研进款500多万元。张凤羽的团队承担完成的上述国防和国家重大成套装备项目为我国国防建设和核电事业的发展做出了重要贡献，其中600MW—1000MW超临界火电机组高压锅炉给水泵水力模型优化设计项目获国家科技进步三等奖。

半个世纪的时光，张凤羽成长在工大、奉献在工大、收获在工大。这段浓浓的工大情，如今已化作最深的祝福，赠予站在百年新起点的兰州理工大学。

（朱莉萍）

书海举棹　勤奋育人

博士生导师杨瑞成教授，1946年11月出生于江苏省宝应县，1968年毕业于北京机械学院金相热处理专业。1980年12月上海交通大学材料科学专业毕业，获工学硕士学位。1981年4月分配到我校任教至今。1987年作为共同研究员在日本名古屋大学工学部进行合作科研。历任热处理教研室副主任、金压教研室主任、金属材料工程系主任和材料工程研究所副所长。

2005年哈尔滨工业大学出版社出版《材料科学与工程系列教材研究生用书》，杨瑞成教授任编委。多年来杨教授为本科生、硕士生、博士生开设了“金属物理”“材料力学性能”等25余门课程，其中17门为校内首开新课。1997年被评为甘肃省优秀教师，获省园丁奖；2002年度获校教学成果一等奖，2003年度获校教学优秀奖；2003年获甘肃省教学成果二等奖（均排名第一）。2006年被评为兰州理工大学“教学名师”。他主持的“工程材料”课程2006年被评为甘肃省省级精品课程。

杨瑞成教授长期致力于材料微观结构与性能、合金电子论与材料设计、高性能材料开发与应用、金属材料强韧化及表面改性方面的科学研究工作。曾主持及作为主要成员参加了十余项科研项目，获甘肃省科委三等奖（一项）和省高校科技进步一等奖（一项）、三等奖（两项）共四项，兰州市科协自然科学优秀学术论文二等奖两项。近几年主持甘肃省自然科学基金“高温锅炉蒸汽管道材料基本性质与耗散结构的研究”（2000—2003）、甘肃省自然科学基金“耐磨料磨损材料数据库”（2003—2004）、甘肃省有色金属新材料重点实验室基金“Ni-Cr-Mo-Cu合金的腐蚀动力学研究”（2005—2007）、兰州理工大学特色方向基金“有机—无机纳米复合材料”等项目的研究。多年来已在国内外学术刊物各出版物上发表论文80余篇，为EI收录（20余篇）及CA、MA收录（其余）。著作《工程设计中的材料选择与应用》《材料科学与材料世界》两部，主编教材《机械工程材料》和《材料科学与工程导论》两部，总主编“科技进步与现代文明”丛书（6册）。现从事聚合物基纳米复合材料、高性能镍基耐腐合金开发，以及材料数据库和选材、评价系统等研究工作。研究方向侧重材料多层次结构与性能关系，以及高性能新材料开发应用。

身为教学名师，谈起教学研究与教学改革上的事，杨老师特别高兴。他认为：课程体系、教学内容和教学方法改革及教材建设，包括材料学科的教改要面向社会、面向21世纪，充分体现世界高等工程教育的思想，这样才能培养出更多更好的工程复合型人才。在课程建设方面，应形成课程教学的教师梯队，以老带新，大力培养青年教师，使课程教学水平和效果不断提升。

教材建设是课程教学的关键一环，是教师义不容辞的职责。根据我校培养目标，应撰写充分体现工程性的教材。每位教师尽可能多从事学校的各种层次人才的教育工作。为教好书，杨老师一直喜欢读书，家有各类藏书3000多册（包括文、史、哲等），他说：“多看，多读，多积累，教师知识面一定要宽。讲课要基于教材，又要高于教材。”也正是这样，杨老师讲课，在知识传授上不仅有深度还有广度，理论联系实际，严谨生动，课堂气氛活跃，深受学生欢迎。

为提高业务水平，20世纪80年代初他得知兰大一知名教授给学生讲“固体物理”课，杨老师除上课外坚持到兰大听课学习，有时因工作上的事误了听课，他就找同学借笔记补上。在兰大的教室里，他和学生一样，没有人知道他也是一名大学教师，他谦虚随和且听课认真。

杨老师在教学科研方面有许多事要做，忙忙碌碌，但他一直是那样平和乐观。从教25年，除出差外，从没缺过一节课。为此他坚持锻炼身体，这样精力充沛，有利于更好地学习和工作。他说："要上好每一节课，学生上大学不容易，一定要让他们学到东西。"

他的学生赵丽美说："杨老师讲课内容丰富，严谨认真，无论哪个学生有问题，杨老师除讲解外，还要告诉我们到图书馆去借哪本书，在哪个书架上。他对我们的学习要求严格，但在生活上又很关心我们。有一次我病了，给他打电话请假，杨老师就让师母带我去看病，我当时特别感动，他像一位慈祥的父亲，教育我们同学间要团结，我们是一个大家庭，人际关系和谐有利于相互学习，取长补短。"李进娟说："我的导师，对我们实验、论文等要求非常严格，暑假前我急着回家，随便写了一篇文章交给杨老师，他从句子、错别字到文中数据都非常认真地修改。杨老师改过的文章与别人不同，浅红的字是要删掉的，粉红的字是增加的内容，深红色的字表示有疑问。论文这件事对我触动很大，我理解老师的苦心，对自己的不认真深感愧疚。杨老师很讲诚信，他自己这样做，也要求我们，答应别人的事一定要做到。他的板书给我的印象最深，从左到右，字体工整。他讲课认真，'材料物理与化学'这门课，是我们不太感兴趣的课，杨老师讲得生动、细致，后来这门课我们都很爱学。他告诉我们科学到一定阶段就是哲学，任何一门课都与其他课程有联系。杨老师读书特别多，知识面广。"作为杨瑞成教授的学生，要说的话实在太多。他的学问、他的为人令学生敬重；他的慈祥和对学生的关爱，让学生们感动。有时在家里他和学生们一起唱歌，老歌新歌他都唱，师生同欢乐。

这就是博士生导师杨瑞成教授，一位多年来不辍耕耘、书海举棹、勤业育人、深受学生喜爱的教学名师。当他坐在摇椅上欣赏音乐，当他站在名画前沉默不语，那是他读书或修改学生论文累了的时候。杨瑞成教授是我们身边一位平凡而又令人敬重的博导。

（王德凤）

40余载理工情

王冰芬教授于1934年4月出生于浙江省湖州市，1956年毕业于南京工学院（现东南大学）动力系发电厂配电网专业。1965年，在全国加速三线建设的战略部署下，作为优秀教师，她从北京机械学院调往甘肃工业大学，从电工教研室到电工电子国家级教学团队，至今已40余载。王冰芬教授，一位和蔼可亲、干练果决的教师，一位曾经为学校发展、青年教师成长、学生成才发过光、出过力、做过贡献的退休教师。

“传帮带”既是一种关心与帮助，也是一种义不容辞的责任。“每一代教师的成长绝对脱离不了老一辈的‘传帮带’，其主要目的就是把课教好。”王老师十分重视对青年教师的“传帮带”，而作为电工电子的老前辈，她自己更是身体力行。

青年教师的热情与上进心是非常可贵的，但因经验不足，青年教师成长的过程难免走弯路。王老师从进入电工教研室的那天起，就没有停止对青年教师的帮助，听课、修改讲稿和教案等更是家常便饭，这也是电工电子团队坚持了50多年的青年教师导师制——每位进入团队的年轻教师，都要由一名责任心强、有丰富经验的老教师担任导师，青年教师按照计划参加听课、课程辅导、答疑、完成课后作业等教辅工作，以掌握教学方法，熟悉教学规律，为学生讲好课。而每次听完青年教师的课，王老师都要认真地为他们提出建议。如现在的电工电子团队负责人张爱华老师，在刚刚加入这个集体时就非常努力，并虚心地向其他老教师请教如何更好地讲好课，在王老师与其他老教师的指导下一步步成熟。而王老师的教案也成为一些青年教师第一次上讲台使用的“放心教案”。

1984年，王老师调至教务处任副处长，其间仍承担着电工教研室的教学任务，为学生们教授“电子学”“电磁场”“电路分析基础”等课程。与此同时，她也继续关心着教研室其他年轻教师的成长。谈到这里，王老师动情地说道：“‘传帮带’——既是一种关心与帮助，也是一种义不容辞的责任。”

1998年，王老师光荣退休。退休后的王老师作为一名老前辈，在教学科研上与电工电子团队的其他老师继续奋战；作为一名校教学督导团成员，仍为教学督导工作尽心尽力；作为一名老教师，仍为学生们悉心授课。2006年，学校要接受教育部本科教学水平评估，年过古稀的王老师坚守岗位，为学校、学院的评估工作整理、准备资料，令人钦佩。

2007年，王老师因身体原因，正式离开学校。电工电子团队的其他教师经常去看望她，过年过节更忘不了她。王老师也会经常询问电工电子的发展，关注学校的大事小情。王老师退而不休，继续关心着学校的发展。

（杨智圆）

踏实为师　放歌“力学”

李世荣教授1957年3月出生于甘肃省永登县。1982年兰州大学数学力学系固体力学专业毕业，获工学学士学位。毕业后在甘肃农业大学任教两年。1984年考入兰州大学力学系固体力学专业学习，1987年毕业获得理学硕士学位，并被分配到甘肃工业大学力学教研室任教。2000年进入兰州大学固体力学专业在职攻读博士学位，2003年毕业获得力学博士学位。现为国家教育部力学课程指导委员会委员、中国力学学会理事、国际声音与振动学会会员、西部灾害与环境力学教育部重点实验室客座教授、国家自然科学基金力学学科通讯评审专家。甘肃省跨世纪学科带头人，入选甘肃省“333人才工程”第一、第二层次。1997年荣获甘肃省第四届高校青年教师成才奖，1999年被评为甘肃工业大学“学生爱戴的教师”。2006年分别获我校第二届教学名师奖和甘肃省第二届教学名师奖。

李世荣教授长期从事基础力学课程的教学工作，20多年来始终在教学第一线为本科生讲授力学课程，参与本科力学教学研究与改革。先后为本科生主讲“理论力学”“材料力学”“工程力学”“有限元法”等课程，教学督导和评价结果优秀。为研究生讲授“弹塑性力学”“复合材料力学”“计算力学”“非线性有限元”等10门课程。主持完成“工程力学教学研究与实践”教学研究项目，成果于2001年获得甘肃省教学成果二等奖。参与编写的教材《微机在力学中的应用》于1995年被评为省教育厅优秀讲义。目前主持省级精品课程“工程力学”课程的建设项目。曾主持完成省部级自然科学基金项目3项，主持国家自然科学基金资助项目“功能梯度材料结构在热冲击下的动力响应”等课程4项。公开发表学术论文110余篇，其中有14篇论文被SCI收录，23篇论文被EI收录。主持完成的科研成果获得甘肃省高校科技进步一等奖一次、三等奖三次。参加完成项目成果获教育部科技进步一等奖（第六完成人），先后10次参加国际学术会议并宣读论文。

作为研究生导师的他指导了18名硕士研究生，5名博士研究生。已经毕业的学生1人已经在美国获得博士学位，5人在高校任力学教师，4人正在攻读博士学位。他认为："高校教师，不仅给学生传递知识，还要正确引导学生。”他还告诉学生“机会总是留给有准备的人”，所谓的有准备，即应做到欧阳修所说的“立身以立学为先，立学以读书为本”。工科院校的学生必须具备扎扎实实工作，不怕苦、不怕累的精神，还要养成遵守各项规章制度的习惯，因为在工程建设中都是事关人命、百年大计的工作，绝对不容许丝毫的马虎和差错。“不积跬步，无以至千里；不积小流，无以成江海。”每个学生都要养成从小事做起的习惯，打好起步的良好基础。学生要努力做到“读书无疑者须教有疑，有疑者却要无疑，到这里方是长进”，这是宋代大学者朱熹的毕生心得。而针对教学，他则牢记卢梭说过的话："千万不要同年轻人干巴巴地讲什么理论。如果你想使他懂得你所说的道理，你就要用一种东西去标示它。应当使思想的语言通过他的心，才能为他所理解。”他的每一节课，都努力讲得通俗易懂，以小问题承载大道理，以小见大，从高山到平地。

“工程力学”（包括理论力学和材料力学）是工科类专业重要的技术基础课，学生普遍反映力学课程难，特别是题目难做。针对这种现实状况，李教授提倡工程力学应少讲理论推导多讲题目，精讲多练。通过基本讲解来强调概念，使学生突破难点，逐渐掌握理论和方法。2004年4月至2005年1月，他在美国Virginia Tech进行学术访问期间，听了该校的几次理论力学，他们正是采用了这种精讲多练的课堂教学模式。抽象的力学理论与灵活多变的题目之间的矛盾始终是学生在力学课堂学习中面临的最大障碍，力学教学改革的主要目的就是有效接通这两者之间的桥梁。因此，要精讲多练，选好例题，强调应用，注重“以案说法”，以小题目承载大道理，这样更有助于解除学生力学课程学习中的疑惑，增强学习信心，提高学习成绩。

当被问及作为教学名师有何心得时，李教授说：“1976年高中毕业后，我被安排当了民办教师。1982年大学毕业后我又毫不犹豫地选择了高校教师这个职业。我始终热爱教书育人这一神圣的职业，踏踏实实为党工作，无愧于人民教师这光荣而又神圣的称号。要当好一名教师，良好的专业知识、敬业精神和责任感是必备的条件。但只有这些还不够，教师首先要对学生有一颗善良、诚挚、慈祥的爱心。从教20多年来，在各级领导的关怀下，在同志们的帮助下，以及一届届学生的鼓励和督促下，我逐渐体会到干好老师这一职业的真谛，那就是要有精湛的业务能力和高尚的人格。乌申斯基讲得非常清楚：‘在教育工作中一切都应以教师的人格为依据，因此，教育力量只能从人格的活的源泉中产生出来，任何规章制度，任何人为的机关，无论设想得如何巧妙，都不能代替教育事业中教师人格的作用。’但是，教和学始终是既相互对立又相互统一的一对矛盾。只考虑一身正气，过于强调教师个人人格的作用和师风师德，只突出教是不够的，特别是现在这个新信息如潮涌动的时代，学尤为重要。作为老师，身上要有正气，师风可学，同时良好的学风反过来影响教风，教师也要从学生中汲取营养，不断自我否定、自我超越，不断提升自己的业务水平和思想境界。”而对于如何在教学科研一线始终保持旺盛的激情，李教授说：“我非常推崇已故王选院士的名言‘献身于科学研究就没有权利再像普通人那样生活，必然会失掉常人所能享受到的不少乐趣，但也会得到常人享受不到的很多乐趣’，要踏踏实实做事，坦坦荡荡做人。在市场经济的大潮中，要有‘宠辱不惊，闲看庭前花开花落；去留无意，漫观天外云卷云舒’的胸怀。既然选择了教师这个职业，就一定要静下心来把事业做好、做精、做强。”

踏实为师的李教授，以其人格魅力影响着学生，他把许多学生看来枯燥难学的力学课讲得生动有趣，这源于他勤奋向上、不断求索，因而才能放歌“力学”而无悔。

（王德凤）

俯首甘为“老黄牛”

在兰州理工大学，你经常会看到一位精神矍铄的老教师，忙碌地穿梭在校园里。40多年的教学生涯里，他用爱心与责任悉心教导每一位学生，严谨认真的教学态度深受学生敬仰。在日常的生活中，他是一个充满正能量的人，始终以积极向上的生活态度感染着身边的每一个人。虽已年过花甲，但他始终以年轻的心态和敬业负责的工作态度为学校贡献着自己的力量。他就是“全国五一劳动奖章”和“甘肃省五一劳动奖章”获得者，多次被评为“兰州理工大学先进工作者”“学生最爱戴的老师”的黄建龙教授。

1977年，黄建龙教授从学校机械制造专业毕业后留校任教。在当时艰苦的条件下，他和其他老教师一起负责实验室的建设和教研室的教学工作。此后，他历任兰州理工大学校办科技产业负责人、兰州理工大学人事处处长、机电学院院长等职。

无论是在教学科研一线，还是在校办产业或行政管理、学术管理岗位，他都兢兢业业工作，踏踏实实做事，被大家亲切地称为“老黄牛”。

黄建龙回忆说：“毕业分配时，学校主张让我留校进行基础研究。留校后正好赶上十一届三中全会，我们那批人意气风发地参与到学校的发展之中，全力开展实验室建设，亲力亲为，不辞辛劳，经常工作到三更半夜。”

一次带学生外出实习时，铁路线中断，造成学生迟迟不能到达目的工厂。为了使实习任务能够完成得更好，黄教授克服各种困难，先期赶赴分布在山沟里的十几个实习分厂，并在近一个月的时间里做好了实习所需的注意事项和实习内容的详细记录，为同学们顺利完成实习做了充分的准备。他回忆说，虽然自己辛苦了一些，但看到同学们实习进行得很顺利，就感觉到十分欣慰和满足。

从那时候开始，黄建龙坚信自己热爱这份工作，热爱教育事业。数十年如一日，他在工作岗位上挥洒汗水、发挥才智，成为工大发展壮大的参与者与亲历者，见证了学校的历史变迁。

时光荏苒，岁月如梭。在将近40年的高校工作生涯里，黄建龙始终秉持学无止境、不断拼搏的教学科研价值追求，努力提升自己的综合素质，凭借着责任心与恒心，以甘于奉献、积极向上的精神，坚守自己的岗位，奋战在教书育人一线，为高素质人才培养和科技创新添砖加瓦、倾尽所有。

用爱心播撒知识的种子

情感教育是雨露，能够滋润求知若渴的眼神；情感教育是阳光，能够灿烂灰心丧气的面容；情感教育是河流，能够连续春去秋来的变幻。“要像亲人一样爱护学生们，这样你才能把教学工作做好。”黄建龙是这样说的，也是这样做的。他用感情的浇灌来培养学生，用一颗仁爱之心播撒知识的种子，用共产党员坚定的理想信念培育社会主义事业的建设者和接班人。

作为一名拥有40多年党龄的老党员，黄教授多次被评为“兰州理工大学优秀共产党员”。“做一名合格党员，首先要做好自己的本职工作，把学生当作自己的孩子，用关爱鼓励学生成才；还要在工作生活等方面以身作则，真正发挥党员的模范先锋作用。”黄建龙用行动履行肺腑之言，始终如一，用服务和贡献践行承诺、攻坚克难。

黄建龙说：“成为一名合格的人民教师需要过好‘两个关’：第一个关是讲台关，即教师的基本技能；第二个关是科研关，必须通过科技创新服务社会发展和人才培养。”他认为，教学工作具有综合性，需要艺术性，讲课要有激情和感染力。人们常说：“要给学生一杯水，教师应有一桶水。”教师必须储备深厚的理论知识，同时，教书作为一项事业，教师应尽到一份责任心，育人是塑造灵魂的伟业，教师应常备浓浓爱心。

博士生吴劲锋在毕业论文的致谢词中这样写道：“我一直向往通过一个外在的社会坐标来衡量自己是否成功，于是应该在用减法生活的年龄里却用加法生活，结果发现被物质的东西奴役了，最终失去自我。直到成为黄建龙教授的弟子，方才彻悟。导师是一个非常睿智和善良的人，分析国情、人生，入木三分，使我悟出‘不惑’之道和‘舍得’的道理。即使遇到外部世界的不公对待，也能在一个坐标上迅速找准位置。黄老师严谨的治学态度、悉心的指导使我终身受益。”

黄建龙回忆，他带的研究生，每年元旦都要相聚在一起包饺子，迎接新年的到来。有一名硕士生，踢足球受伤住院后，在他家疗养了半个月。黄教授把他当作自己的孩子看待，给予悉心的关怀与照顾。

黄建龙的博士生党兴武在采访中谈道：“黄老师非常阳光，是一个充满正能量的人。他不是用严厉批评的方式，而是始终以鼓励加油的方式引导我们。”悉心指导、用心呵护，黄建龙用长者仁心帮助学生健康成长，用渊识博学感染年轻人追求进步。时光如水，岁月如梭，师生间真挚温暖的情谊历久弥新，体现在时时处处，传递在一颦一笑之间。

恪尽职守的“老黄牛”

歌德曾说过：“责任就是对自己要求去做的事情有一种爱。”责任是一种心态、一种气魄，更是一种品质，无论在哪一个岗位上都不能忽视责任的重要性。

“在工大40多年，是学校培育了我，我能做的，就是做好我的本职工作——做一名合格的教师。”黄建龙教授深情地说。

“安全设计处于重要地位，必须具备强烈的安全与责任意识。”黄老师回忆，在一次小西湖公园的灯展上，一个金鸡独立的孙悟空吸引了观者的目光。作为主体设计师，黄建龙在展览期间，每天都要做好检查工作。安全责任大于天，恪尽职守的黄老师将责任重于泰山的理念传递给每一名学生。

党兴武说："给自己留下最深刻印象的是黄老师给自己检查毕业论文的时候，非常认真，每一个标点符号都要仔细检查。"无论是工作还是对待学生的态度，黄建龙都不忘初心、敬业奉献，在平凡的岗位上履行着自己的责任和使命。

黄建龙注重科研工作，利用一切机会，学习探索科研的规律、步骤和要领。作为机电学院"干式切削技术及机械可靠性理论"科研团队的带头人，黄建龙勇于承担科技攻关难题，先后主持完成多项国家重点科研项目和企业重大横向课题。其中，主持完成的"宝钢5号扩径头"研制项目，为西气东输重大工程项目研发了可替代进口输油管制造的关键设备，为企业创造了可观的经济效益。成绩的背后离不开黄教授严谨求真的工作态度，离不开努力寻求真理的执着。

黄建龙一直强调，"当一名老师在教学和科研中能站住脚，就有了话语权"。他热爱教育事业，尊崇三尺讲台和科研育人，他的成功经验为广大青年教师指引着前进的方向。如今的黄教授，指导着60余名硕士研究生、9名博士研究生，而且坚持给本科生讲课。他带领的团队被称为"黄之队"。现在，"黄之队"的队伍越来越壮大，很多学生都取得了不俗的成绩。

展望百年工大

人生就像一场电影，短暂而精彩。黄教授回忆起作为全校教师代表在工大90年校庆时进行发言时的场景，仍如数家珍、激动不已。学校即将迎来百年校庆，黄教授在温暖幸福的家庭生活之余，不忘抽出时间穿梭在熟悉的校园里，为学院和学校的发展出谋划策。学生毕业论文答辩、科研探究、学术交流，他均参与其中，现身说法，倾囊相授，提供切实可行的指导帮助。

百年沧桑，再铸辉煌，黄教授感慨万千："兰州理工大学的发展之路实属不易，几代工大人传承弘扬红柳精神，以育人为己任，辛勤耕耘，不懈努力，在教学、科研、管理等方面都取得了骄人的成绩。"他勉励年轻教师要深入生产实践之中，要认真调查研究整个装备制造业以及其他相关行业的情况，更重要的是要对工大保持足够的信心，努力发挥好工科的作用。

黄建龙说：“我们看着工大不断成长与壮大，由衷感到高兴，真诚祝愿学校发展得越来越好，学校的排名能有进一步的提升；希望所有的教职工齐心协力，脚踏实地，以百年校庆为契机，进一步提升硬实力和知名度，让学校的明天更加美好。”

（张钦　胡晓燕）

学生眼中的“四有”好老师

王希靖教授，1956年生，甘肃省榆中县人，研究员，博士生导师，1982年毕业于甘肃工业大学焊接专业并留校任教，同时在校攻读焊接专业硕士学位。先后担任材料科学与工程学院院长兼党委书记、甘肃省有色金属新材料部省共建国家重点实验室副主任、中国机械工程学会自动化分会委员、中国焊接学会熔焊设备及工艺专委会委员。先后被评为甘肃省教学名师、优秀科技工作者、优秀思想政治工作先进个人、师德标兵，甘肃省领军人才第一层次、“333人才工程”入选者，甘肃省高校跨世纪学科带头人。曾荣获机械部“重大装备国产化突出贡献奖”、甘肃省“高校青年教师成才奖”。1992年9月至1993年3月在日本大阪大学研修，主要从事铝合金的激光焊接工艺的研究。

40年焊接生涯一步一个脚印

王希靖是恢复高考后的第一届考生，他回忆当年高考报专业的场景：“那时报考专业和现在的不一样，是考上以后才报考专业，我当时在生产大队是支部书记。有一个知识青年的带队教师是兰州橡胶制品厂的工程师，他是工大焊接1965年毕业的，建议我报焊接专业。”就这样，王希靖开启了自己40年的焊接生涯。

留校任教后，王希靖跟随李春旭教授做科研工作。由于成绩突出，1992年甘肃省第一次破格晋升，他被评为副教授，1995年被破格晋升为研究员。他说，1992年9月到1993年3月在日本做了半年的研修工作，对自己的提升很大。

王希靖一直致力于材料科学与工程学院的发展。他经历了学院从无到有的全过程。学院刚成立时，由于招生人数较少，师资力量是比较丰富的，但是由于没有大的科研项目，科研基金基本为零。谈到当时的状况，他笑道：“当时我们与长庆油田签订协议，为他们建立一个电焊机制造车间，给了一张20万元的转账支票，因我们十分重视这个大项目，怕把钱丢了，在裤子里缝了个口袋，坐了两天的大巴车回来。怕酒后误事，临行前连对方领导请的五粮液都没敢喝。”渐渐地，在全院老师的共同努力下，材料学院的科研工作走在了全校的前列。就这样，王希靖一步步亲身经历和见证了材料学院不平坦的发展历程。

不信不立　不诚不行

王希靖的孝顺和对学生的呵护，材料学院尽人皆知。对于长期在老师身边学习的学生来说，更是体会至深。每逢过年过节，王老师总要叫课题组的硕士生与博士生到自己家中吃饭，这让同学们尤其是远离家乡的同学，切切实实感受到了来自老师的关心与爱护。

王希靖的言传身教还体现在教学与科研的方方面面。一次，他指导研究生撰写毕业论文，有一名学生因为工艺试验数据量大，分析结果处理烦琐，又要赶着提交论文，将部分内容修改为方便自己处理的数据。王希靖为学生修改论文时看得非常详细，大到文章间架结构，小到标点符号，都要逐一斟酌修改。当看到有问题的数据以后，他并没有大发雷霆，而是以谈心的方式教育这名同学。其中有一句话令人印象深刻：“不信不立，不诚不行，你们现在都是成年人了，我不要求你们个个都飞黄腾达，但诚信是你立足社会的基础，这一点一定要做到。”这位受到批评的同学很受触动，后来攻读了博士学位，现在江苏一所高校任教。

很多人都说王希靖具有很突出的人格魅力，其实所谓的人格魅力就是他的道德情操，时刻都在感染并影响着周围的人。谈起管理工作，他主张“响鼓不用重槌”的原则，管理的最高境界是“不管”，即把目标和规则告诉给老师们，让他们自己管自己。他说：“材料学院的教师凝聚力非常强，教师各项工作都是互帮互助。老师们的直系亲属来兰州看病，其他老师都去探望，参加婚丧嫁娶更是常规的事情。”

2005年，王希靖被评为甘肃省先进工作者。他骄傲地说：“材料科学与工程学院一年没有领导，天都不会塌下来。思想工作是一方面，另一方面，人的既得利益一定要得到保证，这样就会形成一个良性循环。”对于学院的科研思路，他提出“两条腿走路”：一是加强新材料制备研究工作，二是继续提高材料加工方面的研究工作。

因材施教　敢于创新

王希靖曾在学校举办的一次教学会议上发言说：“每个学生都有他擅长的方面和不擅长的方面，都有他喜爱的和不喜爱的方面，如果让他做擅长的或喜爱的工作，就会进步很快。老师有责任在教学中发现学生的特长，并帮助学生发挥特长，以求得快速成长。”

有一次在指导焊接1996级毕业设计时，王希靖发现一名来自广西的同学，一有空就翻看有关机械设计方面的杂志、书籍。这种现象在有些老师看来可能会是“不务正业”。王老师通过与学生耐心交谈，发现该生在机械学方面有很好的见地，但对于焊接设备、工艺等问题，仅停留在课堂上讲授的那些基本原理和常规方法上。于是，王希靖给这名学生更换了设计题目，定为“电渣焊过程的多极点接触机械系统”。学生非常感兴趣，节假日也泡在图书馆里，查阅了大量资料，完成了这个具有国内先进水平的机械系统的设计工作。同时在此期间经过刻苦努力，还取得了一项“手枪自动上弹机构”的国家发明专利。该生在毕业时直接被某枪械厂招去。

现任广东工业大学自动化学院院长、“长江学者”鲁仁全教授是王希靖因材施教的又一个典型范例。王希靖在指导他进行硕士课题时发现，其对焊接专业知识掌握有限，但对应用数学知识的掌握却很扎实。于是，王希靖给他制定的研究题目是“长大焊接构件的残余应力数值分析及应对措施”。鲁仁全通过大量的资料阅读和在工厂的观察测量，提出了“长大焊接构件的残余应力数值计算模型”。该模型的计算结果与实际构件的残余应力检测结果吻合度很好，他的论文也被发表在权威刊物上。由于在硕士阶段对工科有较深入的了解，鲁仁全又考取了浙大的博士、博士后，十余年间迅速成长为具有一定社会影响力的知名教授。

王希靖还将因材施教的理念实践于教学的创新与改革。为了解同学们在学习过程中的兴趣方向与对毕业后工作的期望预想，他提出在毕业设计开始之前对将要参加毕业设计的同学进行问卷调查，问卷涉及了六大方面、十多个小环节。根据调查的情况进行分析后，一方面有针对性地为同学们制定设计题目，另一方面教师自身要面对学生的具体情况改进工作方式方法，这样才能收到教学相长的效果。

教学工作中，王希靖十分重视理论知识的应用。他在修订教学大纲时，提出新设一门“焊接工程基础”的课程，以解决毕业生刚步入职场，理论与实践脱节而不能迅速胜任工作的问题。这门课的主要内容是结合工厂的现实状况，提出工程问题的解决措施，如怎样制定生产工艺、选择焊接装备及焊接检验等。课程生动有趣，实践性强，大大激发了学生的学习兴趣。

近40年的教学生涯，王希靖培育了一批批行业精英，提到他的学生时，骄傲之情溢于言表。两个学生让他印象尤其深刻，其中一个是由他指导毕业设计的本科生。这个本科生十分优秀，毕业之后继续跟着他做了半年的课题，后来自己成立了公司，现在是甘肃省铸造协会的理事长，2017年还获得兰州市科技功臣提名奖。另一个是他指导的一名来自湖北的硕士研究生。王希靖因材施教，发挥这位学生的机械设计的特长，针对如何消除搅拌摩擦焊后存在匙孔的问题，设计并制作了可回抽的搅拌头，在国内首次消除了匙孔，并申报了一项发明专利。该学生凭借较强的动手能力在我国的大国重器制造厂之一——上海振华港机当上了焊接责任工程师。

师者仁心 善待是金

人们常说:“教育需要爱心，友善的态度是教育最基本的前提条件，也是教育的真正动力。对教师而言，善良是一种品格，善良是一种修养。”王希靖对待学生的态度与方式就是对这句话最好的诠释。

曾经有一个1990年毕业的学生，做毕业设计时，没有按实验指导老师的要求做实验，差一点损坏了高精度的实验设备，而且对老师的批评表现得很不礼貌。王希靖知道后非常严肃地批评了他:“你不愿意做实验可以走人。”这个学生当时表现出了很大的抵触情绪。

后来有人悄悄告诉王希靖，发生这件事的当天，是这个学生父亲的一周年忌日。王希靖一下理解了学生当时的心情，于是主动找他表达了歉意，并安慰他，学生很感动。之后有一次，王希靖派他到湖南常德去买实验用的黏结剂，竟然买了40公斤。其实他完全可以少买一点，或者办理托运，但学生认为实验工作不能耽搁，于是硬是坐硬座背了回来。

“对学生要善待，对身边的青年教师、助手更是要善待。这种善待不仅是情感上的，而更重要的是培养他们放手工作、压担子，帮助他们站稳讲台，逐步提升探索创新精神。”王希靖深有感触地说。

王希靖对青年教师充满殷切的希望。他回忆说，洪毅校长在的时候，晚上会看楼里的灯光，哪个楼亮得多，就认为干实事的人多。陈剑虹老师当年对报考研究生也有一定的标准，规定青年教师通读一本外文专著才可以报考研究生。王希靖认为，年轻教师遇到困难时，一定要攻坚克难，才能有一番作为，只有这样，回味走过的路，才会发现没有白走。

有人问王老师会不会担心自己培养的人超过他，王希靖笑称:“我们都希望长江后浪推前浪，这也是一名教师毕生要做的事。”

科教融合 独具匠心

王希靖在做好教学工作的同时，还带领学生开展了多个方向的研究工作，共获得省部级科研成果21项，省部级科技进步二、三等奖18项，发表论文200

篇。利用研究成果为企业赢得经济效益1亿元左右，他扎实的学识与丰富的工程经验，时刻都在感染着学生。

近年来，在有色金属冶炼过程专用装置研究方面，王希靖曾220次到金川深入生产一线，完成金川公司全国难题招标等研究项目8项，研制成功了具有顺序通电焊接防止电网污染、经纬料自动上料、钢筋网料自适应定位等功能的矿山巷道支护用网架自动焊接生产线，填补了国内在该领域的空白；研制了在金属板表面具有良好的黏结力、在电解槽内具有良好的耐酸腐蚀性和绝缘性的镂印油墨及镂印设备，用该方法制成了长寿命镍扣生产用阴极极板。

在搅拌摩擦焊技术研究方面，王希靖完成省科技攻关项目的同时，在国内首次建立了搅拌摩擦焊机功率实时监测及自动控制系统和温度检测系统，建立了铝合金搅拌摩擦焊过程瞬态温度场模型。先后完成了一项国家重大项目和三项国家自然科学基金项目。

王希靖曾对学生说：“每当走进我们工作过的有关车间时，到处可见我们研制的设备和由这些设备制造的产品，才真正感受到了我们存在的价值，感受到了为地方经济服务的必要性，感受到了生产一线是我们科研工作者经受锻炼的重要场所，这是发现问题、凝练研究方向的源头。”

采访最后，王希靖深情地说：“兰工坪校区这条主干道是在2004年修的，当时我们说它是工大走向高水平大学的金光大道。现在，即将百年校庆，希望工大沿着这条金光大道继续走下去，早日实现高水平大学这个梦。”

（赵梦依　吴宏川）

谱写爱与奉献之歌的好老师

他是中国防震减灾领域的专家，在地震、泥石流的灾害现场，他都要下到坑洞或者地下室查看建筑物的隔震板状况，他对同事说，自己亲自做的检查才能放心，不能为了个人的安危不顾众多灾区百姓的安危。

他是2015年“全国师德标兵”，在课堂、实验室、学生宿舍，你都能看到他和学生交流的身影。他对妻子说：“我们的孩子，我不在的时候还有你，可学校里，几十个孩子在等着我。”

他发起创建了一个名为“建工七七”的基金，作为兰州理工大学1977级校友的一员，他和他的同学们为了给母校学弟学妹更多的鼓励和资助，积极筹资，改革增值。他对同学们说，要好好珍惜来之不易的机会，对得起校友，对得起母校。

他就是杜永峰，兰州理工大学土木学院教授，防灾减灾研究所主任，几十年如一日，他用发自内心的爱与奉献谱写了一首动人的育人之歌。

哪里有地震　哪里就有他

2008年汶川大地震，甘肃省陇南市因为毗邻四川，一些地方也成为重灾区。作为省内专家的杜永峰立即赶赴灾区，当他站在3栋几乎完好无损的住宅楼前时，“悬着的心一下子就落进了肚子里”。这些六层楼的建筑，因为使用了他研究推广的“隔震垫”技术，墙体没有出现裂缝，住户家中的东西也没有因为地震发生掉落，这是甘肃省内应用这一技术的建筑首次成功经受住地震的考验。而这距离杜永峰的研究，已经过去了12年。

1996年，结构工程专业的杜永峰开始研究“隔震垫”技术。这项起源于新西兰，最初在国内南方应用的技术对于地震的作用可谓和地基一样重要。“隔震垫”的专业名称叫作“叠层橡胶隔震支座”，是一种由橡胶和钢板制作而成的圆柱形装置。这种被放在建筑物地基与上体结构中间的小垫子，在地震来临时，起到了非常大的缓冲作用，上体结构的晃动会明显减小。

杜永峰不大的办公室里，堆满了研究用的设备、仪器、军大衣，还有近20年他研究的各种“隔震垫”。南北方的气候差异，导致“隔震垫”要进入北方，首先要适应这里的温度。研究中，杜永峰带着他的学生们经常待在0℃以下的实验室里，把放置在-50℃冷冻机里的“隔震垫”快速取出安装，然后接受模拟地震震动检验，虽然每次都穿着军大衣，但他们一个个还是冻得直打哆嗦。反复的实验表明，“隔震垫”在低温环境中，虽然会变硬，但减震系数并没有降低，这也就意味着“隔震垫”可以用于北方。应用于陇南建筑物中的“隔震垫”，是杜永峰和兰州理工大学防灾减灾研究团队在一一解决了符合甘肃实际的“隔震垫”设计标准、大小参数等具体问题后才投入使用的。汇集了他们研究成果的《基础隔震结构设计及施工指南》，也成为国内隔震结构设计的重要参考资料。

杜永峰为结构地震响应控制的“激励—控制异点强迫振动系统”建立的新型控制算法更为严密，开创了结构随机屈曲理论研究的新方向，连续获得了4项国家自然科学基金，得到了国内业界的广泛认可。

“啃馒头”的中国好老师

在兰州理工大学的校园里，你经常能见到杜永峰步履匆匆的身影，他个子不高，人也很瘦，通常米、蓝两件西服就是一年的着装，很多人对他的印象是“很忙”“很瘦”，却也“很不简单”。

杜永峰经常晚上11点左右还在办公室工作，有时候甚至是一个通宵，为了节约时间，他在办公室吃上两个馒头喝点水就是一顿饭。就是这样一位“时常住办公室”“啃馒头”的老师，连续获得“陇原师德标兵”“全国优秀教师”“全国高校优秀思想政治工作者”“全国先进工作者”“全国师德标兵”等多项殊荣。

这么多光环之下的杜永峰似乎没有一点变化。他还是在每天早晨6点就走在去实验室和办公室的路上；他还是会“不请自来”地出现在学生宿舍，了解他们的需求，倾听他们的意见，为他们“开小灶”；他还是会在学生课外科技创新比赛的过程中积极指导，将地震一线的案例搬到课堂上，让学生直观地感受建筑震害，认识抗震概念设计的重要作用；平时，他还是会通过短信、微信等方式主动找学生聊天，鼓励、安慰，答疑解惑……他说，如今的大学课堂已经不比以前，一个班近百个学生，如果只是通过上课来和他们交流，估计一个学期下来，连学生的名字都叫不全。所以，走入他们中间，和他们进行心灵的互动，让他们感觉老师就在身边，这才是关键，学生学好了，老师的教学效果也改善了。杜永峰把这个叫作“带给学生光明和希望”。

李万润，杜永峰的学生。他说，有一次杜永峰带的课要进行小测验，一名学生因病缺席，为了不让这个学生落下测验成绩和学习的机会，杜永峰连夜为他出了一套试题。第二天，他先是问了同学的身体状况，然后将试题拿给他单独测验。

现在的杜永峰，经常会被安排到一些师德标兵的讲堂，他说得最多的一句话就是:“教学是一份良心活，需要教师静心、认真去做。”

他把基金拉扯大，操碎了心

在兰州理工大学，土木学院的建工七七基金和西部土木工程防灾减灾新技术新人才基金（以下简称“双新”基金）已经成为一种成功的模式被其他学院学习，而大家提到这两项基金，首先想到的就是杜永峰。

1996年，在甘肃工业大学成立77周年庆典中，收到了建工1977级校友以个人名义的捐款，用以资助优秀青年教师设立科研和教学研究课题。之所以会有这项建工七七基金，是因为杜永峰在留校任教中，经常会目睹一些青年教师因为经费等条件限制，无法参加交流学习，科研起步困难。于是他将这些问题反馈给同窗，一时间，这个问题得到了全国各地建工1977级校友的广泛关注。“双新”基金成立于2009年“5·12”一周年纪念日，是由甘肃省住房和城乡建设厅、兰州理工大学共同发起，甘肃省外国专家局、甘肃省地震局协助成立的一项旨在资助和奖励土木工程防灾减灾领域青年人才的公益性学术基金，面向对象主要是本科、硕士博士研究生及博士后留学生。

两项基金成立了，但是如何联系校友？如何在校内进行获奖者评比？如何管理基金？这个把“基金资金”与“真正适合获得者”对接的任务落在了建工七七基金的副秘书长——杜永峰的头上。从1996年建工七七基金成立，20多年过去了，杜永峰搭起了两项基金管理的构架，通过跟踪观察、比赛评比认真遴选每一个被资助的师生，有人说，他就像一位父亲，拉扯着基金长大，操碎了心。

现在，杜永峰不管参加什么会议，都会在发言最后简单介绍这两项基金，他说，要让更多的校友知道，用在这两项基金上的钱不会浪费，要让更多的师生知道，有这么一个机会，大家都可以来争取。到2014年年底，建工七七基金总额累积已达538504.12元，先后资助了兰州理工大学土木学院和设计艺术学院 100 余名青年教师科研起步。双新基金已先后奖励资助防灾减灾领域国外博士后短期访问人员3名，奖励博士生、硕士生50余名，优秀本科生120余名。

介绍基金的时候，杜永峰总会说这多亏了校友，可是曾获得过双新基金特等奖的博士生王景玄说：“这份荣耀是特别的，奖项背后所承载的科研精神更让我难忘。正是因为杜永峰老师多年的爱与奉献，才会有今天的双新基金。当我想起自己是基金获得者的时候，会不由自主地想起杜老师，想起他的精神，这将继续鞭策我前进……”

（朱莉萍）

勤耕谦育40载 创办日语新专业

张永义，1955年生人，甘肃省合水县人，中国共产党党员。本科毕业于大连外国语学院日本语言文学专业，研究生就读于华中科技大学高等教育学专业。1978年分配到甘肃工业大学工作，是兰州埋工大学日语学科的专业带头人。

曾任学校外国语学院书记兼副院长、甘肃省高校高级职务翻译系列评委会委员、甘肃省高校高级职务评审委员会外语学科组组长、甘肃省外语研究会常务理事等职。

在校期间，张永义主要从事日语语言学、词汇学和教学法等方面的教学和研究工作，已公开发表学术论文60余篇，主编、参编教材5部，主持、参与教学科研立项20余项。先后荣获全国教育系统先进工作者、全国高校优秀思想政治教育工作者、机械电子工业部“三育人奖”先进个人、机械电子工业部优秀科技青年、甘肃省优秀教师“园丁奖”、甘肃省教学名师、甘肃省高校优秀思想政治工作者、甘肃省外语教学研究会优秀论文科研成果二等奖、日本国际交流研究所优秀指导教师奖等荣誉。

40年的工作生涯，张永义勤勉耕耘在教学科研一线，培养了大批日语人才，研究成果丰硕。在他的讲述下，记者仿佛身临其境，进入了张老师不凡的工大岁月，感受到那份炙热的激情。

大土包、土操场，没有动摇他从教的信心

张永义本科毕业之后，按计划分配到第一机械工业部，之后到甘肃工业大学任教。他说，当时兰州的整个城市环境及工大的办学条件，确实没法儿与东部的城市和学校相比。

当他背着沉重的行李，从火车站到小西湖下车时，发现没有通往学校的公交车。一路打听，他一直走到了甘肃工业大学。张老师笑着回忆道："当时学校大门左侧都是大土包，一号楼前这条路两边全是土路沿，几乎看不出柏油路来……星期六晚上看电影，就在现在的本部篮球场。当年是土操场，人们早早搬来砖头当座位占位置，不刮风还好，一旦刮风可想而知……"他曾心生疑惑，这真是一所大学吗？

一段时间后，甘肃省准备筹备成立外事办，人才急缺，要调张永义去那里工作。知道这个消息以后，学校领导和教研室老师们的真挚挽留，让他最终铁了心留在这所简陋的学校，留在他所热爱的三尺讲台。这一留，就是40年。40年间，他见证了工大的风雨，也见证了学校发展的每一步。

特殊的第一堂课，坚定了他创办日语专业的决心

改革开放急需外语人才，尤其是学校的理工科老师需要出国学习深造，上课培训任务量大。刚开始，张永义主要承担全校教师的日语教学任务。他说，当时的外语教研室是"十几个人，七八条枪"，科班出身的英语老师没有几个，大部分是从土木、中文改行过来的年轻老师。老师们的课堂教学，都靠自己摸索总结。

张永义记得，他第一次走上讲台是在一号楼的阶梯教室，面对的是学校近百名教职工。在短暂的局促后，他深吸了几口气，回想着自己老师的讲课方法开始上课。由于大学时代打下了扎实的粉笔字功底，当他写下漂亮整洁的板书时，全场"学生"为之震惊。一节课下来，汗水湿透了他的衬衫。就这样一次两次慢慢累积下来的讲课经验和老教师们的指导鼓励，使张永义一天天成熟起来。

1995年，学校的办学规模不断扩大，张永义萌生了想在工大开办日语专业的想法。万事开头难，日语专业当时在甘肃省尚是一片空白。申请学科建设的过程中，张永义得到了学校的支持，针对如何做好师资队伍建设、制订学生培养计划等，不断外出培训调研。当年，张永义利用假期拜访毕业的学生，苦口婆心地希望他们留在工大，为西部发展做贡献，从学校的发展前景到待遇问题等，逐一阐述，语重心长。通过不断的努力，经甘肃省审批，教育部备案，1999年，甘肃工业大学日语专业破茧而出。

如今，学校已招收了19届日语专业学生，为国家输送了大量的人才。没有一份努力是苍白的，经过多年的奋斗，学校的日语本科专业在甘肃省最早创立，师资队伍实力也是甘肃省高校最强。学院现有中国日语教师12名，其中，张永义是甘肃省唯一一名日语学教授。

桃李不言，下自成蹊，他对学生如数家珍

张永义说，他最大的幸福就是看到学生们一天天在学识、言行、思想上的变化进步。他印象尤为深刻的是，第一届学生中，一名已经大四的学生，无论刮风下雨，每天早上7点到8点，在一号楼四楼的天台上，雷打不动地读文章、背单词，一直坚持到毕业。那个学生学习、钻研的劲头，让他至今难以忘记。还有一名1998年招收进来的定向生，家庭非常贫困，每天学习到凌晨1点多。毕业后，该学生被美国、英国、加拿大的几所大学同时录取。

“40多年的教学过程中，我们培养出许许多多的优秀人才。我觉得二本院校培养出的学生水平不一定就比重点院校差。我们的学生有考取联合国同声翻译的，有在商务部做翻译的，有在新华社工作的。有一位学生，当年去中国机械进出口总公司做翻译，取代了北京名校毕业的学生。还有的学生考取了京都大学、名古屋大学等国外知名大学的研究生，等等。”张永义如数家珍，“学高为师，身正为范。作为一名老师，不仅要对教学工作舍得投入，还要潜心做学问，潜心研究教学，爱生如子。师生情谊深似海，学生们以后一定会感激老师的。”

为了学生们更好地发展，了解日本文化，打牢学习基础，张永义直接与日

本的高校和语言研究所联系协商，让学校学生参加日本的日语能力考试。日语系的贾永胜老师作为张永义曾经的学生，现任教于兰州理工大学日语系。谈起张老师时，贾永胜的感激之情溢于言表：“张老师是我当初选择职业时的指路明灯。”

贾永胜回忆说：“记得当时，每节课张老师都会为我们安排一些日语口语训练的演讲，演讲稿每次都会做反复的修改，确保每个人都理解其中的语法知识点，这些做法确实对口语提升帮助很大。张老师还经常鼓励大家积极参加中华日语大赛等各种竞赛，尽可能地拓宽学生的国际视野。”当年，他参加一项中华日语大赛，准备的一个月时间里，张老师每天指导，不厌其烦地纠正他的口语发音。他笑着说：“那段时间，我的舌头都是发麻的，但是张老师却毫无怨言……”张永义则说，课后与学生交流，给他们辅导帮助，感觉自己都年轻了许多。

老骥伏枥，岁月有痕，他仍奔走在教学一线

教育工作是一份崇高的事业，张永义为教学奉献了自己的青春与激情。如今60多岁的他，仍然奋斗在教育教学一线，为博士生教授第二外语，担任学校教学督导团的专职委员，用自己常年积累的教学经验，帮助同学们在枯燥的课堂里寻找乐趣。

谈起自己的教学思考，张永义格外兴奋：“一是提前几周甚至一个学期备好课，做好充分的准备；二是提前五六分钟以愉快的心情走进教室；三是注意着装；四是板书设计要合理规范，字迹正规清晰；五是讲解要有激情，声音洪亮，特别是重点部分，分析的时候，要逻辑性强、层次清晰仔细，讲明因果关系；六是观察学生反应，要眼观六路、耳听八方，遇到枯燥的理论，设法结合实际生活中有趣的案例，吸引学生的注意力；七是根据不同年级或班级，不断探讨研究教学方法；八是课后进行反思总结，取长补短。”兢兢业业的付出使张永义受到了同学们的一致好评与爱戴。

20多年党务和教学双肩挑，张永义乐此不疲。他每天早上7点就已经出现在办公室，哪怕是节假日，也是在办公室忙忙碌碌，敬业奉献的精神为青年教

师树立了良好的榜样。白驹过隙，如今的学校早已发生翻天覆地的变化，但是每一点进步，都倾注着老一辈工大人奋斗不息的汗水与心血。时光倒回40年，我们仿佛看到了当年那个儒雅的书生，信心满满地坚守在三尺讲台，勤耕谦育，步履铿锵，为实现理想抱负，在兰州理工大学这片热土上，奉献自己毕生的智慧与力量。

（郭莹玉　高雪倩）

捧着一颗心来，不带半根草去

袁桂慈，女，汉族，1952年9月生，江苏省启东市人，中共党员，教授。1977年毕业于甘肃工业大学工业企业电气自动化专业，并留校任教至今。曾任兰州理工大学电工电子实验教学中心主任，电工电子国家级教学团队党支部书记、主讲教师，学校教学督导团专家，连续10届全国电子设计大赛甘肃赛区测评组专家，甘肃省女科技工作者协会会员等。

负责和参加多项科研和教改课题，先后获甘肃省科技进步三等奖1项，省级教学成果一等奖2项。主编教材2部，参编3部，发表学术论文20余篇。先后获得省级教学名师，校级优秀教学奖、“三育人”奖、优秀共产党员称号等荣誉。

40多年来，袁桂慈始终坚守在本科教学的第一线，从事电工学、电子技术等技术基础课程的理论教学、实践教学及基础实验室管理等工作。主讲“模拟电子技术”“数字电子技术”“电子技术”等多门理论课程和“电子装配”“电子设计与制作”等实践性课程，制定了多门课程的理论及实践教学大纲和电工电子实验中心建设规划。

用一生的“孤独” 换取桃李的“丰收”

1978年，袁桂慈怀揣着对教育事业的热爱，第一次登上讲台。经历了知识荒芜年代的学生们，充满着对真理的渴求和对未知的憧憬。面对这些专业背景不同，甚至年纪比她还大的学生，袁桂慈深感责任重大，压力倍增。如何能精准地向学生们传输更多的知识，袁桂慈花费了大量时间与精力去不断摸索和实践。“要给学生一碗水，老师就要有一桶水。我的习题本在给学生答疑、改作业过程中，不断增厚，就是要把新的解题法和灵感补充进去，这本发黄的作业本我会一直保留。”袁桂慈满怀深情地说道。

袁桂慈经常为怎么上好一堂课而绞尽脑汁。课堂上她因材施教，根据学生理解的情况，随时调整授课内容，重组教材内容，精讲主要内容，延伸扩展，通过习题课将知识点融会贯通，并引导学生自己总结解题的方法和技巧。

她采用综合分析法或比较法进行教学，既省学时，又便于学生理解和掌握，效果极好。对于技术基础课，则以受学生欢迎的板书为主，辅以多媒体教学，像电机、控制等内容配以实物讲解，扩大授课信息量，提高学生学习兴趣，将知识的传授与能力的培养、素质的提高融为一体。碰到不熟悉的知识点时，袁桂慈就到处打听哪个老师在这方面做得好，带着自己的笔记本去听课，一遍听不懂，就听两遍、三遍，直到听懂为止，尽量减少同学们知识的盲区。“曾玲春老师曾经逐字逐句帮我改讲稿，现在翻看当初的讲稿，还非常感动！”在老教师的帮助下，袁桂慈的教学水平迅速提升。

袁桂慈常说：“作为一名老师，对待学生要尽职尽责，把所有知识毫无保留地传授给学生。我希望不仅仅是我，更希望所有老师都能够对自己身边的学生负责。”“如果我能一辈子站在讲台上为学生们服务，那将是我最大的幸福。”

在一次排球赛中，由于不小心，袁桂慈一只脚骨折了。但她放不下学生，在家休息了3天就回校上课了。“我总觉得，与其让我在家休息得难受，还不如到教室给学生上课。我这么一个闲不住的人，只有在上课的时候才能忘我，忘了疼痛。当时，我一进教室，学生们热烈的掌声让我瞬间忘记自己是个负伤的人，一下子就来劲了，上课更热情了。”

青年时期的袁桂慈，每周要上20个学时以上的课程，每学期听课50次以上。最忙的时候，一天要上8节课，这种疯狂的工作节奏有些让人“窒息”，可袁桂慈却乐在其中。

“常有人问我上课不累吗？说实话，累！但不管多累，只要站上讲台，面对学生，我就特别来精神，一切烦恼都没了，我觉得自己好像就是为当教师而生的。”正是这份对职业的使命感和对学生的责任感，使袁桂慈始终对教育事业充满热情，一步一个脚印地在教育路上奋战了40多年，让一批批学生看到了一个个色彩斑斓的世界。

生活中，袁桂慈对家人、朋友也是一片真情。父亲瘫痪4年，在她的照顾下没长一个褥疮；弟弟条件不好，她供侄儿上学。她说：“一个人如果对自己的父母兄弟不好，那他对别人好肯定是假的。”

袁桂慈一辈子没有结婚，谈及此话题，她回答得简单而坚定：“我没有时间，也没有精力考虑自己的事情，我的心都给了学生，我想把每件事都做到最好。”

用爱浇灌，一个都不能少

“我相信没有教不好的学生，只有没做到位的老师。”这是袁桂慈的育人之道。课堂上，她只要发现有一个学生没来上课，首先会询问班长这名学生缺席的原因，然后课后就去这名学生的寝室仔细了解情况，给其进行“强制性补课”，受此待遇的学生往往难掩兴奋激动，以至于很多同学说：“面对这样的老师，谁还好意思不学习呀！”因此，袁桂慈的课堂上，学生很少缺课，就是公共选修课，学生也是按时上课，其可谓，投之以桃，报之以李。

如果有学生成绩不理想，她总是打电话询问原因并想办法帮助学生提高成绩。袁桂慈会根据不同学生的认知水平、学习能力及自身素质之间的差异，选择适合每个学生特点的学习方法来有针对性地教学。她鼓励学生要发挥自己的特长，“工欲善其事，必先利其器”，她也会自掏腰包为学生购买一些爱好所须的器材。

“不是每一位老师都能修理歪瓜裂枣，您做到了；不是每一位老师都能让弟子一直难忘，您做到了。”这是一位学生发给袁桂慈的短信。学生们在给袁桂慈的短信中还写道："您的课丰富多彩，每个章节都仿佛在我面前打开了一扇窗户，让我看到了一个色彩斑斓的世界。""我不是您最优秀的学生，但您是我最敬爱的老师。"每一条短信都流淌着学生对她的热爱和不舍。

"想让阳光播撒到别人心中，首先自己心中要有阳光。对待学生，我们要怀着真感情，要把学生看作自己的孩子，像对待自己的兄弟姐妹一样爱护他们、帮助他们。现在托他们一把，将来他们才会成为对国家和社会有用的人才。""一起学习，一起毕业，一起变优秀是最好的事情，一旦有学生被落下，甚至不能按时毕业，10年后、20年后的聚会有些学生不能到场，那该是多大的遗憾啊！"袁桂慈这样想，也是这样做的。

用心付出，做最有特色的实验室

1997年，袁桂慈任电气与信息工程学院电工实验室主任。当时的电工实验室是一个没有地基的小二楼，只有电工、电子、电机三个实验室和一个职业技能鉴定所，资产70万元，面积约600平方米。

同年，为了通过甘肃省高校基础课实验室合格评估，需要用几个月的时间把几十年积累的设备、器件、资料、环境整理清楚。袁桂慈把老父亲安排在小饭馆吃饭，自己全天候守在实验室，和同事们一起拼搏，在技术基础课部领导的支持下，顺利通过了合格评估。

2006年，为了迎接本科教学工作水平评估，电工实验室更新了实验设备，先后搬了两次家，面积大、设备多，搬家的难度也大了，为了降低搬迁过程中造成的设备损坏率，她一遍遍检查设备是否捆扎稳妥，提前将设备的安放、布线规划清楚，顺利完成了搬迁。当初70万元的电工实验室已发展成为拥有近700万元资产，1700多台套设备，11个实验室，近2000平方米面积的电工电子实验教学中心。

2011年，袁桂慈任兰州理工大学电工电子实验教学中心主任。她将焦点放在实验室创新性建设上。为了让学生体验到更好的实验条件，开阔眼界、开拓思路，袁桂慈先后走访调研了北京、上海、南京3座城市的8所高校，脑海中有了初步构思。

2012年，袁桂慈组织相关部门一遍遍修改方案、招标、装修、进货，费尽心血。她说，要保质保量，用最少的钱建最好的实验室。她做到了，两年的时间，在学校和院领导的大力支持下，建成了西北第一家100台（套）规模的片上可编程实验室。

2014年，实验室投入使用的当年就完成了16000人时数的开放实验任务，提高了学生学习和开发PSoC等可编程器件的能力，创造了有利的实践平台。

袁桂慈担任电工电子实验教学中心主任20多年，带出了一支吃苦耐劳、认真负责、能打硬仗的实验教学队伍。实验室承担了全校电类基础课的实验教学任务，年实验人时数达20万以上。同时，袁桂慈也注重实验教学改革，由她负责的“电工电子系列实验课程体系与教学模式、内容和方法的研究与实践”获甘肃省教学成果二等奖。她主持完成的“基于局域网的电工实验开放系统”适应了高校办学规模扩大、整合教学资源的需求，为开放式实验教学提供了一个行之有效的管理系统。

袁桂慈通过完善实验室的各项规章制度，实施规范化管理，使实验室的各项工作都走到了全校乃至全省的前列。电工电子实验教学中心先后多次被评为校级先进单位。2008年，以电工实验室为主的电子电气实验教学中心被评为省级实验教学示范中心，2017年被评为国家级实验教学中心。

传授知识的同时，袁桂慈注重对学生道德、修养、素质等方面的培养。她的一举一动时时刻刻感染着、感动着一代代红柳青年，几十年如一日，扎根西北，践行“奋进求是”的校训精神，用执着与顽强，在平凡的三尺讲台上书写着无悔人生。

陶行知说：“捧着一颗心来，不带半根草去。”这或许是对袁桂慈教授最贴切的描述吧！

（潘彩燕　杨利新　宁澈　杨文静）

和土木工程打交道34年

朱彦鹏，兰州理工大学博士生导师，负责的“西部恶劣环境下土木工程防灾减灾研究”入选教育部长江学者及创新团队发展计划。和土木工程打交道的34年来，敢于迎难而上的性格，让他攻克了不少科研难题，为甘肃经济建设发展做出不少贡献。他始终秉承一个信念：工程上的问题没有正确的解法，但有更好的解决办法。

“认准一件事，要做就一定要做好”

1978年，18岁的朱彦鹏成为庆阳宁县的高考状元，被当时的甘肃工业大学土木专业录取。从对这个专业完全陌生到产生浓厚兴趣，朱彦鹏说要归功于他的理论力学张润生老师，张老师课讲得非常好，概念清晰，让他明白了土木工程专业有多重要，发展前景很好。“我有个习惯，认准一件事，要做就一定要做好。”朱彦鹏说，从那以后就对土木工程感兴趣了，从开始到毕业他一直保持全年级前三名的成绩。

1984年硕士研究生毕业的朱彦鹏回到母校土木工程系任教，他把关注点放在科研方向要跟西部发展建设紧密联系上。当时在土木工程方面做结构研究的人很多，但触及岩土和防灾方向的人极少，发现这一空白点，他就开辟岩土方向的研究，从建筑的深基坑开始做，再到滑坡、泥石流的防治，湿陷性黄土的高填方研究，从实践证明可以看出，这些空白领域的研究突破，对于建造飞机场、造地、高速公路建设等都有重大意义，朱彦鹏发现了这个科研增长点，带着学院一大批人朝这个方向发展，这也成为兰州理工大学土木工程学院一直以来的特色所在。

“削山填沟造机场，让不可能成为可能”

朱彦鹏已经在土木工程这个领域工作了34年，研究方向始终紧紧围绕西北地区的开发建设。“我们这里多山丘，要发展经济，基础建设必须跟上，这就得平地，并且要提前解决之后可能会出现的沉降、滑坡等一系列问题。”也正是这些年来西部开发的契机，让朱彦鹏这个敢于挑战的人有了更广的科研领域。

陇南成县机场就是朱彦鹏所带领的科研团队创新成果的范例。陇南多山地，想找到一块具有5公里跑道的平坦地形非常困难，2012年甘肃省民航机场集团提出，准备在成县附近的丘陵地带削山填沟建造机场。朱彦鹏带着七八个学生在陇南待了一年半，夜以继日反复进行实验、查找资料，最终攻克了这一难题，解决了用粉质黏土填充可能造成的地面沉降及边坡不稳定的难关。

现在成县机场已经通航一年，根据无线发射监测的数据显示，机场运行情况一切正常。朱彦鹏所带领的团队也出版了应用于这种建设的高填方分析与稳定性的专著，并且获得多项国家专利技术。至今朱彦鹏还清楚地记得，2018年3月成县机场正式通航时，场面非常壮观，周围有4万人赶来观看，陇南很多人是第一次见到飞机。

“踏踏实实做事，不要好高骛远”

“我们学的东西就是要跟着地区经济发展建设这个主战场走，现在不是没有问题，而是有没有能力发现它并解决。”朱彦鹏说，随着西部大开发脚步加快，现在工程建设上，还有很多问题亟待解决，将所学理论运用到实践中，并为其他类似项目服务，那才是科学研究的价值体现。做得越好信心就越足，也许有时不能解到完全正确，但要追求解到更好。

由朱彦鹏负责的“西部恶劣环境下土木工程防灾减灾研究”入选2013年教育部长江学者及创新团队发展计划，2018年获得滚动支持。这也印证了朱彦鹏是一个敢于突破的人。

年近花甲的朱彦鹏说：“我在学院经常给年轻人讲一句话，不要觉得自己已经很有成就，要踏踏实实做事，不要好高骛远，永远保持危机感才能走得更远。”

“今后我要做的是把研究的东西留下来，让这些理论转化成对社会有用的生产力，不要让后人再做重复研究。这也就算我这辈子没白学、没白干。”

（夏苗）

科教并举谋创新　立德树人育英才

王秀丽，1963年出生于辽宁沈阳，中共党员，现任兰州理工大学空间结构研究所所长、国际空间结构与薄壳结构会员、中国土木工程学会空间结构委员会委员、中国钢结构协会专家委员会专家、中国建筑金属结构协会专家委员会专家、中国钢结构协会空间结构分会常务理事、中国钢结构协会稳定与疲劳分会常务理事、中国钢结构协会检测鉴定专家委员会常务理事。担任国内核心期刊《空间结构》杂志编委、甘肃省土木建筑学会建筑结构分会副主任委员、甘

肃省钢结构专业主任委员等职务。这些头衔既是对王秀丽富有创造力的科研天赋和严谨细致的工作态度的肯定，也是她多年来锐意创新、科教并举，全方位服务社会经济发展的集中体现。

勤勤恳恳求学问，兢兢业业促革新

王秀丽出生于东北沈阳，但她学于西北、成于西北、献于西北，与西北大地结下了深厚的感情。正如王秀丽所说："沈阳是我的故乡，工大是我的家。"工大成就了她，而她也为工大的发展贡献着自己的力量。

1984年，王秀丽从甘肃工业大学工业与民用建筑专业毕业后留校任教，并在老师的鼓励下继续攻读结构工程专业硕士学位。在谈及这一经历时，她自豪地说："当时的研究生人员真的很少，我们那一届只有8个同学，而我是唯一一个女同学，也是兰州理工大学土木工程学院第一个女硕士研究生。"在攻读硕士学位期间，王秀丽积极学习专业知识，加强科研能力和创新能力。她说："硕士研究生对一个人的人生成长过程来讲，就是从设计工程、工程系统进入科研系统，这个过程非常有收获，在兰州理工大学有我们努力的痕迹，也有我们成功的喜悦。"经过4年的不懈努力，王秀丽顺利取得了硕士学位，同时也成为兰州理工大学最年轻的破格晋升的教授。她始终坚持"学无止境"的态度，继而在哈尔滨工业大学攻读结构工程博士学位，生活与学习在她这里似乎是甜蜜而又和谐。2004年夏天，王秀丽获得博士学位。

王秀丽用坚持和努力，不断丰富自己的专业知识，用实际行动证明了她对这份事业的热爱。她在采访中讲道："我对于专业知识的感受就是从原来一无所知到后来的理解、喜欢、热爱，一直到最后的一种执着。"也正是因为有这份执着，她作为一名博士生导师，时刻坚守着服务社会、服务学校、服务学生的信念。为了调动学生的学习主动性和科研积极性，她在每一个教学过程中都积极进行改革，多方面地寻求资助，大力支持同学们更好地进行实验研究活动。王秀丽总是鼓励同学们参加各种知识竞赛和学术活动，并带领学生进行实践考察。在她看来，这就是成长的必经之路。这些举措使学生的教学实践项目更加丰富多彩，教学内容也更有活力，大大提升了学生的学习兴趣和创新意识。

王秀丽坚持在课堂上拓展延伸、推陈出新、寓教于乐，促进学生学以致用，深受学生爱戴。为了让初入大学的本科生尽快了解自己所学专业，她和同事们共同开设了土木工程概论课。她说："土木工程概论课是由我们学院的教授开课，对学生进行入学教育的深化，使学生对这个专业从'不知道'到'体会到'，最后树立自信心，真正实现能够为社会做贡献。而且，我发现，学完土木，人会变得心胸开阔，会觉得自己所做的事都是大事，所以这个专业对个人的熏陶也非常重要。"学科自信、专业自信是她一以贯之的育人理念。

情系学子行师表，倾心育人结桃李

如今，王秀丽已经在兰州理工大学这片热土上耕耘了38年。她坚持以学生为中心的教育理念和以身作则的敬业精神，用踏踏实实做人的人生信条激励学生、影响学生，共培养了130多名硕士研究生、近20名博士研究生。多年甘为人梯的奉献让她桃李满天下。她的学生中，有的从事着同她一样的育人事业，有的已成为其他岗位上的中流砥柱。每每回忆起这些可爱的学生，王秀丽的脸上总是挂着欣慰的笑容，她赋予了学生成就感，学生也让她充满了幸福感。

吴长老师作为王秀丽曾经的学生，这样说道："王老师对待我们就像家人一样，记得有一次，得知土木工程学院2011级学生胡昌奇同学生病需要捐款时，她非常难过，并带头捐款。她还倡议空间结构研究所的师生为这位同学募捐，而且得到了很多研究所已毕业研究生的积极响应。她对生活的饱满热情时刻感染着周围的人。"正是这种"想学生之所想、急学生之所急"的奉献情怀，时刻激励着王秀丽本人，同时也为她的学生树立了榜样。

厚积薄发抓科教，立足实际出成果

万事开头难，谈及第一次站到教师岗位的时刻，王秀丽仍旧能感受到当年的那份紧张与兴奋。她深知自己上课知识积累不够，缺乏经验，遇到了备课时间长、授课内容少等无从下手解决的问题。后来在一次又一次的讲课过程中，才发现课程永远无法讲完，教学环节是一个把书本从厚变薄又从薄变厚的过程，也是每一个老师特别是青年教师需要不断积累的过程，只有实现对知识的融会贯通，学生才会感兴趣。唯有量变才能引起质变。她说："我一直坚信一种理念：只有做到真正热爱学生、关心学生、了解学生，通过改革教学方式，吸引学生注意力，才能提高学生的学习热情。"

多年来，王秀丽一直致力于大跨度空间结构与钢结构领域及结构工程减灾方面的教学、科研与产业服务工作，先后承担了200余项科研课题。其中，她主持和技术负责了国家科技支撑计划项目2项，国家自然基金资助项目4项，省级重大专项数多项，重大横向科研课题200余项。研究成果获得甘肃省科技进步奖十多项，省级教学成果奖5项，获得国家发明专利及实用新型专利10项，发表学术论文300余篇，其中SCI、EI检索50余篇，专著3部。主编、参编教材8部，并负责省级精品课程"钢结构设计原理"及"房屋钢结构设计"。先后获国务院特殊津贴，甘肃省教学名师、甘肃省优秀专家、甘肃省领军人才等殊荣。获全国青年教师讲课竞赛一等奖，多次获得省部级奖励、部级教书育人奖、甘肃省青年教师成才奖，被评为全省先进女职工、全省"师德建设标兵"。

王秀丽认为，这些成果离不开领导、同事的帮助和鼓励，还有教学过程中知识的不断积累，她说："只要我们不断积累，就会得到更好的成绩。"她在西部地区设计的一大批有影响力的空间结构与钢结构建筑就是最好的例证。其中，最著名的是极具特色的海豚造型嘉峪关气象塔。她说："由于该气象塔结构体系非常复杂，所以在早期，我们除了运用自主开发的软件及一些研究成果外，还以科研的方式与甘肃省建筑勘察设计院合作共同完成。"再如，兰州中川机场航站楼大跨度（180米以上）立体桁架结构；跨度为100米的庆阳体育馆，在当时也是全省跨度最大的钢结构。这些项目都反映出团队合作的重要性及科研与工程关系的密切性，项目解决了大量的工程技术难题，为建设单位节约了可观的资金。她所负责的空间结构研究所已经成为甘肃省乃至西北钢结构与空间结构的研究与开发中心。相关工作极大地推动了西部大跨空间结构与钢结构应用及发展。

吴长深有感触地说："成果的背后是王老师及其团队敬业奉献的倾情付出。王老师经常和学生们一起加班做课题到凌晨，有好几次带病坚持工作，耐心细致地帮助学生指导论文和设计实验方案。这种求真务实、严谨踏实的科研作风和工作态度让人敬仰，这种忘我工作、乐于奉献的无私精神值得广大师生学习。”

百折不挠苦钻研，责无旁贷勇担当

王秀丽说：“科研工作是一个非常艰辛和困苦的过程，当然有苦也有乐。”通过坚持不懈的努力，王秀丽在很多项目上攻克了现有技术的局限性，克服了一个又一个技术难题。特别是在解决舟曲泥石流问题上，如何在国内一些相关结构体系有限的情况下，探索一种新的结构体系；如何用更先进的方法去解决这项工程难题，成为摆在课题组面前的一项难题。

面对规模庞大的调查研究工作，王秀丽和课题组成员开始了“5＋2”“白加黑”的工作模式。他们集思广益，通过不同专业领域的人员和不同的工作思路，对同一个问题提出各种解决方案，反复论证、总结、实验，反复试验，百折不挠。新型结构体系前所未有，方案几乎一个个被否决，只能是在一次次失败的实验中总结经验，提出新的解决方案，通过锲而不舍的努力，最终克服了技术上的难题。

接踵而来的是技术推广的困难，新的结构体系需要得到设计单位的认可才能应用于工程实际。王秀丽带领自己的团队多方解释，免费设计，现场服务。在此基础上产生了一系列创新成果，完成了相关的标准图集和审计规范，获得了设计单位的高度认可，克服了单一结构体系的局限，丰富了泥石流防治的技术手段。

不仅如此，王秀丽在各项工程的结构冲击研究中，还开辟了新的研究领域。她说：“科研工作有苦有乐，苦的是过程，乐的是结果，更多的是我们的研究成果能够最大限度地造福社会，这才是最大的收获。”

聚一分热，发一分光。作为一名共产党员，王秀丽时刻牢记一名共产党员的使命和宗旨。作为承担国家“十二五”科技支撑项目、“地震扰动区重大滑坡泥石流等地质灾害防范与生态修复”重大科技项目和国家自然科学基金项目的负责人，2010年甘肃舟曲、2012年甘肃岷县特大雹洪泥石流灾害发生后，她都在第一时间带领团队赶赴灾区，开展灾情调查，为当地的救灾工作提出合理建议，为百姓的安危贡献自己的力量。

谈及舟曲泥石流灾害，王秀丽说：“舟曲泥石流发生在咱们甘肃，我们责无旁贷。”这是她对家乡的热爱，也是共产党员的责任与担当。无论是2008年的汶川地震、2010年的舟曲泥石流，还是岷县、漳县的地震和泥石流，王秀丽每次都为灾区捐款捐物。不仅如此，她还深入现场，为救灾工作提供自己专业上可以解决的技术咨询，王秀丽为灾区的人民贡献了自己的力量，也为学生们日后的工作生活起了模范带头作用。

一流业绩迎校庆，与时俱进立新功

今年是兰州理工大学建校100周年。王秀丽回忆道：“2012年我和学生有幸参加了兰州中山桥提升维修加固工作，负责整个桥梁钢结构部分的计算和提升过程的分析。在查阅资料的过程中我们发现，学校土木学院老系主任在1958年带着当年的团队在中山桥原来的梯形桁架上增加了一个拱形桁架。时隔53年，中山桥维修加固项目再一次找到了兰州理工大学，这是我们为兰州市做贡献、创造兰州历史的机会，我们深刻感受到大学对城市发展和社会服务的至关重要性。”

自信乐观的王秀丽说道：“马上就是我们工大建校百年了，一所大学的历史积淀非常重要，一方面是知识和实力的不断积累，另一方面是文化底蕴的不断丰富，未来的工大一定会在这样一个丰厚而又坚实的基础上腾飞。高校是社会发展、人才培养和科技创新的重要启动点，随着国家‘一带一路’建设不断推进，兰州作为西北段的城市重镇，将为工大提供更多的机遇和更大的发展空间。作为工大人，我相信学校的发展一定会越来越好，工大的历史终将镌刻在创西部一流、育时代英才的中国教育史册上。”

（吴宏川　高军礼　程飞娟）

躬耕教育沃土　收获桃李芬芳

陈叔平，男，汉族，浙江新昌人，1964年5月生，教授，正高级工程师，博士生导师。1984年7月毕业于华东石油学院机械系石油矿场机械专业；1990年10月至1999年12月在兰州真空设备厂从事技术工作，历任高级工程师、炼化技术科科长、公司董事等职务；1999年12月调入兰州理工大学，在过程装备与控制工程系从事教学科研工作至今。

多年来，陈叔平还兼任了兰州理工大学教授咨询委员会委员，兰州510所真空低温技术与物理国家级重点实验室学术委员会委员，全国锅炉压力容器标准化技术委员会低温容器工作组成员，中国计量测试学会真空计量专业委员会委员，黄河三角洲学者特聘专家。

一颗严谨求实心让学生永远铭记

陈叔平到兰州理工大学工作不久，就被任命为过程装备与控制工程系主任。他团结带领全系教师完成了过程装备与控制工程国家级特色专业、卓越工程师教育培养计划试点专业建设工作，成功申报了过控专业省级教学团队，通过了工程教育专业认证，先后取得制冷及低温工程、安全技术及工程硕士点和化工过程机械、制冷及低温工程博士点，完成了油气储运工程新专业建设。带着满腔热忱，他用16年的岁月谱写并见证了过控专业的建设与发展。

陈叔平在企业从事产品开发与技术管理工作10年，有丰富的工程经验，深知实际项目是培养学生解决复杂工程问题能力最有效的方法。在教学中，他总是让研究生做实际的科研课题或安排到合作科研院所参与实际工程项目进行锻炼，依托实际科研课题培养科研能力，在“真刀真枪”的科研中培养严谨求实的工作作风和职业道德。

校园里的学生往往缺乏实践经验，在做实际课题的过程中，老师要付出很多的努力，陈叔平总是无怨无悔，乐此不疲。他常说：“实际工程问题，容不得半点马虎，更不能造假。”这些要求和原则都深深影响着学生们。一位自以为专业很过硬的学生，自信地提交了一份设计图纸，认为一定能得到老师的肯定。没过多长时间，陈叔平带来一份批改得密密麻麻的图纸，这位同学顿时被陈老师丰富的经验和专业知识、严谨的治学精神所折服。十多年过去了，他仍保留着那份被老师批改的图纸，常常以此事告诫自己要严谨认真、踏实仔细。

长期在一线从事教学工作，陈老师结合自身工程实践经历，以学生能力培养为目标，以理论联系实际为主线，以教学科研为手段，形成了自己的教学理念与方法，取得了良好的教学效果，先后获得学校“三育人”先进个人、教学质量优秀教师、科技创新先进个人、优秀共产党员等荣誉称号。

一套教学独家秘籍体现师者苦心

“工程热力学”是过控专业公认最抽象、最难的课程之一，而陈叔平主讲的工程热力学课堂往往谈笑风生、座无虚席。

他打破了原有教材呈现的次序，结合自己的经验和思考，总结了一套适合学生理解的教学体系，课堂中沿着各个热力学原理之间的脉络徐徐展开。学生们不但可以厘清热力学的脉络，而且对热力学有了更系统的认识。

热力学涉及的公式繁多，很难记忆，为此陈叔平在黑板上开辟了一个固定区域，每堂课前十分钟都将之前推导的并与当堂课程相关的公式再次快速整理一遍，如此反复，环环相扣。一学期下来，一些重要的原理和公式大家早已烂熟于心，可以做到信手拈来，不经意间真正转化成了自己的知识。更重要的是，陈老师的课堂非常生动，每次讲完理论，他总要找一个案例进行分析，并形成结论，将生活中不起眼的现象从热力学的角度去推演解释，使学生茅塞顿开。一门课程结束，学生记住了许多与现象关联的结论，看到现象，就会想起结论，想起结论背后的案例分析，以及支持分析的理论原理。这种理论原理、案例分析及结论三位一体的教学方法，不仅实现了理论知识与实际应用的有效结合，还大大提高了学生的学习兴趣，使学生在轻松掌握知识的同时，其创新性思维得到了有效启发，其分析解决问题的能力也得到了提高。

结合多年来的教学经验，陈叔平将工程热力学的内容总结为“12345”，即1个系统、2个定律、3种介质、4个过程、5个循环，用这5个数字代表热力学的全部内容。

毕业设计是最重要的实践性教学环节，陈叔平在指导本科生毕业设计时，要求学生系统地应用数学、工程基础、专业基础等理论知识及相关专业软件，在应用知识过程中培养解决问题的能力，同时也培养应用知识的习惯。其中，“扫描式阅图”便是被学生们津津乐道的趣事之一。

面对复杂的工程图纸，他要求学生从不同角度和侧面去看图纸并示范讲解，例如，第一遍看特性表及技术要求，第二遍看明细栏，第三遍看结构，第四遍看尺寸，同时要扫描式地从头看到尾。如此反复多次，学生对图纸中反映的信息便有了全面的理解与掌握。

在每年带学生去外地的生产实习中，陈叔平在车间也会要求学生从不同层面去了解设备，实习结束后与大家一起梳理总结，加深实习印象。

一份热爱诠释科教融合经典

科研是教学的“源头活水”，如果没有科研做支撑，大学课堂教学就会失去“灵魂”。

陈叔平始终强调科研对教学的支撑作用。他认为，具有较高科研水平的教师，也必然会对教学内容理解得更为深刻透彻，对知识的把握更为准确，教学更易做到“深入浅出”，教学质量也应该更好。“只有教师自身在科研工作中具备了解决复杂工程问题的能力，才能指导学生去形成解决复杂工程问题的能力。”陈叔平说，通过科学研究，教师才有足够的、新颖的成果及方法贯穿到教学活动中，源源不断地为课堂教学注入活力，使教学内容变得更丰富、更实用、更具个人特色。

他常说：“光是讲课，几年下来就索然无味了。只有将教学延伸到科研，才能使有限的课程教学成为无限的事业，成为终身职业。”陈叔平鼓励年轻教师做好科研工作，教学中有科研，科研中有教学，只有科教融合才能培养卓越人才。

本着对科研的那份热爱，陈叔平承担了国家“863”计划项目、甘肃省科技重大专项、国家自然科学基金项目及企业合作项目60多项。先后主持开发了“$6m^3$艇用液氧试验贮罐”“空间温湿度模拟试验舱”“卫星贮箱正压漏率检测系统”等产品，直接应用于军工、航天工业，取得了显著的国防效益；与20多家企业建立了良好的合作关系，合作开发了“大型LNG球形储罐”“橇装式LNG加气站”等低温贮运设备系列产品，服务于国家及地方经济建设，为企业带来了可观的经济效益。

他研发的项目曾获得甘肃省科技进步二等奖、甘肃省新产品新技术成果二等奖、国家机械工业科技进步三等奖等奖励。授权专利6项，其中国防专利1项，发表论文80多篇。形成了低温储运技术与设备、低温传热技术与设备、空间热防护技术等科研方向，为学校“制冷及低温工程”学科的形成、建设与发展做出了重要贡献。

（姚淑婷 朱莉萍）

业精于勤 行成于思

叶进，汉族，1958年2月出生，湖北随州人，中共党员，全国优秀教师，全国优秀思想政治理论课教师，甘肃省“四个一批”理论专家。兰州理工大学马克思主义学院教授、思想政治教育硕士生导师，兼任甘肃省精神文明研究会副秘书长。自1982年毕业后，凭借其优秀的表现，在甘肃工业大学留校任教；1994年10月赴俄罗斯诺沃切尔卡斯克国立工业大学工作一年。曾任学校“两课”部直属党支部书记、主任，学校党委宣传部部长。

恢复高考给了我不一样的人生

叶进先后在《高校理论战线》《思想政治教育导刊》《甘肃社会科学》《求实》《光明日报》《中国教育报》等国家权威、核心和省级报刊上发表论文及文章200余篇，公开出版专著及教材20余部，并有多项科研成果获奖。其中一项科研成果获第六届世界华人论坛暨有成就教育家颁奖大会颁发的一等奖和教育科研奖；主编的《大学生成材学》获全国人事科研成果二等奖，连续多年获得省社科奖；两项成果获全国人文社会科学成果二等奖。

“多亏了高考的恢复，特别要感谢党和国家，感谢工大为自己提供学习和工作的良好平台。只有在校园里，才能找到属于自己的人生定位，实现自己的人生目标。”叶进深有感触地说道。把科研与育人结合在一起，不仅成为他最大的爱好，也使他找到了内心的平静。

谈起初入理工大的时候，叶进回忆道：“参加了1978年的高考后，就毅然选择了兰州理工大学焊接专业，当时全班35个人。”刚进校的时候，学校组织他们参观，还邀请清华大学教授、全国焊接首席专家潘际銮为他们做讲座。面对这个全新的开始，当时的年轻人都抱着满腔热血，铆足劲准备大干一番，报效祖国。

叶进和其他人一样，在这个令人充满动力的地方，开始了一生中最重要的事业。“当时的学风特别棒，所有的学生都积极主动学习，连课间都认真地钻研。”叶进说，也正是当时这样一种严谨的学风，为他后来的发展奠定了良好的基础。

知识的积累一定要体现在科研能力上。大学期间，叶进作为优秀学生，经常参与老师的课题研究。留校以后，因为有一定的科研经历，所以他一边当班主任一边搞科研。叶进回忆道：“在搞科研的过程中，我深刻了解必须从最基本的抓起，而查资料是一切科研工作的基础。”

在1984年担任学生辅导员的过程中，叶进感觉到，光做科研是不够的，对学生的教育才是重中之重，教师要把主要的精力放在学生身上。他与学生建立起了良好的沟通机制，在学生中间广受好评。

叶进于2004年任人文学院院长。在此期间，学院发展面临着重大机遇与挑战，能否成功申报硕士点成为发展的一大考验。叶进勇挑重担，带领全院老师共同努力，凭借过硬的办学成绩、扎实的申报材料，以高分一举申报成功。学院从2007年开始招收硕士研究生，这为今后的发展起到了重要的推动作用。

至今，叶进仍在马克思主义学院继续奋斗着。他说，学院发展到今天实属不易，付出就有回报，几十年的辛勤耕耘，大家见证了工大的发展与繁荣。他对马克思主义学院成长进步感到欣慰，也对学院未来的发展充满信心。

研精致思　立足甘肃省社会经济发展

科研是教学的基础与保证。叶进在认真完成日常教学与管理的同时，积极学习，关注学科发展的前沿动态，努力提高科研能力。他先后主持并参与完成国家社科基金项三项，省市级项目十多个。因其深厚的学识和前瞻性的思维，被兰州市市委党校特聘为国家社科基金项目申报指导老师。其间，党校连续几年成功申报国家社科项目，在全国省会城市中居于前列。

谈起这么多年的科研经验，叶进认为，一定要关注甘肃省的发展，关注兰州市的发展，建立新的经济增长点，进行产业升级，就是要以工为主，大力发展甘肃省信息产业、旅游产业、制造业和石油化工产业等。这个想法后来也得到了课题评审鉴定专家的一致认可，在申请课题的过程中，叶进先从学校的课题开始，一步步攻下省里的课题、国家的社科基金项目。

自此之后，叶进更加关注甘肃的发展，积极参加各类学术会议和宣讲活动。他深入了解实际状况，收集更多一手资料，在解析不平衡不充分的发展矛盾及城乡发展的差距时，注重用数据来陈述事实，用实例来佐证理论。有一次，他用翔实的数据客观分析了兰州市三县五区的情况，听众豁然开朗，反响很好。还有一次讲座，叶进特意选择了大数据下的思想政治教育研究，引发了师生的热烈互动和深入思考。他说，社科研究要精益求精，立足我省实际，为地方经济社会发展做贡献。

知行合一　做中国梦的追梦者和圆梦人

“师者，所以传道授业解惑也。”叶进一直承担着思政教育理论课教学任务，年年超额完成教学工作量。教学过程中，他注重对学生的意识形态教育，坚持立德树人，以培育具有坚定共产主义理想信念的学生为己任，教学模式新颖，受到广大师生的广泛好评。其主讲的“思想道德修养与法律基础”课被评为甘肃省精品课程。

“好学近乎智，力行近乎仁。”叶进常对学生强调，求知是能力与修养提升的重要来源，力行是获取与检验真理的唯一途径。切不可把知行分作两码事，理论必须联系实践，中国共产党从诞生到发展深刻揭示了这一道理。要在生活学习中践行知行合一，做中国梦的追梦者和圆梦人。他说：“马克思主义原理课一定不能就哲学而讲哲学，这样只能让学生越来越糊涂，继而更加不爱听讲，必须把马克思主义原理与当代价值结合起来，帮助学生认知当前的世界，观察当代的中国，厘清人类的走向。只有以故事的形式讲述出来，才会在学生的脑海中留下深刻的印象，才不会把课讲死。”

做人做事做学问

《左传》曰：“太上有立德，其次有立功，其次有立言。”立德即是做人，立功就是做事，立言就是做学问，叶进强调三者之中，最重要的就是做人。他说：“习近平同志在用典中，曾强调‘才者，德之资也；德者，才之帅也’。只有这样，才能把做人做事做学问真正统一起来。”

“国势之强由于人，人才之成出于学。”自2007年担任硕士研究生导师以来，叶进身体力行，始终注重对学生的品格培养和长远规划，所带学生遍布全国各省，如今很多学生与他一样，奋斗在教育一线。

叶进提倡学习要劳逸结合，经常告诉学生，做好学问的首要前提是良好的身体素质。学术研究也不是成天只坐在书桌前就能完成，适当地放松，有利于更好地思考，要张弛有度。他时常跟自己的研究生在散步的过程中探讨学术问题，很多时候，一时想不通的问题，在行走的头脑风暴中会豁然开朗。他还是微信运动中的运动达人，行走步数经常居于榜单前列，常以此鼓励学生加强身体锻炼。

几十年的工大情怀，叶进对学校有着割舍不开的感情，始终用高尚的职业匠德和人格魅力塑造学生的品格，以德、才、情潜移默化地影响学生。扎根西北，扎根工大，他是传承弘扬红柳精神的实践者。

叶进说：“尽管学校的发展依赖于工科，但是文科也要把握好自己的特色，只有一流的工科、坚实的理科与特色的文科相辅相成，才能共同创造工大新的辉煌。建校100周年了，在这样一个喜庆的日子里，一定要总结过去，才能建设更好的未来！”

（郭莹玉　高军礼　高雪倩）

体育是一种精神载体

李重申，1942年出生，原籍上海。1965年毕业于西安体育学院，毕业之后在兰州理工大学从事体育教育教学工作。现任兰州理工大学丝绸之路文化研究会副会长、甘肃省敦煌学学会副会长、中国敦煌吐鲁番学会常务理事。中国科协体育史专家和学术带头骨干，上海交通大学、深圳大学、安徽师范大学、南京师范大学、西安理工大学、上海体育学院、深圳职业技术学院兼职教授，敦煌研究院特聘研究员，享受国务院政府津贴专家，教育部第一、二、三、四届全国普通高校体育教学指导委员会委员。曾在核心刊物发表论文200余篇，主编教材15部，完成专著10部，参加国家级课题8项，承担省部级等课题10项，获省部级社会科学二、三等奖8项。曾代表国家参加第25届巴塞罗那奥运会科技大会，多次参加国际体育史、敦煌学等国际学术会议和东北亚体育史学术会议。

“体育是一种精神载体，是心灵的一种寄托。任何一个民族的体育，显然都是这个民族的文化的凝聚和精神的外化。或者说，体育本质上乃是一个民族灵魂的感性化的寄托与展示。中国古代体育从本体到形态，从意象到样式等，都具有鲜明的民族、民间、民俗特色，既深受儒家文化的浸染，又表现出对佛、道境界的追求，体现出人文理性和传统文化的智慧。追寻中国古代体育的本体，是对体育的一种正本清源、一种文化寻根，亦即是对体育‘本质’‘本源’及其‘存在’价值和意义一次具体的论证。”这句话出自《中国古代体育图录》，这本著作的作者之一就是本文要介绍的文化名人——李重申。

李重申原籍上海，他在上海度过了美好的青少年时期，那时丰富的文化生活奠定了他多元的文化基础。因为从小热爱体育，加之优秀的身体和综合素质，他顺利地考上了西安体院学习体操专业，毕业之后又到兰州继续从事体育教育教学工作。他的人生，注定与西北这片热土结下不解之缘。记者见到李先生时，他刚从上海体院做完演讲回来，不顾舟车劳顿，热情地接受了记者的采访。虽然在西北生活了将近一个甲子，但他至今还带着浓浓的乡音。“体育是一个民族传统文化的重要组成部分，是一个民族传统文化的直接体现，其对于一个民族思想观念、民族精神、身体素质的形成有着巨大影响。体育是全人类共有的一种身体行为和文化。研究、传承体育文化，是保护多姿多彩的民族传统文化、丰富人类社会文化生活的应有之义。体育文化打开了一扇新的大门。无论是古代还是现代，体育从来都不仅仅是单纯的身体运动，还作为一种文化形态对社会的发展产生着巨大的作用。”

在普通人眼里，体育貌似是一个专业名词，跟专业的运动会、体育赛事和运动员有关，好像距离自己的生活比较遥远，其实，体育自古以来就与人的生活息息相关。李重申说：“体育是一种复杂的社会文化现象，它以身体与智力活动为基本手段，根据人体生长发育、技能形成和机能提高等规律，达到促进全面发育、提高身体素质与全面教育水平、增强体质与提高运动能力、改善生活方式与提高生活质量的一种有意识、有目的、有组织的社会活动。随着国际交往的扩大，体育事业发展的规模和水平已是衡量一个国家、社会发展进步的一项重要标志，也成为国家间外交及文化交流的重要手段。体育包含多种交叉学科和子学科，包括体育文化、体育教育、体育活动、体育竞赛、体育设施、体育组织、体育科学技术等。”

20世纪80年代，在某次政协会议上，李重申与敦煌研究院段文杰院长相识，段文杰先生邀请他一起去敦煌做考察，从此之后，李重申每年都会去敦煌做体育文化考察：“我在敦煌住过好些年，每次去一个多月或者几个月，每一个洞窟我都仔细研究过，越看越觉得我国古代的体育文化非常丰富而精妙。莫高窟在学者的眼中就像《红楼梦》对于红学研究者一样，是一个博大辽阔的世界、一个全景社会、一个斑斓的众生相。所以学者们也见仁见智，文学家能看到诗词歌赋，艺术家能看到色彩与线条，考古学家能看到历史沉积，而我作为体育学者也在敦煌石窟里看到了千余年来敦煌古代各民族岁时欢娱、民间游戏、民族竞技、休闲娱乐、军事习武、修身养性等世俗生活的诸多信息。”通过对敦煌壁画的研究，李重申整理了多年的研究成果，在2011年出版了著作《敦煌古代体育图录》。

研究敦煌体育就会不由自主地扩展到研究丝绸之路沿线国家的体育。此后，李重申的足迹遍布了中亚、南亚、西亚的古遗境、古建筑、博物馆、石窟寺等，了解了各国家各民族的风土人情，并获取了大量有关各个国家古代体育的资料。李重申说:“丝绸之路所留下的丰富的文化遗产，比如，游戏、娱乐、竞技等与体育相关的丰富遗存，为我们深入研究中西体育文化的传播与发展提供了宽广的空间。特别是在‘一带一路’倡议全面推进的大背景下，挖掘昔日丝绸之路沿线的体育文化遗存，对于东西方文明的交流，特别是中国和西方各国之间在体育文化领域的交流意义重大。”

除了体育科研方面的研究，体育教育也是李重申的重要研究和实践领域。“中国体育文化植根于中华文化的沃土之上，我们需要从传统文化的视角去审视体育教育，体育教育不仅仅是技能教学示范，更是道德传授、精神塑造。”谈起目前高校体育的现状，李重申显得有点忧虑，“多年来的实践教学让我感受到，我们的体育教育被限制在理论的知识性传授和形式的抽象分析方面，使体育教育成为悬浮在表层的纯技术性操作。这无论对体育的专业教育还是对高校的公共体育教育都是一种弊病。在专业体育教育中，这种模式所培养出来的往往是一些所谓技艺型的人才，而很难成为真正的体育教育或科研工作者；在学校公共体育教育中，它只能使人获得有关体育的种种简单知识和技术，而很难得到对体育的深层的认识和理解。造成这一状况的关键在于体育与文化分离，将体育作为一种科学的对象用科学的方法加以对待。但体育恰恰不是某种标准化的科学产品，不是可以用某种统一的理论模压成形的。体育就其本质而言，是特定文化的产物，是特定生命形态与生命方式的产物。”可以说，生命是体育的终极本体和最深层的动力，文化则是生命得以表现的一种方式。体育的存在方式，从本质上说，也就是人的生命的张力和文化的动作方式。他认为，学校教育如果一味重视文化成绩，把学生们变成考试的机器，那么他们的身体素质跟不上，其他一切都无从谈起。

李重申非常重视加强学校体育教育的改革和研究。他认为，学校体育教育的重中之重取决于体育教师的综合素质。他说："在我看来，体育教师的使命是由教师所承担的角色赋予的。使命不仅引导教师从事体育史学、学校体育学等方向的研究，加强学问的提高，还不断要求青年教师必须注重自身的道德修养。""真正的体育教育应该是最贴近生命本质的，体育之所以能深入人心，完全在于对生命的那种认真与执着。体育就是这样以人的生存意识为中心，反映人的身心的个性和人格。"

而今李重申早已迈入了古稀之年，但他探索的脚步却从未停歇，依然精神饱满地继续从事着他热爱了一生的体育事业。"由于传统和现实的各种原因，体育的发展和研究在我国还不尽如人意，作为体育学者认识到体育研究的紧迫感，让我即使在退休之后仍然不敢休息，我要把自己多年的体育研究成果写成专著出版，从观念上改变人们对体育的认识和态度，虽然还有很长的路要走，但我一定会坚持下去。"

（华静文）

投身教育天地宽，教书育人谱新篇

“在校学习期间自己接触最多，对自己影响最大的莫过于导师戴老师，他严谨认真的学术思想、爱岗敬业的工作态度和乐观向上的精神状态给我们留下极其深刻的印象。”戴剑锋教授的研究生如是说。

戴教授从教以来，热爱教育事业，有强烈的敬业精神和奉献精神，工作兢兢业业，严谨认真，以身作则，用自己的品德言行来教育影响学生，要求学生做到的他都率先垂范。他说，一分辛劳一分收获，大多数人的个体差异不是很大，影响一个人是否成功的关键在于是否具有丰富的知识储备、良好的个人素质，以及是否沿着正确的道路前进。

教师，被奉为“人类灵魂的工程师”。任教十几年来，戴教授一直告诉自己：心中有学生，师道自然明。他曾说过，学会做学问，首先要学会做人。戴教授对学生在思想上积极引导，学习上耐心帮助，生活上关怀体贴。经常利用课余时间与学生交谈，多方面了解学生的生活和学习状况，在沟通交流中培养学生与人交往的能力。

戴教授的研究生说：“我们研究生以应届生居多，社会经验缺乏，虽然经过本科阶段的学习有了一定的专业基础知识，但由于未曾走入社会，心理上正在经历一个转型期和断乳期，特别渴望得到导师的教诲和指导。在同学们相处过程中，不论是在实验室、办公室，还是参加学术会议，以及在师生聚会的餐桌上，戴老师都注意观察学生的言行举止，对于学生一些不当的行为，都会找适当的机会加以提醒。”

家庭是人生的港湾。家与学校是戴教授生活轨迹的一线两端。教学科研工作耗费了他大量的精力，每天工作十几小时，许多节假日、双休日都成了他的“科研日”“教学日”。在这期间，学生总是优先的，只要学生来咨询请教，他都会及时耐心地与学生共同探讨。与家人在一起的时间少了些，回到家里，总是尽量多做一些。家庭的温馨、妻儿的关心给了他很大的安慰和动力。

他的学生说：“戴教授敏锐的科学判断源自他渊博的知识，这正是激励我们刻苦学习的动力。每当学生在实验、理论计算中遇到问题，戴教授都会认真与大家分析研究，共同寻找解决办法。他经常告诉学生不要放过科学研究上的任何一个小问题，小问题中往往蕴含着大的科学或技术问题。”

常言道：“于细微之处见真情。”教师若能关注每一个学生的点点滴滴，学生也必定会热爱自己的老师，增进师生间的感情。在采访中，戴教授的学生这样说：“我在研一时，戴老师发现我性格内向，组织能力较差，不善于交流，他及时指出我的缺点，有意安排我组织小组会议，并告诉我组织时要认真规划，写出方案。在汇报工作及与陌生人交流时要打好腹稿，条理清晰。后来我在这方面的能力有了显著提高，多亏戴老师给了我这样锻炼的机会。有段时间我感到学习生活压力很大，心情非常郁闷，导师发现后说了一句话：‘地球上每个人头顶都有数百公斤的大气压力，只要习惯了，就不觉得有压力了。’老师的话让我豁然开朗，精神为之一振。”

在采访中，戴老师言谈幽默风趣，给我们留下了深刻的印象，他要求研究生一年级就开始阅读文献，对所读文献要求5个字“新、高、外、专、行”：“新”即指文献要新，特别是最近5年的文献，因为新文献报道的是学科的前沿和热点问题；“高”指文献的影响因子要高，文献作者的水平要高；“外”指应当读外文文献，因为大多数高水平成果甚至国内的研究成果多见于外文杂志；“专”指的是读专业杂志内的本研究方向方面的文章，避免阅读文献范围太广；“行”指研究方法和手段在我校切实可行。阅读文献要写读书笔记，并且鼓励学生写英文读书笔记，学习纯正和规范的英文表述方法，同时在读文献过程中提高英语水平。戴老师告诉我们阅读文献要经历“大惊小怪”“见怪不怪”和

“指手画脚”三个过程：在阅读最初几篇文献时，对学科不够了解，概念多、方法多、生词多，总觉得自己什么都不懂，什么都不会，“大惊小怪”；随着文献阅读量的增多，只觉得似乎别人把所有的工作都做完了，不能让自己的眼睛为之一亮，“见怪不怪”；随着进一步阅读文献，整理笔记，就会发现这个工作做得不够好，那个工作做得不够系统，或者某个新体系可以借鉴文献中的方法研究，即“指手画脚”。这样，就可以对学科准确定位，并找着正确的研究方向。

俗话说：“危难之时显真情！”当学生生病了，戴老师会主动送他们去医院；当学生心理压力大的时候，他会主动跟学生交流谈心；当学生成绩徘徊不前时，他会主动给补课……总之，当学生最需要的时候，戴老师都准时出现在他的面前。有句话说得好：“无欲则刚，不怒而威，举止有道。学生因亲其师，而信其道，这就是教师的人格魅力。”这是一种无形的力量，潜移默化地影响着学生。老师的关爱、宽容，会给学生带来极大的鼓励。戴教授就是这样一个人，关心帮助学生，与学生平等相处，与学生建立了相互信任、相互尊重、亦师亦友的探求知识的伙伴关系。面对这样的好老师学生怎能不“亲其师而信其道”呢？

韩愈说：“师者，所以传道授业解惑也。”其中，传道放在了首位，可见育人的作用之大。

在结束采访时，戴教授对我们会心一笑，这一笑让我们感到他对教育事业的那份热爱和执着。他还会继续在三尺讲台上默默地耕耘，尽心育人，从事热爱的教育事业……

（李波）

研究生需要手脑并用

“龚俊，男，身材魁梧健壮，做事干脆爽快。他充满激情，富有感染力，不仅是一位良师，更是一位益友！”

这是一位兰州理工大学研究生对自己导师的风趣评价，这位导师倡导研究生有空就要进实验室，每天学习11小时以上，虽然听起来要求很“严苛”，但是学生们都很喜欢他。

龚俊的主要研究方向在机械领域，他承担的国家、省级及企业的科研课题很多，这些课题他都强调硕士、博士研究生的参与。

龚俊拿出手机，上面有一个动画演示图，展示的是他和学生最新研究的“太阳能光伏板消灰设备”的工作图：一个车载装置通过上下擦拭，将太阳能光伏板表面快速清洁干净。

在以往，太阳能光伏板一般都靠人工用水来清洁，但是在我省这样一个缺水的地方，这种清洁方式不仅耗水，还耗费人工。

龚俊和学生们设计出了一个消灰装置，这个装置像一个大型的黑板擦，通过皮带带动，无须用水就可一次性完成光伏板的清洁。而且这套设备装在车上，可以一边走一边擦，与传统设备相比省水、省时、省人工。

龚俊说：“这个项目是我带着研究生一起完成的，所有的演示动画，还有样机的制作都有学生参与。最近我们想让这个装置变得更轻，学生们正在重新选择擦拭材料。”

做龚俊的研究生，就要经得起高强度实验室工作的“洗礼”。他要求自己的研究生每天学习11小时以上，把2/3的时间用在实验室里，寒、暑假如果没有其他事，最好能在实验室里度过。因为他觉得，只有大量的实验才能让书本知识变成解决实际问题的能力。

龚俊现在承担着太阳能斯特林发动机、高档数控珩磨机等4个方向的研究任务，这些科研课题都是国家级、省级重点科研课题，在这些项目中都能看到研究生的身影。

一般情况下，龚俊会将课题细化分解，交给不同的研究生团队进行研究，然后由他对研究内容进行把关。

经过参与科研项目的磨炼，龚俊的研究生在毕业后显得很不一样。今年他有6个研究生毕业，有4名继续攻读相关专业的博士。

翟延华是2010年毕业的研究生，他曾经跟着龚俊老师进行过遥控挖掘机的研发。在毕业参加一家知名的装备制造企业面试时，他从50名面试人员中脱颖而出，企业看重的就是他曾经跟随导师进行过有关挖掘机研究的“实战”。

龚俊办公室的楼上就是学生们的实验室，没事时，他更愿意在实验室和学生们一起度过，与大家一同讨论研究方案。

龚俊说:“对于研究生来说，用计算机软件进行的模拟分析，和自己动手做出来的实验结果有天壤之别。理工科的研究生不仅仅是要坐下来读书，更需要进入实验室动手，手脑并用才能磨炼出真本领。”

（李欣瑶）

育人一线的老兵新传

米海珍老师今年59岁，他已经从教30年了。他从小在民风淳朴的农村长大，自小就被父亲教导要做个正直的人。在村子里，不管是谁，看到别人家的孩子做“坏事”，他都要上前制止，否则就是不负责任。也许是成长在这样的环境中，米海珍老师30年如一日坚持在教学一线，为了学生的成长尽心尽力。他经常说，学生就像小树苗，园丁有责任修剪它，让它健康向上、茁壮成长。

米老师是一位教育战线上的老兵，2015年，他被评为兰州理工大学“师德标兵”，为我们讲述他的教学新故事。

教学为重 坚守讲台

米海珍老师30年的教师生涯全部是在讲台上度过的，他认为高校是培养人才的地方，教好课程就是最为重要的事。米老师每年都会带至少三门本科课程、两门硕士课程，前些年还带博士课程。从1997年开始，米老师在工大讲授本科的“弹性力学”课程时，就不断地思考如何提高这门课程的讲授质量，使学生学得好、用得活。从1997年开始的20多年中，他在讲好每堂课上下功夫，认真备课可以达到几近背诵的程度，他从各种渠道收集习题，以使学生便于接受、易于理解。米老师说，他非常喜欢讲课，愿意在讲台上为学生传授知识。

对于怎样讲好课，他有自己的心得。他说，首先自己要学好，基本理论要扎实，为了讲好弹性力学，他看遍了国内所有的有关弹性力学的专著，只要有新的专著出版，他会第一时间买来研读，哪怕这本书并不是学界认可的“好书”。“就算是我们认为写得不太好的专著，它的某些章节、某些论述可能都有闪光点。而这些可以提高我的认识，对讲课的方式方法很有好处。”米老师认为，给学生讲课要“千方百计”让他们听懂。“用这种方式讲学生听不懂，也许换个方式就懂了。作为老师要经常思考自己的教学方法，要真正为学生着想，让他们确实学到知识。当我找到一种方法让学生掌握了思路，我自己也会感到很兴奋。”

米老师讲授“弹性力学”和“基础工程”多年，但每次授课时仍坚持写细致的讲稿，每门课都会写出100多页的讲稿，展示给学生，与学生比本门课谁写得多；为提高授课质量，他很少使用较为轻松的PPT，而是以板书为主，公式推导细致、物理意义透彻、工程应用明确，能使学生更好地掌握这门课程，同时提高从理论上分析工程问题的水平和能力。在教“基础工程”课程时，自己收集、编写了上百道例题，涵盖了各种不同的工程背景，学生做了这些例题，课程的基本问题就都可以弄清楚了。

米老师非常注重学生对课堂教学的反馈，他基本每节课都会抽出几分钟时间与学生交流，聆听学生的问题，每次期末考试，他出的最后一道题就是对本门课程的意见或建议。他会根据收集到的学生的反馈，不断改进教材和教学方法。

通过研读各种教材，并在实践教学中不断总结，2001年米老师出版了自己主编的第一部《弹性力学》教材（重庆大学出版社），至2011年共改编出了三版，每次改版都做较细致的修改，使其内容更加精练、叙述更加简洁，更加便于教学。2013年此教材被清华大学出版社相中，邀他做改编后在清华大学出版社出版，新版加入了一些例题及从不同角度对某些问题的叙述，便于教学和读者自学，受到好评。

以研促教 加强专业建设

米海珍老师非常重视教学，同时也在进行科研工作，从1997年至今，他主持了30多项课题，国家级和省级科研课题有9项，发表和出版了诸多论文和专著。米老师会选择偏重生产实践、高水平的课题，尽量不做重复的课题，不浪费时间。在他看来，做好科研除了为生产服务，更应该为教学提供素材。米老师每做一个课题，都会总结实验过程和数据，用于课堂教学。

从1998年始，教育部对土木工程专业有了新的专业划分，自此他努力开拓并试建新的专业方向——岩土工程。那时，岩土工程方面的试验设备只有几十个土样盒、一个烘箱和几台单剪仪。为便于“工程地质”和“基础工程”实习与年轻教师的工程能力培养，需要一部价值5万多元的钻机，他申请论证了6次之多，耗时两年终于落实。为提升科研能力和教师水平，需要采购一台动三轴仪，自2004年开始，一直到2010年，6年间不断论证，他不断准备申请材料，终于成功。除了必要的设备，还要组建教师队伍，一直到最近四五年才基本成形，现在岩土与地下工程系已有12名教师，现在的系主任就是米老师当年的研究生。

米老师说，新建专业的工程相当艰难，其间他的思想上也有波动，但最终还是坚持了下来，他说他的个人生活已经与工作紧密结合在了一起。

现在他虽不亲手主持这些试验教学了，但土木工程学院已经有了较为完备的土工实验室，并有了相应的试验技术人员，土木工程学院的岩土工程方向目前教学和科研工作都朝气蓬勃。

培养师资 狠抓教学

米老师是现任土木学院年龄最大的教师，他带出了不少青年教师。米老师是学院督导团成员，对教师的要求相当高，他自嘲“说话难听”。他经常会检查青年教师的备课情况、听他们讲课。他认为，讲好一堂课的基本要求是要讲清楚重点和难点，如果有教师没有达到他的要求，他会当面直接指出。虽然不留情面，但这样才是真正地帮助他们。米老师认为，一门课至少要教过4遍，教师才能掌握这门课程，因此只要有机会他都会指导青年教师。米老师说："取得进步才是目的。虽然我讲话直接，但我是真诚的，我相信他们都能接受。"事实也是如此，在学院里，米老师与青年教师的关系都很好，这些教师大都受过米老师指导，他经常会与大家探讨教学问题。

米老师为研究生讲授"塑性力学"多年，此课程难度较大，他申请了建设课程，组成教学团队，团队中有两位是年轻教师，他们一起研究如何提高教学效果，为此，阅读了不论是综合性大学还是工科大学编写的所有国内的《塑性力学》教材，做了100多道习题，自己编写适合工科研究生的教材，最后这本教材为清华大学出版社看好而出版。

尽管如此，米老师还是遗憾没有抽出更多时间培养青年教师。"只有培养好了青年教师，才能培养好学生。"教好学生是米老师一直追求的目标。

关心学生成长　时刻不忘育人

不管是在讲课中还是在生活中，米老师都非常关心学生的思想状况。他几乎每节课都会抽出几分钟与学生闲聊，米老师认为这也是课。"每次看到学生精神状态不佳，我就按捺不住，一定要说上几句。我要让学生明白努力学到知识、提高自己的层次才是立足之本！"

米老师尤其关心后进学生。有一位2006级的学生"基础工程"课程的作业多次未交，他就找这位学生到办公室谈话，这位同学给出的理由是不爱这个专业也经常旷课。米老师耐心地给这位学生讲道理，又为他做了讲解和补习安排，之后这位同学有了明显的进步。

在2009年春米老师指导本科毕业设计时，有一位同学先是跟不上设计进度，到中期后基本不做了，他单独带这位同学在附近实地查看具体工程，讲解工程的重要性及社会经济价值，很快该同学就表示要认真完成毕业设计，结果按期完成了设计工作，顺利毕业。这位同学毕业后去了云南高速公路部门工作，次年还专门看望了米老师。像这样的例子有很多，不少学生成为他的朋友，在毕业后的相当一段时期还有来往。

文桃现在学校读博，他硕士阶段是米老师的学生。文桃说，米老师对他们很严格，经常会很严厉地批评学生。米老师对学生的论文经常会修改七八次，连标点符号都会改。米老师也会了解每一个硕士生的家庭状况，主动与大家沟通。“现在我与我妻子相隔两地，但是我们感情很好，这都是受米老师的影响。”文桃对米老师很是感激。

米老师说，要想教好学生就要付出真心和爱心，当你帮助学生、引导学生时，学生也会喜欢你，会努力学习你所教授的课程，进而达到良好的学习效果。米老师经常感慨：“教书是个良心活儿，娃娃们爱我、尊重我，就是我取得的最大成就！”

明年，米老师就要退休了，他将任职政府参事。米老师说，不管到哪儿，都要做好自己的工作。

（杨天雨）

教师要有“二心”

杨从新，留日工学博士，兰州理工大学能动学院教授，博士生导师。现任中国能源学会理事，全国泵标准化技术委员会委员，中国核级泵专家组专家、资深技术顾问，国家中小企业创新基金评审专家，甘肃省风力机工程技术研究中心学术委员会委员，中国可再生能源学会高级会员，兰州理工大学学术委员会委员。

在30年的教育生涯中，杨从新得出自己的一份秘籍，那就是做好教师必须有热心与责任心。他以自己求学路上遇到的老师为榜样，一次次地让自己和青年教师们感受到奉献的精神和力量。

无私奉献　教书育人

从1985年毕业至今，杨从新已从事高等教育30多年，从助教到教授、博导，除出国深造外，他从未离开过神圣的三尺讲台。

多年来，杨从新坚持为本科生开设“离心泵与轴流泵原理及水力设计”“水力机械测试技术”“专业外语”等课程，因教学成果突出，当年他以讲师身份被聘为独立指导硕士研究生的副导师，并在1998年的全校教学督导中，获得唯一的优秀奖。

2004年年底，杨从新结束日本留学回到学校，继续从事流体机械的教学与科研工作，回国后指导的第一届学生获得2005年学校毕业设计竞赛一等奖；同时继续为流体机械专业本科生开设“叶片泵设计”课程，并使得该门课程成为学生最受欢迎的课程之一。

2008年，杨从新协助学院创立风能与动力工程专业，建立了该专业的教学体系和学生培养计划，并于2009年开始招收学生，使得我校成为国内少数几所最早创建风能与动力工程专业的高校，目前该专业已毕业3届学生，共计200余人，就业率达95%以上。

回国10年间，杨从新连续指导流体机械、风能与动力工程两个专业的本科生毕业设计和课程设计，学生连年获得学校、学院毕业设计竞赛奖励。2009年，指导的研究生获得甘肃省大学生科技创新竞赛一等奖，杨老师获得优秀指导教师奖；2010年，指导的研究生在获得中国风能学会和德国舍弗勒集团共同设立的优秀论文奖，是国内“985”院校以外唯一的获奖院校，杨老师亦获得了优秀论文指导教师奖。

因教学效果显著，杨从新老师获得学校2007年度“三育人”奖；2013年年底，在有多名校级教学竞赛获奖者参加的能源与动力工程学院讲课竞赛中获得第一名。

完善自我　勇于创新

2000年4月至2004年10月，杨从新老师在日本鹿儿岛国立大学学习和交流，并获得机械工程博士学位。在日本留学期间，他连年获得日本文部省学习奖励基金的资助和全免学费的奖励，并作为留学生代表受到党和国家领导人的接见。

回国后，在省科技厅和学校的大力支持下，杨从新老师和他的同事们创办了甘肃省风力机工程技术研究中心，创办了兰州理工大学风能技术研究中心，参与创办了我国第一个国家风电设备质检中心。在多次国际学术会议和研讨会上，杨老师都做了专题发言；他出访流体机械研发先进国家，曾作为甘肃省技术谈判代表赴德国谈判，得到德国方面和省级领导部门的一致好评。

科研成果显著

作为课题负责人或技术负责人，杨从新老师完成、在研国家“973”和“863”项目、国家自然基金项目8项，主持、主研甘肃省重大专项2项，省科技攻关项目1项，省长专项基金项目1项及企业横向多项。其中2011年作为课题技术负责人参与的国家“973”项目——大型风力机空气动力学基础研究项目顺利通过科技部的验收，课题和整个项目均获得优秀评价，相关的SCI论文，也成为向科技部推荐的优秀论文。因第一个“973”计划项目成绩突出，从2013年开始他获批参加第二个“973”项目——大型风力机关键力学问题研究及工程实现的研究工作。

杨老师曾完成泵类省部级和横向课题十多项，其中主持负责的GHL化工流程泵的研究，解决了化工行业重大设备难题，每年为企业创造直接效益近千万元。发表论文十几篇。获得省级科技进步二、三等奖三项。

作为课题负责人或技术负责人，杨从新老师完成、在研的泵类项目有十几项。其中包括：国家重大装备成套项目——600MW、1000MW超临界火电机组研制的子课题1项，该成套项目曾获国家科技进步一等奖；国家重大装备成套项目——600MW空冷机组研制的子项目（600MW空冷机组凝结水泵抗汽蚀性能研究）1项；0951工程核主泵水力优化设计项目和系统分析与计算项目2项；国家中长期科技发展计划重大专项——大型先进压水堆和高温气冷堆核电站的子课题，即第三代核电AP1400和AP1000主泵系列研发项目3项；核二代安注泵、上充泵、电辅泵等研究项目3项；中石油大型企业重大科技攻关项目1项，以及泵行业企业合作研发项目多项。泵项目的研究，有力地支撑了兰州理工大学军工项目“三证”的获得，使得学校成为甘肃省内第一家取得军工科研认证的高校。

2013年，杨从新老师主持的科研项目——600MW、1000MW超临界火电机组高压锅炉给水泵水力性能研究、结构动力分析及优化设计获得中国机械工业科学技术奖三等奖。近年来，杨老师在国内外刊物上发表学术论文70余篇，其中三大索引20余篇。

2015年，由于多年来丰硕的教学科研成绩，杨从新老师被评为该年度兰州理工大学“师德标兵”。

（杨天雨）

科技创新的脚步永不停歇

68岁的杨逢瑜最近会在下午和同事们一起打乒乓球，锻炼身体，这劲头就像他平时的工作状态——热情积极，富有活力。就在前不久，由他主持设计的国内首台33MPa超临界CO_2溶剂磁力泵研制成功，这项新的科研成果将极大地推动超临界技术进入全新研究领域。

圆大学求知梦

1948年，杨逢瑜出生在新疆哈密，之后跟随家人生活在甘肃兰州。他的父亲毕业于黄埔军校，驻守新疆；母亲在甘肃省临夏州读完小学后，松开刚裹上的脚，骑着毛驴来到兰州女子师范读书。也许是受父母的影响，杨逢瑜对知识充满了渴望。

1966年，18岁的杨逢瑜从兰州一中五年制的实验班毕业，志愿报考北京高校继续大学深造。就在这个时候，“文革”开始了，他跟着同龄的年轻人一起上山下乡，进厂打工。可是，大学的梦想却从未消失，他月月盼，年年等，一等就是10年。

1977年，大学恢复招生办学。起初，杨逢瑜听到自己已超过招生年龄，心情沮丧至极，后来经过多方询问，才得知可以报考，这个好消息让他欣喜若狂。就这样，30岁的杨逢瑜被补招进甘肃工业大学二系液压专业的走读班，他大学求知的梦想终于实现了，甘肃工业大学成为他心目中最神圣的学术殿堂。“我敬仰那些饱经磨难的老师，我爱静静校园的一花一草、教室的桌椅板凳，痴迷的我爱着工大的一切。”杨逢瑜静静地回忆着年轻时的校园生活，经历了“文革”的这一代人面对来之不易的机会，他开始与时间赛跑，与自己赛跑。

从技术员到磁物理专家

大学毕业后，杨逢瑜服从组织分配，来到之前工作的甘肃省物资局机修厂。到了局里，领导对这一批大学生很重视，提出锻炼一段时间后派他到子公司当负责人，做行政工作。可是杨逢瑜不愿放弃自己所学的专业，他主动申请来到兰州石油化工机器厂研究所，当上了一名技术员。

在兰石厂的8年时间，杨逢瑜充分利用自己所学的知识，和他的师傅一起，研制成功了一个专利产品“两用水龙头”。那不是一般的水龙头，它重达几吨，是石油钻机的八大部件之一，承载几千米的钻杆，把泥浆输到钻头进行冷却和清洗。杨逢瑜他们把一个大气马达装在上面，工人们在上钻杆时不用大钳，或少用大钳，劳动强度大大减少。离开兰石厂10年后，杨逢瑜再带着实习生去厂里，看到工人们正在装“两用水龙头”，听他们说特别好用，心里备感欣慰。

20世纪80年代末的石油钻机自动化还未普及，杨逢瑜感觉自己学到的知识不能充分应用，再加上自己还想继续深造，1988年8月，他离开了兰石厂，进入中国兰州磁性器件集团的一个研究所，开始跟随磁学专家们搞磁力泵。

进入一个全新的研究领域，杨逢瑜开始恶补有关磁性物理、磁性材料和磁性器件的知识，补习了理科的电动力学和量子力学。在中国科学院兰州图书馆，荷兰和美国的相关专业期刊是他看得最多的书籍。

1991年秋，杨逢瑜用变磁场在甘肃肿瘤研究所（现在的省肿瘤医院）控制肿瘤，效果显著，抑瘤率61%，在肿瘤研究所引起了不小的轰动。他把这个实验结果和另外研究的磁弹簧等三个项目写成三篇论文投至1992年在澳大利亚首都堪培拉召开的第12届稀土永磁及应用国际会议。看到他的投稿，会议筹办方特邀他去参加会议，并且免去了4000澳元的会议费。会场上，悉尼大学医学院癌症研究所所长（剑桥大学博士，美国癌症杂志副主编）看到杨逢瑜的实验照片连连称赞："Very fantastic! Very fantastic!"（"太奇妙了！太奇妙了！"）

这之后，杨逢瑜在1996年受到英国谢菲尔德大学Dave Hove教授的邀请，进行电磁涡流刹车的研究，并多次去牛津大学和剑桥大学游学。其间，他见识了磁流变体、磁悬浮轴承的研究，看到了大量珍贵的文献和资料。杨逢瑜说，自从接触到凝聚态物理的磁学和磁性材料，一方面感觉到了它的飞速进步和发展，同时也意识到它将影响和带动其他学科的进步与发展，尤其是机械电子学科。

回母校创办磁技术研究所

回国之后，杨逢瑜很想深入研究磁性技术，他想到了回母校，和这里的师生一起探索研讨。1997年，杨逢瑜回到母校任教，入职体检时，护士接过他的体检表时有点吃惊："啊，50岁了进校？"杨逢瑜有点尴尬，但早在这之前，他已为自己确定好了教书的准则：启迪学生的学术思想和理念，用爱和知识点亮学生的成长之路。

杨逢瑜笑着说，年龄很大，教龄却很短，所以不敢不认真。进校之初，他教的第一门课是"液压伺服控制系统"，是液压专业最难的一门课。几年教下来，杨逢瑜在想，如何把这门艰涩的课程讲得通俗一点，让更多的学生能学懂，并有兴趣进行更深的钻研？他根据自己的教学经验，参考国外液压伺服工程师的培训教材编写了《电液伺服与电液比例控制技术》（清华大学出版社出版），很快在液压行业引起了较大反响。这本教材里，他把许多深奥的问题通俗化，控制问题多用曲线，少用解析式；重点问题着重讲述，一般问题一带而过。天津大学机械电子学科研究生选修课"电液比例和伺服控制"就在用它作为参考书。在学校工作十余年，杨逢瑜了解到不同学院都有和磁学相关的研究方向，如果开设一门相关的课程，使所有的学科交叉发展，就会产生新的研究方向和新的研究成果。说干就干，杨逢瑜说服学校开设"磁性物理与磁技术"课程，成为全国理工科高校首例。

高校的教学永远离不开科研的支撑。在杨逢瑜的提议下，学校成立了甘肃工业大学磁性物理与磁技术研究所，开始将磁力耦合器、磁流体密封引入水机和液压行业。凭着一股子坚忍不拔的劲头，杨逢瑜和他的团队立足能动学院流体机械相关学科的优势和特色，结合国家船舶和核电装备发展对自主核心技术的需求，重点围绕新型高性能磁力泵、特殊用高温高压屏蔽电泵、舰船用特种泵等产品开展基础研究和产品应用研发。团队在上述领域共计发表论文20余篇，其中SCI和EI收录15篇，授权发明专利多项。杨逢瑜的科研事业迎来了又一个春天，他自己先后主持完成7项科研项目，获14项专利，发表论文70余篇，出版论著3部。

老骥伏枥　志在千里

2011年从学校退休后，杨逢瑜还是放不下手头的工作，于是他带着能动学院的年轻教师继续做科研，黎义斌就是其中一位，他跟随杨逢瑜老师已经近5年。他说，作为团队的学术带头人，杨老师一直都在竭力地帮助年轻教师多角度深层次地掌握磁力泵、屏蔽泵的先进技术，提升“青椒们”的科研能力。其中，他们和大连四方电泵有限公司的合作最为引人注目。团队先后研制成功磁屏蔽磁力泵、15MPa高压磁力泵、33MPa超临界二氧化碳溶剂磁力泵、新型反应堆大功率高温高压特殊用屏蔽核主泵、高效海水循环泵等10余种产品，多项研究成果已被装备应用。其中，33MPa超临界二氧化碳溶剂磁力泵和新型大功率高温高压屏蔽电泵，各项性能指标都超过了设计要求，已经填补了国内空白。

回忆起33MPa超临界二氧化碳溶剂磁力泵的研发过程，杨逢瑜至今仿佛还能感到巨大的压力。他向记者介绍，CO_2在其临界状态时，黏度近于气体，扩散系数为液体的100倍，具有惊人的溶解能力。超临界二氧化碳流体做溶剂时可以溶解染料，在染色技术中可以不再用水，没有印染水的污染，CO_2流体做溶剂可以回收循环使用，这种溶剂应用在印染行业，省时，经济，环保。而33MPa超临界二氧化碳溶剂磁力泵正是实现超临界技术的一种重要设备，它不仅应用于超临界二氧化碳溶剂的输送，也可应用于其他超临界溶剂的输送，还可以应用于许多领域的高压介质的输送，实现零泄漏。

当时，大连工业大学和中昊光明化工研究设计院合作开展超临界二氧化碳印染技术的研究和推广，其中33MPa超临界二氧化碳溶剂磁力泵是他们研究和推广该项技术的急需，国内有几家提供的产品都不合格。此前，杨逢瑜和他的团队给中国石油大学海上石油输送设计过15MPa磁力泵，隔套厚度只有2毫米。他们了解到这个信息后上门求援。从15MPa到33MPa的跳跃，压力无疑是巨大的，设计方案讨论了很多次，之后的加工、安装、试验每一步都不能有一丝马虎。就这样奋战了两年，产品最后试车，一次成功。

退休后的杨逢瑜，除了身体力行带着年轻教师做科研，还到不同高校做讲座，将有关磁性技术的知识传递给感兴趣的师生。他说，只要有人愿意学，愿意做，他都可以教。这位老将，面对后起的新兵，给出了他的谆谆教诲：一丝不苟练好内功，积极主动紧盯发展，百折不挠放手去拼。

（朱莉萍）

40载工大情怀　无问西东

路文江，男，汉族，1954年10月出生，河南省林州市人，教授，博士生导师，中共党员。大学时期就读于甘肃工业大学，毕业后留校并于1986年到日本大阪大学研修，相继担任兰州理工大学表面技术研究所所长、焊接研究所副所长、教务处处长、审计处处长、评建办常务副主任、校长助理兼材料学院院长等职。主要研究方向为表面改性技术与涂层材料、金属焊接性、快速凝固技术钎料制备等。先后发表论文120余篇，主编专著及教材2部，参编2部。由他主持的“人工智能与遗传算法辅助热喷涂材料设计”“非晶态薄带成型装置及钎料研制”等16项科研成果通过省部级鉴定，分别获甘肃省及机械部科技进步二、三等奖5项，国家级教学成果二等奖1项，甘肃省教学成果一等奖2项、二等奖3项。入职40年，路文江扎根工大，潜心科教，立德树人，硕果累累。

用工程问题提升实践能力

作为一名教师，路文江在教学上始终以教师职业道德标准严格自律，以教好书、育好人为天职，把精力都用在了教育教学和学生身上。上课过程中，他注重将工程中的实际问题带入课堂，与学生展开讨论，对比学生与自己解决方案的异同，从而提升了学生的理论水平与实践能力。例如，在帮助当时的兰炼集团解决反应釜开裂问题、刘家峡水电站机组下环开裂等问题时，他将问题及现场解决方案引入课堂，与学生进行充分的讨论，帮助学生提高理论联系实际的能力。在讲授有色金属的连接、异种材料的连接等问题时，其科研成果直接与学生课堂对接。

路教授回忆，曾经有学生返校时跟他说："路老师，大学四年，我最难忘的就是您讲的金属焊接性的课程。"路教授认为，这是学生对自己教师生涯的极大肯定，是一件值得骄傲和自豪的事情。

路文江的又一力作是于1994年首次开出的课程——"表面工程学"（当时名为"表面改性技术"），这门课是他所在课题组科研成果的结晶。作为兰州理工大学表面工程学的创始人之一，路教授始终坚持"把最新的研究成果带给学生"的理念，坚守岗位，认真负责，用自己的一片丹心换取了学生们的好评。

学分制试水高等教育改革

不论从事教育教学工作还是行政管理工作，路文江从来都没有豪言壮语，而是脚踏实地，敢想敢做，他既是工大历史变迁的见证人，也是学校一步步发展壮大的推动者之一。

学分制是高等教育内涵发展的必然选择，对提高教育教学质量、培养高素质工程型人才具有重要意义。路文江正是工大学分制改革的一线指挥员，他和教务处一班人在认真调研的基础上，在学校领导的大力支持下，于1998年正式启动了学分制改革方案。该方案以学生选课为中心，以学生选教为突破口，取消补考，实行重修重考制度，并且实行三到六年的弹性学制。学分制改革的突破口首先选的是量大面广的公共基础课，如数学、力学、物理等课程。

虽然现在师生对学分制已经习以为常，但当时这一制度的实施在工大校园里还是引起了轰动。学生可以选择自己心仪的老师，教师的教学才能得到充分展示。这不仅仅是学年制向学分制教学管理制度的转变，更重要的是调动了老师们的积极性与主动性，老师工作态度更加端正，教学水平不断提高，学生成为最大的受益者。改革体现了以人才培养为中心、遵循学生成长的规律，回归到了教育的本质。学校被誉为甘肃推进学分制教学管理制度改革的"第一校"。

打好本科教学水平评估这场硬仗

教育部本科教学工作水平评估是改革开放以来国家对高等学校教育教学水平的一次大考。时任教务处处长的路文江责无旁贷，挑此大梁。兰州大学、西北师范大学、兰州铁道学院（现兰州交通大学）评估期间，他多次带队去现场跟踪观摩，总结梳理，对照检查，深思熟虑。这为之后工大完美地完成教学评估工作打下了坚实的基础。

路文江与同事们梳理出评估工作的具体内容和短板弱项，搞清楚了工大的不足与硬伤，形成了“软件硬抓，硬件快抓，力争优秀，全面提高”的评建工作思路，制订了符合学校实际、满足评估指标要求的整改方案，并迅速着手实施。此方案之后被好几所学校当作“作战图”纷纷效仿。

短短一年多的时间里，学校从国内各高校请来评估专家，组织了大小五次诊断性评估、咨询性评估及预评估，不断找问题、找不足、找突破口，反复整改。“红柳精神”也正是在这样一种大环境下，被凝练为工大人的一种信念与品格。

评估过程中面临的困难和阻碍也是不言而喻的。在路教授看来，评建办公室是“总参谋部”，也是协调沟通和检查落实的关键机构。因此，评建办公室首先要做的就是要统一思想，要让人人都有争优秀的目标，各小组、各部门、各院系都有把自己的工作做成精品的意识。其次，评建办公室还要解决好各条块之间的接口问题。

功夫不负有心人，事后得知，教育部本科教学评估专家委员会在无记名投票中给出的“优秀”评价高达96%。本科教学工作水平评估是关系学校发展的大事，路文江紧紧抓住了这个契机，统筹安排，亲力亲为，与同事们齐心协力，共挑重担，以饱满的热情、昂扬的斗志、扎实的工作完美地完成了评估工作，使学校的本科教学在规范管理方面上了一个新台阶，更好地确立了本科教学的中心地位。

师德为魂　不负韶华

成功离不开个人的努力，也离不开前辈的培养和学校的支持。路教授常说："没有老师的教育，我掌握不了好的学习方法；没有领导的支持，我实现不了心中所想；没有朋友与同事的帮助和配合，我成不了大事。我要向我的老师们、领导们、同事们表示真挚的谢意！"

路教授认为，工大对他的培养体现在点点滴滴，既包括治学，也包括做人。他也对青年教师寄予厚望，他希望青年教师怀揣梦想、心系学生，以教书育人为根本，以教学科研为己任，加强师德修养，塑造人格魅力。青年教师在学术上要做到脚踏实地，戒浮戒躁；要重视实践导向问题，向实践学习，向企业学习。教学中要大胆走出去，在不同的环境中不断学习、不断进步、不断成长。

有一种伟大来自平凡，有一种崇敬源于始终如一。路文江在工大从教40年，勤勤恳恳、兢兢业业、不改初心、不负韶华。他用赤子情怀追逐人生理想，以爱岗敬业凸显自我价值，他的命运、青春、抱负早已与工大融为一体。母校百年华诞之际，路文江殷切希望工大能够培养出更多国家紧缺型工程技术人才，永远保持青春与活力，向着高水平大学的奋斗目标坚定前行。

（张钦　樊倩倩　高雪倩）

为学子成长撒播一片爱

张秋余，1986年毕业于甘肃工业大学自动控制系微机应用专业并留校工作，1998年被评为硕士生导师，2011年被评为博士生导师。在执教的30多年来，他从事过实验室、教学科研和学院领导等多项工作，2004—2010年曾经担任过电信学院、计通学院的副院长。

在兰州理工大学执教30多年来，张老师先后承担过“C语言”“软件工程”“软件项目管理与实例分析”“管理信息系统”“网络与信息安全”等多门课程的教学工作。在“软件工程”课程群的课程讲授过程中，他带领课程梯队不断探索计算机软件教学的规律和方法，结合实际工程项目案例，使得抽象、枯燥的教学变得生动、有趣，让学生感觉到软件开发的乐趣，感觉到软件工程是一门与实际生活有着紧密联系的科学工具。

张秋余2010年入选甘肃省领军人才，多次获得兰州理工大学“三育人”奖，荣获“九五”“十五”“十一五”学校科技工作先进工作者，兰州理工大学毕业设计（论文）优秀指导教师、2015年兰州理工大学“师德标兵”荣誉称号。2000年以来，张老师主持/参加完成了“面向重点行业的制造业信息化集成平台开发及应用”等国家科技支撑计划，国家“863”、国家西部科技专项、国家自然科学基金，省部级、企事业等重大科研项目50余项。获得甘肃省、国家民政部等省部级科技进步三等奖4项，获地州市科技进步二等奖4项，厅局级一、二等奖10项。在《通信学报》《计算机集成制造系统》《华中科技大学学报》等国内外核心学术期刊、学术会议上发表论文近200篇，被SCI、EI、ISTP收录近60篇。

“育人，来不得半点马虎，付出了几分，学生心里是最清楚的”

“作为一个老师，认真给学生传授知识、提供必要的帮助都是应该做的，老师就像父母一样，学生就是我的孩子。”学生们都说：“张老师课堂上教学一丝不苟、严于律己，课外却像一位和蔼可亲的慈父。”学生都愿意找张老师帮忙写推荐信，学生们找到满意的工作或考上知名高校的研究生后会给老师打电话感谢一下。张老师总说：“只要你们发展得好或比我干得强，我这点付出就值得了。”凡是有现已在高校当老师或读博士的学生回到兰州，张老师都会请他们跟他带的研究生们做做学术交流，这对拓宽在读学生的视野有一定的启发意义。在教学中他特别注意将本科生教育和研究生教育相区分。本科生教育一方面是基础知识的传授，一方面是培养学生独立思考的能力，着重培养今后在软件工程行业应具备的素质。研究生教育主要培养学生独立的发现问题、分析问题和解决问题的科研动手能力，注重培养研究生的团队协作能力。

严谨治学，更新理念

“软件工程”既是一门比较宏观的专业基础理论课，又是一门应用性极强的专业必修课。课堂上为了讲清基本概念、重点和难点、总结规律，张老师采用多种教学方法和手段（如精品课程网站、QQ、电子邮件、网盘等），注重将实际软件工程项目引入课堂和实践教学中，注重教学内容与科学发展前沿、专业需求紧密联系，自编大量的思考题和练习题。根据学科发展建成了以“软件工程”为主的课程群，加强教学内容更新，掌握学科发展方向。针对“软件工程”和“UML建模技术”等课程理论知识经典课本更新慢的问题，张老师运用现代信息技术，收集国内外软件理论发展动态，增加有关新教学内容，改变课本理论性强、实践性弱的特点，使学生学到课本理论的同时又领略到软件工程知识的强大适用性，使学生更加注意到软件开发过程中的经验技巧的积累。学生就业和考研面试的知识有了一定积累，同时拓展了专业外的其他相关领域背景的知识。经过多年的教改和讲授，“软件工程”课程于2014年成功申报甘肃省精品课程。

任劳任怨，尽职尽责

2004年7月张秋余服从学校领导安排，配合引进的三位博士，成立了计算机与通信学院，主管学院的科研、研究生教育、学科学位建设、实验室建设，在学科团队建设方面，成功申报了学校的2002—2005年度“软件工程”学术梯队与特色研究方向，并通过学校的评估，梯队成员现在已有多人被评为教授。在学科学位建设方面，1997年经历了计通学院第一个硕士点“通信与信息系统”学位点的申报，2001—2006年经历了学院现有的“计算机科学与技术”“信息与通信工程”一级学科和所有二级学科硕士点的申报工作，以及“计算机技术、电子与通信工程”工程领域硕士点的申报工作。2011年又主笔完成计通学院第一个交叉学科博士点“制造业信息化系统”的申报材料，并成功申报。其间完成了“制造业信息化系统”“计算机科学与技术”省级重点学科的申报和评估工作，完成了国家学位办对“电子与通信工程”工程领域硕士点的评估工作。

（潘彩燕）

用人格魅力感染学生

“有一群朋友，有一架书柜，知足了。”

这就是被兰州理工大学同学们追捧、所开“两课”课程选课率高、堂堂课学生爆满的马克思主义学院张铁军教授。

张铁军，陕西蓝田人，1968年1月生。1996—1999年于哈尔滨师范大学攻读中共党史专业硕士学位，2003—2006年于东北师范大学攻读中共党史专业博士学位。现从事“毛泽东思想概论、邓小平理论概论与‘三个代表’重要思想概论”“中国近现代史纲要”“形势与政策”等课程的教学研究工作。主要研究方向为马克思主义中国化，研究专长为“当代中国私营企业、私营企业主阶层和民间商会”与“毛泽东文史古籍批语谈话”研究。在核心及权威期刊发表论文《论毛泽东“两参一改三结合”企业管理模式的思维基调》《从毛泽东读惠能〈六祖坛经〉谈起》等20余篇；出版《当代中国商会研究》与《科技时代的伦理问题研究》专著两部；已完成教育部人文社会科学重点研究项目、甘肃省社科规划办项目、甘肃省科学技术厅项目、兰州理工大学校基金项目共7项；目前主要潜心研究“晚年毛泽东”。

真人需要真性情

曾读到一篇文章《大学教师》，感慨之余，也在思考真正的大学教师是什么样子，直到一次偶然但真切地认识了张老师，我才开始体会，体会他们的苦，体会他们的乐，体会他们苦乐中的幸福。这种体会需要理解，理解他们的生活、他们的思想、他们的所有。教师是高尚的职业，而在高尚的教师行列中，没有一种境界崇高于不求职称、不求利益，只求为人师表、只求传道授业解惑。张老师就是这样一个人。“高校思想政治课起着净化学生政治灵魂的作用，学生是未来社会主义事业各行各业的建设者，事关我们社会主义事业的成败。这不是高谈阔论，而是自然的历史必然。思想政治理论课教师一定要站在这样的高度看待自己的教学使命。”谈到大学教师的使命，张老师如是说。我从张老师严肃的表情、认真的眼神、肯定的语气中，能体会出其中的真诚来。

其实，张老师不仅是这么认识，在对自己学生的实际教导中，也是这么做的。生活上的关心、学习上的指导，最重要的是思想上的指引。“每一个学生都是可爱的、可塑的，教师的一言一行都会给学生带来影响，作为教师要做到以正确的舆论引导人，以高尚的情操塑造人。”张老师用自己的真性情感染着身边的人。

教师要用心育人

在一所高校，老师之不同很大程度上表现在老师们上课时是否用“心”、是否有激情，尤其是理论性极强的高校思想政治课教学。许多上过张老师课程的同学都说，张老师最大的特点是在真正用“心”上课。

正因为张老师的“用心”，在每年全校所开的“毛泽东思想概论、邓小平理论概论与‘三个代表’重要思想概论”“中国近现代史纲要”“形势与政策”等公共课中，张老师的课程选课率都是非常高的，堂堂课学生爆满。同学们爱听张老师的课，因为张老师的理论课不枯燥、不乏味，从中能够受益。也因为如此，张老师常常要从早晨7点多坐校车到西校区上课，晚上7点多才能从西校区返回，所有的这些时间都奉献给了学生，身体也受到了一些影响，金嗓子喉宝成了必备品。

作为一名教师，一名理工科类高校思想政治课教师，张老师不只是把教书看作一项任务，而是当作一份非常有意义的事业，是生命中重要的一部分。他不仅对自己严格要求，不断丰富自己的知识，使学生能够对自己的课感兴趣；对学生也抱有很大的希冀，要求学生要对时事、历史有基本的了解，通过大量的阅读与学习拥有独立思考的能力，从而促进自身的学习与进一步的积淀。就“两课”这一块的学习来说，张老师也给学生们提了一个很好的建议，就是要在站稳立场的前提下读书，多读书、读好书，只要学习了，就一定会有收获。我们也相信，每个老师只要用心备课、上课，心里装着学生，就一定能把课上好，赢得学生的尊敬。

做学问要坐得住冷板凳

张老师虽是一名普通教师，但他教书育人的行为本身就为党员先进性做了生动演绎。张老师的同事、学生都了解，他教学精湛，但对于职称、名誉的追求却非常淡泊。他不受外界利益诱惑，教学兢兢业业，研究踏踏实实。

张老师说自己的日常工作就是教书，做学问。目前除正常教学工作外，张老师主要潜心研究“晚年毛泽东”。谈到做学问，张老师也有一些深刻的体会：“我感觉做学问还是为教好书而服务的。单就做学问而言，我是按兴趣而来，自己感到高兴就可以了。”“人不是生活在真空中的，也要生活。也许在他人看来，我的生活很单调，但是我自己感觉满意就行，干一行爱一行。”做学问是个长期的真功夫，要坐得住冷板凳，要扎实，来不得短平快。这份认真与坦诚让人感动，也让人敬佩。

“生活虽然清贫一些，但自认为比较快乐。有一群朋友，有一架书柜，知足了。”当我们心浮气躁时，想想张老师这句话，也许会获得平淡的心情和继续前行的动力。

（杨智圆）

专注实验室建设　理论和实践结合

阎峰云，我校材料学院教授，自1983年从甘肃工业大学铸造本科专业毕业留校工作以来，一直从事本专业及相近专业的教学和科研工作。先后担任铸造教研室副主任、主任，材料成型及控制工程系主任，材料学院副院长、省部共建有色金属新材料国家重点实验室培育基地副主任和有色金属冶金及加工教育部重点实验室副主任等职务。现任甘肃省有色金属及复合材料工程技术研究中心主任。

不管是在教学中还是在实验室建设工作中，阎峰云始终尽心尽力，积极为学院发展做贡献。

“消防队员”：哪儿缺人去哪儿　带好学生和青年教师

阎老师留校以来，一直在教学一线授课。他在材料学领域的知识相对宽泛，所讲授的课程很多，除了本专业课程，当外专业课程教师出现空缺时，他就会随时顶上。像高分子专业、金属压力加工（方向）、金属材料、无机非金属等专业，他都带过课。可以说，他是学院带课最多的老师。只要是工艺性的课程，他都可以随时讲授。很多次，阎老师都会带一两门没有人带的课，他笑称自己为救火的消防队员。尽管如此，阎老师也没有丝毫为难，他说不管上哪一门课，都要让学生学有所获，并坚持在他所教授的课程中严格要求学生。

曾经有个学生把他带的一门课反复修了三遍，最后考试时几乎把整本书的内容都背下来了。后来，这位学生应聘到了一家很不错的公司，至今都与阎老师保持着很好的关系。不少学生做毕业设计或是做研究遇到问题，都喜欢请教阎老师，他的办公室里，常年都有学生“驻扎”。阎老师说：“学生喜欢在我办公室工作，我也很乐意他们在我身边。这样的话，有什么问题随时都能沟通，如果我想到什么，也可以立刻告诉他们。”这种良好的师生互动，使得阎老师带出来的学生都有很强的能力。今年研二的缪欢是阎老师的研究生，他非常佩服阎老师在工程实践领域广泛又深入的专业知识，阎老师也总是在实验中给他传授不少方法和技巧。

阎峰云尤其注重基础理论的教学，他认为，要学好专业课程，一定要打牢基础，材料学发展较快，许多新材料不断出现，要想办法让学生跟得上发展节奏。他主张要讲好经典课程，要结合理论概念提炼新的知识和创新思维。“一门课的前后逻辑联系是非常紧密的，要把内在关联讲清楚，这样打好基础，才能学好专业课。”

阎老师尤其对工程设计图的要求很高，从教30多年来，他对工程设计图的规范性要求了然于胸。在对青年教师的指导中，他也对画图严格要求。他说，画工图是学好专业课的基本功底，如果教师都画不好图，怎么能教好学生呢？同时，他还经常听青年教师讲课，对他们进行辅导，包括设计课件的提纲、脚本、素材等。此外，阎老师还参与教材的编写。他总是告诫青年教师要认真负责，要帮助学生打好基础。

亲力亲为　做好示范

“作为老师，一定要亲自做好示范。”阎老师一直这样认为。在教学过程中，他也坚持要根据学生自身的成长，结合专业知识，做好实践教学。由于在课堂上和学生的接触有限，在平时的实验尤其是毕业设计中，阎老师一定亲自给学生讲解和示范，每个操作步骤都是手把手地教，这种“民工”式的教学方法大大提升了学生的动手能力，许多学生毕业后就能操作相关的机器设备，受到用人单位的好评。

“其实通过动手操作，学生就能将知识融会贯通，会对自己的专业更有信心，会更加热爱本专业。”阎老师认为，实践教学会让学生由对专业的新鲜感上升为专业自豪感，能让学生树立正确的认识和目标。实际上，许多校友反映，只要是毕业后从事相关工作，最终都离不开材料问题，在大学学到的知识和能力对工作都大有裨益。在做实验的过程中，阎老师要求学生要参与实验的全部流程，包括实验的前期设计、组织、准备，甚至设备的维修、改造等，有一些设备还需要自己组装。有时学生觉得很辛苦，但是阎老师不会心软，依然要求学生必须做到。

阎老师还连续多年组织学生参加全国铸造工艺大赛，最好成绩是全国二等奖。

阎老师一直是手把手地教学生，“我会把我所知道的都告诉学生，让学生学会劳动、学会思考、学会创新”。目前已经考研到哈尔滨工业大学的付武清仍然每天都跑到阎老师的办公室做设计，与阎老师一起讨论复合材料成型技术方面的前沿问题。对他来说，考上研究生只是一个新的起点，必须更加努力才行。

没有科研项目的科研负责人

阎峰云长期负责学院的实验室和科研管理。尽管是科研负责人，但是在长达10年的时间里他却没有为自己谋划科研项目。他说：“其实有很多机会，但我要更好地服务我们的教师。我的工作是组织协调科研工作，对学院的整体科研情况负责，我需要筛选最合适的人来做项目，而不是自己拿项目。”在阎老师的组织协调下，学院与不少企业合作都很愉快，为企业解决了不少材料加工方面的问题，企业对学院教师也有很高的评价。阎老师始终想的都是如何把学院的科研水平搞上去，而不是给自己找项目。

在学院早期建设中，阎老师就一直参与实验室建设和管理。从早期的中试楼设计开始，到中期的铸造车间改造和到现在的材控专业（铸造方向）的综合实验车间改造，历经30多年，对实验室非常有感情。

目前声名远播的省部共建有色金属先进加工与再利用国家重点实验室，也是他参与建设的。早在2004年该实验室被批准为省部共建国家重点实验室培育基地，当时阎老师担任实验室副主任，被授权全权负责实验室建设，包括整体设备的工艺设计、设备更新、设备安装调试、实验室安全管理等。阎老师主持了实验室所有的日元贷款项目设备的安装调试工作，凡事做到亲力亲为。为了保证实验室的正常运行，他每天都很晚才下班。“我们以前从没见过那么好的设备，每天干劲都很足，对工作很有热情。”直到现在，实验室的设备出现问题，也会有人第一时间找他咨询处理。此外，阎老师还曾负责申报和建设了甘肃省材料工程实验教学示范中心，目前该中心已升格为国家级。

在学院早期的本科教学中，阎老师一直觉得学生只在课堂上读书、缺乏工程实践，所以他主持了铸造工程实训改革。他设计工程实训全流程、规划实验设备，完成“铸造工程实训”教学大纲、实施细则及考核标准等规范的全部编制工作。打通了课堂和实践教学的全流程环节，做到了让学生自己动手，提升能力。经过两年的改造，形成了较为完善的流程，一直延续到现在。阎老师认为:“铸造实训，基本要求就是毕业后能够熟知工艺流程，独立操作设备”。“有能力的学生不仅仅是会使用设备，还要会维修，这才是优秀的毕业生。”

去年，材料成型及控制工程专业进行工程教育专业认证，由于熟悉实验室情况，阎老师的讲解得到了认证专家的高度认可。同时，他还负责与知名校友、用人单位取得联系，说服校友和企业克服困难参加认证工作，积极配合学院圆满完成了认证工作。

阎峰云没有过多的荣誉傍身，他只是在工作岗位上踏踏实实、兢兢业业，努力做好本职工作，努力将自己的本领传授给学生和青年教师。他希望能将良好的实践教学风气一直传承下去。

（杨天雨）

让新能源在脱贫攻坚中发光发热

近日，甘肃省科学技术协会第八次代表大会表彰了第九届甘肃青年科技奖获得者——兰州理工大学能动学院李金平教授等30位全省优秀青年科技工作者。

婉拒待遇丰厚的就业机会，毅然回到了大西北，14载如一日，钻研太阳能与生物质能领域，他坚信自己可以展翅高飞，发挥专长，为社会造福。他就是兰理工能动学院教授——李金平。

敢想敢做，科研路上的实干家

14年来，李金平率领团队为了利用禽畜粪便、秸秆、果蔬废弃物、生活污泥等生物质和太阳能高效低成本地满足村镇冬季清洁采暖，一年四季有生活热水、燃气、电和沼肥等多层次的需求，率先提出和研发了生物质能与太阳能互补的热电沼气联供系统，完成了实验研究、小试、中试和工程示范等工作，实现了光热、光伏发电和沼气工程技术装备的高度集成。通过物理能和化学能的协同耦合作用，高效低成本、连续稳定地生产了热、电、沼气和沼肥，突破了单项可再生能源技术不连续、不稳定的“瓶颈问题”，获得了能源、资源和环境可持续发展的新方法，已经在古浪、甘南、景泰、民勤等地成功示范户用热电沼气沼肥联产系统100多套，在兰州和北京示范村镇热电沼气沼肥联产系统2套。研究成果在精准扶贫、村镇清洁供能、乡村振兴和农药化肥零增长方面起到了重要的示范作用，对实现能源、资源和环境的一体化可持续发展有重要价值。

在长期的科研和教育工作中，李金平先后获得兰州理工大学首批红柳杰出人才计划、甘肃省陇原创新人才扶持计划、甘肃省杰出青年基金项目、甘肃省重点人才项目等人才计划资助，获兰州理工大学科技工作先进个人、兰州理工大学优秀共产党员、甘肃省高等学校青年教师成才奖、甘肃青年五四奖章、甘肃省飞天学者特聘教授、甘肃青年科技奖等荣誉。

率领的创新团队先后入选兰州理工大学科技创新团队、甘肃省委组织部“陇原青年创新人才扶持计划”、甘肃省高校协同创新科技团队、兰州理工大学红柳一流学科方向等团队计划，建设了甘肃省生物质能与太阳能互补供能系统重点实验室和西北低碳城镇支撑技术协同创新中心等省部级科研平台，开展的生物质能与太阳能互补联产系统研究获甘肃省高等学校科学研究优秀成果奖（技术发明类一等奖）和甘肃省技术发明奖三等奖各1项。

回来，在这个广阔的天地干出一番事业

时间回到14年前，刚到兰州理工大学时，李金平发现学校在太阳能研究领域基本上是一片空白，没有相关的研究团队，缺少科研经费支持，甚至连相关知识背景的合作者都找不到。现实是一块很好的磨刀石。2005年年初，李金平联络了两个青年教师组建了兰州理工大学太阳能与气体水合物研究中心学科团队，选定太阳能恒温沼气技术作为主要研究方向，积极申报从1000元到上万元的科研项目，自己掏钱到各个地州市寻求项目。

凭借着勤奋刻苦和坚韧不拔的毅力，李金平很快展露了锋芒。2005年，他获得了第一个2万元的甘肃省自然科学基金；2006年，获国家自然科学基金；2007年，获兰州理工大学第一个，也是迄今唯一一个兰州理工大学独立承担的国家“863”项目“太阳热能与生物质能互补的高效规模供热关键技术”；2010年，他牵头申报了国家“十二五”农村领域科技支撑计划项目；2011年，他

联合上海交通大学、陇星集团等单位，申报了国家“十二五”社会发展领域科技支撑计划项目，并顺利进入国家备选项目库；2012年，他牵头申报的国家“863”计划目标导向项目“多能耦合的可再生能源制气单元开发与示范”获得立项；等等。创新的思维和坚持不懈的努力使李金平率领的团队获得了持续不断的经费支持。

在多个项目的持续资助下，李金平带领团队坚持不懈地沿着既定研究方向前进，坚持把“改善民生，推动社会经济发展”作为研究的终极目标。经过了两年的试制，2007年，他们研发的6立方米的太阳能恒温沼气池已经实现了全年连续稳定生产生活热水和沼气的功能，其水平实际已经达到了国际先进水平。但是，较高的成本和很多尚需完善的设计始终让他们如鲠在喉。在后来的4年时间里，他们从制造材料、原料配比、系统结构及与农村建筑一体化方面做了大量改进。

2011年，团队研发成功的2.2立方米的户用模块化太阳能温控式恒温沼气池供能系统已经在皋兰、东乡、景泰等地方的15个农户家示范。测试分析结果表明：新系统生产生活热水和沼气量与2007年的系统基本一样，但成本只有原来的三分之一，农民基本上两年就可以回收成本；新系统更容易与农村建筑一体化建设；新系统很适合批量化的工业生产；新系统将变革性地改变农村的人居环境，保护农村环境，推动农业可持续发展。

2012年年初，经清华大学、华北电力大学、甘肃省定西市能源站等单位多位理论和实践经验丰富的专家鉴定，“太阳能恒温沼气池技术”达到了国际先进水平，建议产业化生产和大面积示范推广；2016年，该技术列入了《甘肃省利用光伏等新能源产品开展精准扶贫的实施方案》。在此基础上，李金平率领团队进一步研发了生物质能与太阳能互补的热电沼气联供系统技术。该技术充分利用农牧废弃物、太阳能、村镇生活污水等资源实现了电热沼气和沼肥（沼液沼渣）的连续供应，已经在甘肃省礼县、民勤县、古浪县、甘南州，北京市顺义区等地得到了工程示范应用。应用结果证明这项技术对实现农民节支增收、改善农村环境、促进农业绿色发展、精准扶贫和精准脱贫有重要支撑作用。

为了充分发挥研发成果在精准扶贫中的作用，李金平于2016年6月租用了兰州市魏岭乡绿化村的12亩地，汇聚兰州理工大学、甘肃省农科院、甘肃农业大学、甘肃中医药大学、北京嘉孚科技有限公司、上海威迩徕德电力设备有限公司、魏岭乡政府、七里河区农业局、七里河区科技局等政产学研用资源，将生物质能与太阳能互补的热电沼气联供系统技术应用于现代设施农业、有机大田种植、生态农宅和美丽乡村建设四大板块中，初步建成了新能源精准扶贫暨循环农业模式示范基地。

重思考、重分析，培养工科学生科学态度

李金平从不搞填鸭式的教学，他从一开始就教会学生思考问题、解决问题、有效寻求帮助的能力。

在本科生的教育中，李金平不仅尝试使用双语教学、实例教学、实验教学等教学方法提高教学效果，而且将自己的成长经历与同学们分享，教导大家做一个勤奋学习、认真思考、勇于实践、敢于创新、甘于奉献的人。在他的鼓励和帮助下，多名同学参加了大学生“挑战杯”竞赛、大学生节能减排大赛、大学生创新性实验等活动，并获得了多项奖励。2010年，他讲授的“工程流体力学”课程被评为甘肃省精品课程。

在研究生的培养过程中，李金平始终坚持基于问题的学习方法，强调“学以致用”，通过“理论 + 实验”手段培养硕士生和博士生。

“在指导我们做科研的过程中，李老师要求我们对每一过程、每一现象，都要有一个充分的解释。在做恒温沼气池项目的过程中，从最初的设想到系统的设计，再到装置的安装及调试，每个过程都要考虑周到。有一次，李老师分配任务给我，并提了几点建议。我完成之后的结果不理想，他并没有批评我，之后又交给我相似的任务。做完之后，他很满意。后来我才明白他的用心，就是让我自己学会怎么学习，怎么做事。”李教授的学生张学民这样说。

张学民说，在李老师身上，不仅学到了知识，还有对生活的态度。在工作之余，李金平教授建议学生们多锻炼，热爱生活，丰富生活。

（朱莉萍）

巾帼教授勇开拓　焊接领域结硕果

师者如兰，香远益清。她把美德传给了学生，却把辛劳留给了自己。师者如友，寸草春晖。她把学问教给了学生，却把忙碌留给了自己。她执教13载，培育了无数的优秀人才，也取得了丰硕的科研成果。巾帼不让须眉，古时指上战场的花木兰，科技快速发展的现代社会，巾帼们的舞台还包括高难度科研领域。我校曹睿教授就是她们中的一位，她优秀卓越又谦和质朴。

2000年曹睿老师在武汉理工大学本科毕业之际，在做毕业设计的过程中，偶然在一本权威杂志上看到陈剑虹教授的介绍，就深深地被陈教授的学术成果和科研领域所吸引，便决心来兰州理工大学跟随陈教授读研，陈教授也被曹睿的学术热情和精神所打动，曹老师就这样与兰州理工大学材料学院结缘，并于2003年硕士毕业留校任教，继续跟随导师陈剑虹教授攻读博士学位，于2006年获得兰州理工大学材料加工工程博士学位。而她与陈教授合著的专著《金属解理断裂微观机理》已于2014年在美国出版，该书是世界上首部专注于金属解理断裂微观机理研究的学术著作，是中国学者在此领域所展现的学术研究水平的一个标志。

曹睿老师至今发表国际论文30余篇、国际会议论文两篇，在国内核心期刊发表论文50余篇。先后承担了10余项国际自然科学基金、“863”计划、“973”

计划及校企合作横向课题研究。2006年获甘肃省自然科学奖二等奖，2010年获甘肃省高校科技进步奖三等奖。申请国家发明专利两项。2011年获兰州理工大学“三育人”荣誉称号，2014年获第18届“甘肃省青年五四奖章”荣誉称号。

勤学笃行硕果累累

曹睿主要从事新材料、异种材料的焊接性及其变形断裂行为研究，微裂纹扩展及其焊接过程中温度场及残余应力模拟研究等科研工作。焊接领域对于女性来说本就是一个挑战和考验，而她不仅克服了工作环境的恶劣、工作内容的艰涩，还在这一领域有所建树。

她在硕博期间就已经与钢铁研究总院合作完成国家自然基金，并发表10余篇论文，她所提出的观点填补了学界的空白，开拓了对碳铝合金断裂行为的研究视野。此后又承担了“863”项目和“973”计划等校企合作课题研究。除基础研究之外，曹老师还致力于应用研究，将自己的研究成果推广到船舶及汽车制造等实际应用中，真正实现让科学推动人类社会进步。2010年起，和美国通用汽车合作，进行异种材料的焊接研究，又与上海交通大学合作申请国家自然基金的重点基金，进行船舶钢板研究，其研究成果将船舶钢板的抗冲击能力提高至原来的40多倍，具有重要的实用价值。在做自己的第一个科研基金时，曹老师通过大量实验和严谨分析，在焊接高强板方面，研究得出了与此前学界普遍认同的观点不同的结论，并在美国业界权威刊物《冶金学刊》上发表了论文，审议者也认为曹老师所提出的观点是焊接领域的重大创新，开辟了研究新方向。

40岁出头的曹睿已经有了许多傲人的头衔和惊人的成绩。她现任中国机械工程学会高级会员，中国焊接学会熔焊工艺及设备专委会委员，国家自然科学基金委工程科学二处基金项目评议专家，IIW国际焊接工程师认证专业考官。她所发表的论文被SCI收录27篇，EI收录36篇，ISTP收录1篇。

这些成就的背后，凝结着曹老师无数的心血与付出。从在校读书到工作至今，她每天早上7点多就到达办公室或实验室，专心工作至傍晚，有时还会接连几天在实验室待到深夜。据曹老师的学生说，即使外出开会，曹老师也会阅读文献到夜里，即使寒暑假期，曹老师也一如既往地在办公室和实验室工作。持之以恒的勤奋和认真，铸就了斐然的成绩，也熏陶着学生们。正如曹老师朴实而坚定的话:“不浮躁，不以追求利益为目的，做学问的出发点是解决科研问题。”

言传身教桃李芬芳

曹老师以扎实的科研成果反哺教学工作，教学紧跟学科发展前沿，将晦涩难懂的课本知识讲“活”，激发同学们的学习热情。听过她讲课的学生都不会忘记她对真理执着的追求和对学生的循循善诱；与她的交流总会受益匪浅，她从不忘记作为一名教师的职责，以身作则，率先垂范，她启迪同学们的思维，开阔同学们的眼界，以她的智慧和经验帮助大家打开了一扇通向焊接研究的大门。

讲台上的纵横捭阖、挥洒自如，不仅得益于她坚实的学术研究基础，更来自她对“把最新的学术动态传给学生，使之站在理论最前沿”的追求。曹老师还因材施教，不仅对本科教学和硕博教学有相应不同的教学方法，对不同的学生也有不同的培养目标和方法，让每一位学生真正做到学有所获、学有所成。

针对本科教学，曹老师以教学大纲为主体，并将自己的科研项目和成果穿插于课堂之中，把自己所参加的国际国内会议的学术思想渗透在知识点中，让同学们在学懂专业知识的基础上开阔了眼界、启迪了思维。到大三阶段，她就会启发同学们针对自己的学习情况制定未来的研究领域或工作方向，朝着更加专业化和实用化发展。针对硕博教学，除了基本理论的讲授，还帮助同学们着手科研项目的研究，并在每周一次的学术交流会上探讨。虽然自己工作繁重并时常在外学习交流，但与学生们每周一次的学术例会是铁打不动的，即使在美国访学的那一年，她也会克服时差和距离的阻碍，清晨就与学生们进行视频交流会。谈起曹老师在外地或国外仍然克服阻碍坚持每周的会议，学生们便肃然起敬，也丝毫不会懈怠自己的学业。曹老师说:“不能因为自己在外学习交流，而减少对学生们的关心，要对自己所带的学生负责，也要对自己所做的科研项目负责。”这份质朴坚定的责任心，贯穿在曹老师辉煌的学术生涯中，也感染了每一位学生。

正如学生们所说，曹老师关注着每一位学生，耐心倾听每一个同学的想法。针对不同的研究生，也有着不同的培养目标，对于偏向科学研究型的学生，曹老师着重培养他们独立开展科研工作、撰写学术论文的能力，指导他们阅读并撰写英文文献，以便他们在未来拥有自己的科研项目时能够更加得心应手。对于偏重工程实际操作型的学生，曹老师着重培养他们独立思考、解决实际问题的能力，手把手地教他们做实验，以便他们在未来的工作中做到游刃有余。

学生们对曹老师的敬畏与喜爱之情溢于言表。其中一位研究生说道："曹老师就像我们的姐姐一样亲。"曹老师愿意倾听每一个学生的想法，并且总是第一时间回复学生的问题，即使生病休养期间，也坚持给学生改论文。在学生就业问题上，曹老师也积极提供消息，推荐单位。而在毕业之际，曹老师抛开学术问题，总是语重心长地给学生们说许多为人处世的道理。学生们说道："曹老师使我相信一分耕耘一分收获，做事要脚踏实地。"

勤勉精神代代传承

勤勉刻苦的精神和踏实认真的作风是曹老师所带的学生的共同特点。曹老师所带的研究生，每年都有人评上国家奖学金，以优异成绩考入名校读博的也很多。学生们说道："不论我们科研水平如何，我们的学习态度绝对是刻苦的，从老师到学生都很拼，成果也很多。"

曹老师言传身教，以行动感染着学生。每天都比学生早到办公室，严谨地做实验、仔细地做记录。据曹老师的硕士说，有一次这位学生要做一个原位拉伸实验，曹老师一直陪学生一起观察记录，一起吃饭，一起盯着显示屏几个小时，接连几天都到夜里10点30分才回家。还有一次学生需要去酒钢做实验，曹老师上午带着皮箱在学校上课，下课就匆匆拉着皮箱去赶火车，到嘉峪关和学生一起做实验。

说起自己的导师陈剑虹教授，曹老师说自己耳濡目染了陈老师踏实的做人态度和严谨的治学态度，十多年的师生情已经升华成亲切的父女情。陈老师以行动告诉学生要珍惜科研的每一分钟，对科学问题也要刨根究底。正如现在曹老师陪着学生做实验一样，陈老师当年也和学生一起做实验并专注地观察记录，不放过任何一个细节。如今80岁高龄的陈老师每天依然按时来学校，认真阅读文献。陈老师这种严谨治学的优良作风通过曹老师传承了下来，深深影响着一代又一代的学生。

有一位早在2007年毕业的硕士，当年由于是跨专业攻读，曹老师对他也十分严格，如今他也在高校从事教学工作，并且在美国权威杂志上发表了论文，最近在美国访学，经常联络曹老师，并感慨幸亏老师当年的严格要求和耐心指导才成就了他的今日，而他也会将这份踏实刻苦的学风延续下去。

十几年春华秋实，桃李满天下；十几年风雨无阻，春风遍人间。学生的茁壮成长是她的追求，科研的丰硕成果是她的目标。在曹老师的不懈努力下，将会有更多的科研成果开拓学术研究、促进社会发展，也会有更多的学生扬帆起航、实现自我价值，这份勤勉踏实的精神也会在历史长河中薪火相传、历久弥新。

（任豆豆）

满眼春色 爱撒讲台

修长的身材，一双明亮的眼睛，手捧获奖证书，站在领奖台上因掩饰不住内心的激动而甜甜地笑着，她，就是在刚刚结束的2008年学校举行的讲课比赛中受到评委专家一致好评，最终获得一等奖的电信学院教师余亚冰。

在这张获奖证的背后，除了她身边的几个同事，没有人知道余老师那双乌黑光亮的眼睛曾经发生过的故事：这些年她是怎样与病魔艰难抗争，又是怎样与眼泪和痛苦道别，坚强走过的。她从未离开过讲台，就那样一直看着她心爱的学生，为他们传道解惑。故事还要从她遭遇的那场病说起。

2000年暑假她准备考研。有一天在看书时她发现看东西特别吃力，英文字母识别不清，当时怀疑是眼镜出了问题，后经多家医院诊断是视网膜脱落，需要手术，但术后按照医生的要求要趴着，此时她已是一位准妈妈。她担心腹中的宝贝不适，但又不得不趴，只好抱头轻轻晃动身子，盼望宝贝正常发育，健健康康出生。术后的她整整趴了一个月，视网膜再次脱落，医生建议她尽快到眼科中最具权威的北京同仁医院治疗。为确保胎儿不受影响，在光明与迎接新生命的选择中，她把爱留给了自己的宝宝。耐心等待之后，宝贝终于出生了，看到孩子很健康的她略感安慰，初为人母时多希望像其他母亲一样，天天守候在儿子身边，无奈她只能将孩子托付给婆婆，踏上了去北京的列车。

同仁医院看眼病的人很多，在排队等手术的十多天里，经检查，她得知病情不乐观。当时听到这样的消息，不知道她有着怎样的心情。她迷茫到无法确定自己今后会生活在光明还是黑暗中，家里的小婴儿，教室里等待她的学生……她感到恐惧和绝望，大哭了一场。先生一直在身边陪伴着，“没事，别怕！”先生安慰说。她慢慢平静下来，或许在那时，她看到了，宝宝摇摇晃晃地向她走来，学生们捧着书孜孜不倦地学习……

手术终于开始了。她神志清晰，疼痛时时袭来。她告诫自己要坚强，会失明吗？会失明吗？她只是在乎这个，孩子们都在等着她。后来她回忆说：“手术的那40分钟里，分秒如年，差点就放弃了。想到外面等待我的人，便这样咬牙挺过来了……”

“走过那黑暗的40分钟，我衷心地感谢为我做手术的医生们，他们保住了我的视力！”虽然术后的视力还是不能与正常视力相比，但余老师说：“天天感受痛苦，没必要，与其等待，还不如工作，这样我就能从病痛中解脱。”曹丕曾曰：“人生如寄，多忧何为！”她丢掉痛苦，以常人难以想象的毅力，继续从事教学和科研工作。

那些日子，她眼前总是晃动着学生、讲台，这是她实在割舍不掉的呀！园丁是要在花园里才能实现自身价值的。余老师说：“休息一段时间后，我就开始‘备课’了，把过去的教案和教材都拿了出来。因为我的视力问题，母亲就帮我念，甚至帮我重新抄写，一页纸只写几个字，这样我就可以很方便地看了。当时是我口述，母亲或念或写，一本写满大字的厚厚的讲稿就这样完成了，母亲还将图样放大，方便我照着画，反反复复，直到完全记住。这样的‘备课’持续了有一年，真的很感激我的母亲。”

余亚冰老师很注重讲稿的完善和更新，以此保证与知识更新同步，但同时也增加了她备课的难度。她在教学工作中就是这样细致负责，勤于思考，善于创新，她所承担的编写省级精品课程“电工学A1”“电工学A2”等教学工作，以及指导改编的《微机原理课程设计》《电子技术课程设计》，均受到学生的好评，而且她的《电工学》讲稿曾被评为电信学院的优秀讲稿。

余老师不仅在教学工作中成绩斐然，还积极参加教学改革和研究工作。她潜心研究教材教法、教改实践，发表了多篇相关教学和科研论文，大胆进行实验教学改革，在教学实验中总结经验并上升到理论高度，以此来指导教学，同时，她作为主要完成人，参与了精品课程和重点课程的著作，在教改项目“电子工程基础综合训练与实践”中获甘肃省教学成果一等奖。

在课堂上她以启发、提问式的教法与学生形成互动，并引导学生去思考和理解。以此产生的课堂活跃的氛围激发了同学们的兴趣，教学内容当场消化。“我把学生当成亲人来看，我是在用心用爱给他们上课。”余老师如是说。学生评教环节中她的成绩总是名列学院前茅，几乎所有人都知道她很受到学生的尊敬和爱戴。

余老师说：“有些学生缺少自信，老师不仅要给学生传授知识，课后还要给予学生鼓励和引导，这样更利于他们接受知识。”流体学院有一个学生想报考北航发动机设计专业的研究生，但是缺乏信心。余老师尽自己最大的努力关心他，鼓励他，帮他了解相关信息。终于，这名学生以380分的成绩被北航录取，他在第一时间将消息告诉她：“余老师，谢谢！谢谢您……”余老师也非常高兴，她说：“这真是太好了，我的学生考上了自己喜欢的专业。”

提及这次讲课竞赛，她说：“这个奖本不该是我一人得的，院里的领导、教研室、电工实验室的教师们挤出宝贵时间听我的课，给我反复指导，从教法到课件仔细帮我改善，使我收获很大。我母亲得知我要参加讲课竞赛，专程赶来为我分担家务，上小学二年级的儿子，还专门钉了一个本子送我，为我加油，所以虽然赛前的准备工作繁重，但感觉浑身都有劲。”

“在决赛现场，我讲完后刚坐到椅子上，一只手伸过来紧握着我，那是我先生的手，原来他也到现场来为我加油。晚上回家他高兴地说：‘你让我很感动！’我把获奖的消息告诉母亲后她紧紧抱着我说：‘真不容易！真不容易啊！’那一夜我失眠了，想了许多许多……”

她因喜极而双眼含泪：“在领奖台上，我高兴地现场的评委、没到场的同事、我的学生、我的家人微笑着，感谢他们对我长久以来的支持！”

让我们记住余亚冰老师，一位孜孜不倦、坚强而敬业的园丁。她未来的路还很长，那是一条明亮的路，愿她一路放歌在满眼的春光里，愿她一腔洒满讲台的爱，结出无尽硕大的桃李……

（王德凤）

高水平学术论文的修炼之路

2016年7月，我校工程学学科首次进入ESI世界排名1%行列，11月初，艾瑞深中国校友会网《2016中国大学学科评价报告》最新发布中国大学学科排行榜和ESI全球前1%学科排行榜。榜单显示，我校工程学学科进入ESI全球前1%，并列排名全国高校第128位。统计显示，我校工程学学科共有8篇高被引论文，其中理学院马军教授团队已有3篇论文入选ESI高被引论文。

自己的论文能入选ESI高被引论文，是每一个高校研究学者梦寐以求的事情。而马军教授认为，这是应该且必须努力做到的事。

马军至今已经在SCI期刊发表学术论文150余篇，其中通讯作者和第一作者105篇，论文被SCI数据库总引用近1400次，论文H指数21，是目前全校发表SCI论文最多的专业教师。

马军认为，理论研究是一切科学研究的基础，论文就是对理论研究的总结和升华，在学术的道路上，一定要认真对待论文。

多产 = 点子 + 勤奋 + 乐趣

马军2003年入职兰州理工大学，一直在理学院从事教学研究工作，主讲本科生“大学物理”“理论力学”“量子力学”，研究生“非线性物理”等课程，2008年破格晋升为副教授。

作为基础学科的研究学者，论文是发表观点和传播科研成果的必要途径。马军至今已经在SCI期刊发表学术论文150余篇，平均每年十多篇。很多人问他是如何做到的，他说:“写论文必须有‘点子’，但是点子从哪里来呢？就要好好讲课，从讲课过程中得来。”他一直坚持给本科生教授“大学物理”，“‘大学物理’非常重要，我每讲一遍都有更深的体会。其实我现在用到的很多知识都是‘大学物理’课程中的。”马军认为，好的观点都来自熟悉的领域，一门课程不能只是重复地讲，而是要善于“琢磨”。“教学和科研应该‘人剑合一’，在讲课中提炼总结、深入理解，找到‘点子’。”

当然，点子只是一方面。更重要的是勤奋，用马军的话说，就是“别人在工作，我在工作，别人在休息，我仍然在工作”。除了工作日，他周末也经常在办公室加班。马军教授研究的领域属于交叉学科，接触不同的领域，包括物理、力学、数学、生物、工程自动控制等。目前，他主要研究神经性疾病的诊断和发生机理、动力学系统优化控制等。

“不过，我觉得写论文更多的还是出于乐趣。”马军说，他非常愿意做研究、写论文，“这是我生活中最有意思的事情”。

划底线守规矩　认真负责做编辑

目前，马军教授担任SCI收录期刊*Nonlinear Dynamics*（《非线性动力学》）副主编，该期刊是斯普林格（Springer）旗下一种有关力学、控制系统及其交叉学科中非线性问题的期刊，该期刊近年来一直位于SCI分区表的大类2区。他是该期刊唯一的华人副主编和编委。

很多人问马军是如何成为副主编的，马军分析说:“我认为是我的认真负责。”马军从来没有出过国，也不认识外国朋友。之前，学界同行请他给*Nonlinear Dynamics*投稿的论文审稿，他对每一篇论文都给出详细的审稿意见。“即使稿件不能通过，我也从不会简单地写上‘reject’，而是从内容创新、研究方法等方面提出具体可行的建议。”在审阅了十几篇论文后，该杂志80多岁的主编Ali H.Nayfeh博士给马军发电子邮件询问："请问你是否愿意为期刊做服务呢？""我很荣幸，很高兴。"马军说："我不是多么顶尖的学者，我想是我认真负责的态度打动了他。"

2014年12月，马军开始担任该期刊普通学术编辑，2015年8月起，他与斯普林格出版社签约，晋升为该期刊的副主编，负责期刊部分稿件的筛选、送审和终审裁决，以及为该期刊推荐普通学术编辑人选。

马军的想法也很简单："好好审稿，认真负责。"有不少人想要马军推荐其担任该期刊编辑，但他很谨慎，不轻易推荐。"在审核过程中，我也发现了一些问题，我都会实事求是地处理。副主编的职位来之不易，一定要划底线、守规矩，维护良好的学术氛围和环境。"

把能给的都给学生　助力学生成长

马军教授不但自己在学术研究上成绩不菲，他的学生同样很出色。在他已指导的十几名研究生中，有3人以优异成绩提前进行毕业答辩，7名同学获得研究生国家奖学金，研究生毕业前都能发表3篇以上SCI论文。

马军要求他的学生一定要态度端正、扎实肯学。同时，他尽量为学生提供良好的科研环境。"我的课题不算很多，但我尽可能从基金中多给学生点补助。"马军说，学生做科研也很辛苦，他坚持每学年给每位研究生劳务补助5000元以上。"我会尽量让学生感到温暖。"

对于学生的论文，马军也是悉心指导，对很多前沿问题研究都给予了学生鼓励和支持。目前马军团队的3篇ESI高被引论文中2篇也曾被列为ESI热点论文（研究生为第一作者），这些论文是他和研究生共同努力的结果。以研究生秦会欣为第一作者在*Science China Technological Sciences*发表的论文*Dynamics of electric activities in neuron and neurons of network induced by autapses*在目前ESI数据库文章分类中标签为"research front"（研究前沿），相当于开辟了该领域的研究。马军团队先后在《科学通报》和《中国科学》（英文）系列期刊发表了10篇论文，并为*Science China Technological Sciences*组织了1期专题稿件，该批专题稿件于2016年发表后已有1篇论文进入ESI高被引。鉴于马军团队对

《中国科学》系列期刊的突出贡献，他先后受到期刊编辑部3次奖励，先后被编辑部评为“最具贡献作者”“优秀论文作者”“高被引论文作者”。

马军还对每个学生给出诚恳的就业建议，他认为，不一定每个学生都适合做科研，到企业中就业也是不错的选择。“我会告诉我的学生，要培养学习能力，要具备较广的知识面，要有较强的可塑性。”马军认为，最重要的是要让学生明白自己的价值所在，在合适的岗位才能做得更好。

这种良好的学生氛围和亦师亦友的关系，使得他的学生毕业后在不同的行业、不同的岗位都干得相当出色。

心系学校 期待做出更多成绩

尽管发表了这么多SCI论文，马军教授也不是为了学校的科研奖励。“发表论文更重要的是为了扩大学校影响。”马军说，虽然在校内看，物理系的成果相对较多，但放眼全国还是与优秀高校有较大距离。目前高校排名的重要参考之一就是发表SCI论文的数量及被引用次数。

他认为：“论文是很重要的学术指标，是科研成果的集中体现，是指导实践的重要基础，更能为学校影响力的提升做出贡献。科研，尤其是基础学科研究，要面向国际前沿，先研究理论，才能对应到技术层面。”

作为SCI期刊*Nonlinear Dynamics*副主编、*Science China Technological Sciences*客座编辑和PLoS One的普通学术编辑，马军更多的是想“依托期刊，为学校做一些实际的、扩大影响力的工作”。马军表示，他很乐意为期刊推荐学校的优秀教师担任相关期刊学术编辑，也希望能争取期刊的政策支持，进一步扩大学校的影响力，提升学校实力。

结合自己的教学工作，马军在人才培养方面也有独到的见解。他认为，纯理科在就业方面不占优势，可以考虑以理学为基础，面向工学培养学生。他说：“既然培养人才，就要为学生负责，所有的学生工作都要围绕学生制定和开展。学校的中心工作要形成合力，要真正把学校建设成为‘双一流’高校。”

2016年11月上旬，马军教授荣获《中国科学》和《科学通报》年度突出贡献表彰，中国科学院院长白春礼院士为获奖者颁奖，希望大家继续努力，做出新的贡献，为进一步加强国内外学术交流、促进科研事业持续发展做出积极贡献。马军说："我会继续努力取得更好的学术成果，为我校ESI学科建设做出更大的贡献，希望我们学校也有机会创办自己的品牌期刊，希望更多高水平的年轻老师到SCI期刊担任编委。"

（杨天雨）

情系西部生态文化变迁的法学学者

她曾多次只身前往甘南牧区进行田野调查，和当地牧民同吃同住，在广袤的草原上与他们席地而谈。她用一颗热情又冷静的心体味游牧文化的变迁，感悟着这片神山圣水之间蕴藏的生态智慧。她就是兰州理工大学法学院的常丽霞教授，2015年10月，凝聚着她多年努力的著作《藏族牧区生态习惯法文化的传承与变迁研究——以拉不楞地区为中心》荣获第七届高等学校科学研究优秀成果奖（人文社会科学）法学类三等奖，成为甘肃省法学类唯一获奖者。

什么是你的贡献

著名法学学者苏力曾在他《法治及其本土资源》一书的序言中提出："什么是你的贡献？"他说，真正的贡献，只能产生于一种对中国昔日和现实的真切的和真诚的关怀与信任。常丽霞作为一名西部学者，一直关注着西部地区，尤其是民族地区日趋严重的生态环境问题。她敏锐地看到民族地区生态环境法治构建的困境：一方面，当代生态环境立法空前繁荣；另一方面，生态环境法律制度对于民族地区"整体恶化"的生态环境问题却呈现出令人遗憾的实效性。正是基于这样的困惑与思考，常丽霞开始了自己的学术研究。"带着这些问题意识，我勇敢地迈出了实证调研的步伐。尝试描述一种现实，探索破解的途径。这也是我，作为一名西部环境法学者的贡献。”

自然最知　探寻蕴藏在藏区的生态法治智慧

翻开常丽霞的这本获奖著作，除了能感受到她扎实的法学功底外，还能看到大量分布于相关章节的藏区祭祀颂词、山水崇拜文化，以及与当地藏族牧民的访谈案例等有关藏区历史、文化的描述。她说，法律无法离开社会、人及文化等整体性构成要素而存在，地方性知识与区域生态环境的保护成为少数民族地区生态文明建设不可剥离的两方面。

所以，多年来，常丽霞除了埋头苦读专业书籍外，还“恶补”了大量人类学、民族学的知识，选修了藏文，多次到甘南藏族自治州的夏河县、玛曲县对当地政府部门和藏族朋友们进行访谈，探寻蕴藏在牧区的生态法治智慧。她梳理了藏区集体化时期和改革开放时期生态习惯法文化体系所发生的变迁，以真实鲜活的案例分析了生态习惯法文化的未来走向及其对当代法治实践的可能贡献。几年赴藏区的田野调查让她对生态环境法有了更深的领悟，也拓展了她学术思考的厚度和广度。“对于生态问题的任何学术关怀都不能孤立地依本学科之见，而应当尽可能地寻求各学科之间的沟通与协作。藏族牧区生态法治的困境揭示出，构建生态法治无法回避植根于民族社会文化土壤中的固有的生态习惯法文化。藏区生态保护习惯法文化是我国当代生态法治的重要法治资源，目前仍然发挥着非常重要的作用。”常丽霞坚定地说。

西部学者的文化自觉

面对这次获奖的荣誉，常丽霞显得很平静。她说生态环境问题根源的复杂性，决定了相关学科之间应当突破学科壁垒，寻求知识的互惠与对话，共同探寻生态环境问题的破解之道。目前她正专注于国家社会科学基金项目“生态文明视域下藏族生态习惯法文化的传承与当代变迁研究”的调研工作，她将到青藏高原，与草原上的人们携手一起走下去。

著名社会学家费孝通先生曾经提出了“文化自觉”这一命题，以期中国的知识分子对自己的文化有充分的认知。正是基于这种文化自觉，多年来，常丽霞不断努力，先后主持和参加国家社科基金项目3项，省社科规划项目3项，省教育厅研究生导师项目2项，出版专著2部，教材1部，发表论文20余篇，其中权威、核心期刊10余篇。曾获得甘肃省社科优秀成果三等奖，兰州理工大学2013、2014年度科研优秀个人等荣誉。

2015年，甘肃省哲学社会科学重大研究基地——甘肃生态建设与环境保护研究中心入选高校精准扶贫智库，作为研究中心的副主任，常丽霞再一次开始和她的同事们以脚步丈量西部生态法治进程。她说："多年来，我的研究方向始终专注于西部地区生态环境法治的构建，未来我还将在这条学术道路上继续探索。"

（朱莉萍）

淳朴的表达比写作技巧更重要

《嘉禾的夏天》是何延华获得第二届《飞天》十年文学奖的短篇小说。少年嘉禾把小母羊银银视若珍宝，为了搭救好朋友大林病重的爷爷，两个小伙伴想尽了各种办法，但令人心酸的是，嘉禾美好的愿望在夏天像泡影一样幻灭了：银银最终被剥了皮，爷爷也病死了。《小说选刊》编辑评价：这是一篇因善良而纯粹，因纯粹而高贵，因高贵而美丽的小说。

在何延华的笔下，孩子的天真友爱、放羊老汉的艰辛执着、恋爱男女的羞涩炙热，这些生活中我们熟悉的场景都以流畅、明丽的情节自然地流淌出来。何延华说，故事就是故事，有着朴素的情感、淳朴的表达比写作技巧更加重要。

从家乡出发的写作之路

何延华是出生在甘肃省临夏州积石山县的80后藏族女作家，文学博士，目前在兰州理工大学文学院从事教学工作。

家乡一直是何延华心底最柔软、最温暖的地方，广袤丰饶的山川田野里，散落着一座座她熟悉的村庄。她眼中的家乡文化丰富而独特，有着情真意切的“花儿”，妙趣横生的“宴席曲”，历史悠久的“秧歌”，古朴喜庆的“财宝神”说唱艺术；她脚下的家乡碧草如茵，牛羊成群，绿树葱茏，景色如画；她心里的乡亲朴素温暖，友爱团结，相互扶持着渡过人生的一个个难关，迎来人生的一个个春天。这些真善美都被何延华写进了小说，在物质文化喧嚣的今天，这些作品带给人们的是光明、希望、温暖和爱。

何延华从小就喜欢写作。小学三年级写的日记已经被老师当作范文在全班诵读；初中的时候，对写好的作文，她开始有意识地润色加工，参加了当时学校的春蕾文学社，成为学校里的小记者；高中，她离开家乡到外地求学，单纯的作文已经不能满足写作需求，在临夏州的中学她开始了小说的写作；三年后，何延华考入了甘肃民族师范学院，这所草原上的学校给了她更多创作的灵感，她进入了学校绿苑文学社，成为一名编辑，同时在《飞天》杂志上发表了小说处女作《昨夜之灯》。

2007年，怀着对文学的热爱，何延华考入陕西师范大学中国现当代文学专业攻读硕士学位。偶然一次回家，在乡间的小路上，她看到一群放羊的小孩，这熟悉的场景让她想起了自己逝去的宝贵童年，草原、羊群、蓝天、白云，那么亲切美好。于是就有了《嘉禾的夏天》的开头："夏天的一个黄昏，小男孩嘉禾赶着羊群从山坡上下来。羊的肚子都鼓鼓的，走起来像一支行军的队伍，铿锵有力；小男孩嘉禾像一位将军，昂首挺胸，鞭子甩得脆响。"不过几天，这部短篇就完成了，孩子的纯真与美好被刻画得真挚感人。2011年，何延华来到兰州大学文学院进行博士阶段的学习，这期间，她又创作了几部中篇小说。

2014年，何延华的中短篇小说集《嘉禾的夏天》由长江文艺出版社出版，从在这些作品的字里行间，你不难想象到在那片青草坡旁的秀美村庄就是作者的家乡。她说，写作之路从家乡开始，但希望这条路能走得更宽、更广阔。

除了表达真善美 还想写出农村的现状

在小说《证据》里，何延华以自己多年细心的观察写了积石山下放羊老汉乔真的故事。杏花屯的老汉们都爱抽黄烟，他们会用自己手工制作的精巧烟锅抽，也会用帽窝里衬着的旧报纸卷起烟末儿美美地吸上一口，这对过惯苦日子的老汉们来说，是晚年无限的乐趣，除此之外，放羊就是他们起早贪黑要忙的活。乔真老汉就是这样的一个主人公，他照顾羊就像疼爱自己的儿女一样，夏天他给羊群洗澡，冬天他给怀孕的母羊和小羊羔披上毛毡；他和羊儿最早到达草场，最晚回家；他的羊儿最听话、最团结、最漂亮，也最优雅。可是49只羊都被偷了，乔真老汉失望又振作，在集市上，面对找寻多日的羊群，面对等待证据的警察，他和自己的羊儿上演了一出只属于他们的默契舞台剧，精彩绝伦，令人叹服，最终羊群失而复得。

何延华说，家乡放羊的主要是小孩和老人，生活的艰辛在这其中展现得淋漓尽致，透视真实的农村，也是她作品想要表达的主题之一。“乔真老汉给出的证据并不是法律上的依据，而是艺术的证据。写作时，我就想艺术化地展现放羊的过程。”何延华说，艺术化的展现会让乔真的生活看起来更加苦难，这也是她的立意。

在何延华的作品里，主题都是在弘扬真善美，但农村的生活现状却力透纸背。《烈焰与往事》由村子里集市上一处裁缝铺里发生的爱恨情仇反映出改革开放30年农村的变化;《乔庄新年记事》讲述村子里麦场上人们不断热议着的话题，这些故事随着城市化进程的加快、农村的逐渐败落发生着变化，描写了人们面对陌生环境的无所适从和女性的不幸;《酸卓玛与甜扎西》就像一部爱情电影，男女之间初恋般的美好感情就这样自然铺陈开来;《立春》写了大人世界的复杂和勾心斗角，还有少年营救小狼失去生命的震撼……

何延华将大量的民族谚语、歌谣写进小说，这与她力求让小说更具民间性、民族性分不开。她的老师程金城教授这样说:“何延华的小说题材看似简单，但内涵和叙事技巧绝对不简单，艺术表现力绵里藏针，不可小觑。她描写的人与事似乎是小的、陈旧的，但表达的精神却是现代的、新颖的。”

故事的影子就在生活中

经常，何延华看到一个场景，听到一句话，就在脑海里想到一个故事。和其他的写作者不太一样的是，她从不列提纲，也从不熬夜，都是在白天跟着自己的感觉写，按她的话说，自己有点懒惰，也比较随性，在想好一个故事后，并不是很着急地一下子就想写出来，而是有时间就写一点，随遇而安。

现在，何延华在学校教授的课程是“大学语文”和“大学写作”，除了按照课程大纲的要求，她还会有意识地给同学们推荐适合的文学作品，也会布置如散文、诗歌、小说等不同题材的写作作业。她发现，在这所理工科学校里，爱好写作的同学其实并不少。

采访中的何延华语调平缓，将她多年的写作路娓娓道来，像极了她的作品：安静、淳朴、丰盈、炙热，雅俗共赏。

何延华，中国作家协会会员，中国少数民族作家学会会员，全国第七次青年作家创作会甘肃省青年代表作家之一，鲁迅文学院第十期少数民族作家培训班学员。主要从事中国现当代文学研究与藏族当代文学研究，以及大学语文的教学工作，业余从事小说创作。参编兰州大学少数民族研究院“十二五”重大规划项目《藏族民间口传文化汇典》，任《藏族民间口传文化汇典·文学卷》副主编，在《社会科学家》《西藏大学学报》《兰州大学学报》上发表CSSCI论文数篇，在国家级文学刊物上发表中短篇小说多篇并多次被《小说选刊》转载、入选多种国家级年度选本。出版个人中短篇小说集《嘉禾的夏天》。荣获甘肃省第五届“少数民族文学奖”一等奖、甘肃省临夏州第一届花儿文学艺术奖一等奖、第二十三届“东丽杯”全国梁斌小说奖中篇小说优秀奖、第二届“《飞天》十年文学奖”等奖项。

（朱莉萍）

让思政课“活”起来、“火”起来，成为每位同学心中的那道“菜”

李明珠，女，汉族，1972年12月生，辽宁盘锦人。兰州理工大学马克思主义学院副教授，硕士生导师。2000年毕业于兰州大学历史系，历史学硕士。2000年至今在兰州理工大学工作，甘肃省法学会会员。近年来发表论文10余篇，出版专著两部，参编教材一部。主持国家社科基金项目一项，参与甘肃省哲学社会科学规划项目两项，兰州市社科规划项目一项，主持兰州市科技局项目一项，主持校基金课题两项。曾获兰州理工大学青年教师讲课竞赛三等奖，兰州理工大学微课竞赛二等奖，甘肃省高校思政理论课教学能手奖。主要研究方向为中国化马克思主义与中国传统文化、高校网络思想政治教育。

“一上课总有一个问题始终在我脑海里，你说的都对，你说的我也都懂，但是你说的到底有啥用？”曾经，这篇名为《想逃思修课的请举手》的文章在高校大学生中广为流传，这种在时任教育部长陈宝生看来，“抬头率不高、人到了心却没到”的思政课成为大学里“逃课率”最高的公共课之一。

2016年年底，高校思想政治工作会议召开，习近平总书记发表重要讲话，为全国高校思政课堂改革吹响了号角。怎样改进和提高课堂的吸引力、亲和力和影响力？真正做到“为大学生的成长助力，为他们加油，为他们美容”也成为兰州理工大学思政课教师新的着力点，马克思主义学院李明珠老师就是其中之一。

从事高校思政课教学10余年，李明珠有着自己讲课的独特“秘方”，她善于将诗词等中华传统文化引入课堂，以讲故事的形式将教材内容娓娓道来，这种一改过往“填鸭”“说教”“强调重点”的新颖授课方式，被学生形容为“听百家讲坛，引人入胜”。

“李老师讲课很有意思，就像听故事一样。第一次开课讲课堂要求时，李老师总会幽默地说‘同学们，上课一定要带上你的元神，不要只带来你的仙体’，大家一笑之中，就记住了这位老师。当然想选李老师的课也不容易，手一慢就错过了。”经济管理学院贾海霞同学说。

理论和实践相结合

高校思政课改革的重点之一就是将引导大学生学习党的基本理论和实践中群众的丰富创造相结合，只有筑起这样一个“同心圆”，才能让学生更加深刻地理解理论的来源和意义。

早在2011年年底，兰州理工大学马克思主义学院就组织了一场名为“教师走基层”的活动。李明珠和老师们一起，分组行走在祖国广袤的大地上，用观察、调研等各种方式直观地感受国家的发展变化，这些亲身经历的鲜活深刻事例成为他们在课堂上的重要素材。“讲课更有底气，也更有说服力，理论的高度和现实生活中的例子相结合，这样的课堂更有吸引力。”李明珠深有感触地说。

与此同时，她也会让学生登上讲台：以“家国情怀”为主题，同学们选择“国家”“家乡”的发展变化，自己搜索资料做成PPT现场展示。这种让学生做“主角”的上课方式，加深了同学们对所学知识的理解和运用，受到了他们的欢迎。

“让学生上台演讲，其实是贯彻以学生为中心的教学理念。从十八大以来，思政课更强调入耳、入脑、入心。我觉得思政课应该用更生动的形式，让学生更多地参与到课堂中来，让同学们有更多的获得感，觉得上这个课真的是终身受益的。"李明珠老师在记者采访时谈道。

线上和线下相结合

在如今的信息化时代，运用好网络阵地，给大学生输送正确的理论、健康的信念显得尤其重要。

兰州理工大学是西北第一所加入教育部易班网络思政的高校。在这个网络平台上，李明珠开设了"中国近代史纲要"课程，她通过这种全新的授课形式，延伸到了课外、线上，李明珠说，今天的90后是互联网的原住民，只有主动将思政课堂搬到同学们关注的地方，才能起到更好的作用。

"选出谁是你心中的千年思想家""我心中的思政课"，李明珠经常通过线上小调查来了解学生的心思。"学生课堂上精力集中的只有15分钟左右，得想办法调动他们的积极性，使学生的关注力始终在课堂上。"李明珠说道。她充分利用网络教学资源，把名校教师的教学视频、专家的主题演讲截成5分钟左右的小视频，在课堂上穿插着播放，跟大家一起领略名师的风采。

育德和育心相结合

"我很喜欢上李老师的思政课，她知识渊博，旁征博引，历史典故信手拈来，国际形势分析头头是道，课后也是风趣幽默。"2014级国际经济与贸易（1）班学生蔡家豪告诉记者，凡是上过李明珠老师课的学生，都会留下深刻印象。"思政课原来也可以上得这么有趣，这是我从来都没想到的"，有同学如是说。

"对学生来说，思政课也不仅仅是家国情怀，还应该具有求知精神、人文素养、价值判断。应该努力引导他们学习传承中华优秀传统文化、社会主义先进文化，帮助他们健康成长。"李明珠平时注意不断补充扩展自己的知识结构，在课堂上熟练地引经据典，同时她认为，"上好大学里的思政课不能只依靠专业老师的教授，这种润物细无声的教育，更需要多方共同协作，想要学生具备很好的思政精神，需要每一位老师和辅导员言传身教，这也是习总书记谈到的‘课程思政’”。

经管学院2016级会计（1）班学生高丽媛告诉记者，“李明珠老师在上课时不但会讲很多历史故事，还会在每节课的开始与我们探讨最近发生的热点新闻，掌握时代的脉动，从一些细微之处引出我们课上要学的原理”，“之前在有些课堂里，老师照本宣科讲PPT，偶尔会打瞌睡。但是现在老师很能抓住我们的心理，比如，通过诗词、调查问卷和学生走上讲台等方式让上课对学生们来说很有新鲜感，大家都从低头族变为抬头族。”

十九大报告中指出，青年兴则国家兴，青年强则国家强。青年一代有理想、有本领、有担当，国家就有前途，民族就有希望。围绕青年学生各方面的实际需要，兰州理工大学的思政教育正在逐渐地改进与完善，丰富思政课程形式、创新思政教育内容载体，努力引导学生成为大学思想政治理论课主角，让大学生对思政课有了不一样的感受。

“国内的思政课改革的确非常必要，要注重以多元的形式来丰富思政课的课堂，但是一定要注意把握一点：内容为王！再好的形式都是为内容服务的，所以思政课的课堂讲述还是要紧紧围绕课本来进行，否则就舍本逐末了。”李明珠老师说。

（马文斌）

执着与激情 只为那堂课的精彩

南军虎，博士，副教授，硕士研究生导师，2010年进入我校能源与动力工程学院工作至今。先后为本科生和研究生讲授“流体力学”“流体力学及叶栅理论”“工程流体力学”“高等流体力学”等专业基础课程和学位课程。目前主要从事水工水力学及计算流体力学的研究工作，主持完成国家自然科学基金青年项目和甘肃省自然科学基金各1项，参与国家及省部级科研项目10余项，发表学术论文10余篇，合编著作1部，参编教材1部。

近10年时间，他先后荣获“甘肃省师德标兵”“兰州理工大学师德标兵”荣誉称号；获得甘肃省教学成果奖、全国水利类专业青年教师讲课竞赛一等奖、甘肃省首届中青年教师基本功大赛三等奖、兰州理工大学中青年教师讲课竞赛一等奖、兰州理工大学青年教师教学基本功大赛一等奖等奖项。

初出茅庐，谦虚走进老教师课堂

南军虎讲课从加强体验开始，去教学经验丰富、教学效果良好的张风羽、陆初觉教授的课堂直观感受他们的讲课魅力和技巧。

2010年7月，南军虎从西安理工大学水力学及河流动力学专业硕士毕业，走上教学岗位。作为初出茅庐的年轻教师，他将第一步慎重地迈进了前辈老教师的课堂。“我的讲课从模仿开始，去教学经验丰富、教学效果良好的张凤羽、陆初觉教授的课堂感受他们的讲课魅力和技巧。”

在听老教师上课的过程中，南军虎注重学习他们讲课的思路和方法，并和自身的想法相结合，逐步探索出自己的教学方法。“张老师非常认真，上课时公式推导逻辑严密，富有条理，图表绘画规范美观。甚至一幅图画在黑板的什么位置更为合理，他都会给我讲解。”听课之余，南军虎会帮张老师批改学生作业、试卷，借此机加深对知识的理解。

南军虎说：“两位前辈教师虽已七十多岁的高龄，却依然坚守在教学第一线。他们教学经验丰富，直到现在，每次上课之前还会仔细备课，讲稿的书写方法和风格、讲课的方式和技巧给我们这些刚走上讲台的年轻教师做出了很好的表率。”

采访中，很多教师都说讲课是一门艺术，需要不断学习对比，博采众家之长。南军虎认为，和老教师相比，他最缺的就是耐心，还有讲稿编写的“功底”。“我的讲稿大部分都会吸收张凤羽老师几十年来积淀的精华。他的讲稿无论是内容的安排还是语言的组织都堪称经典。”南老师对张老师的佩服之情溢于言表。

认真备课，因为要想感动学生须先感动自己

陆初觉老师说：“南军虎老师备课认真充分，参考了多本书籍，讲稿内容简练，重点突出，对难点问题剖析比较透彻。精选例题，一题多用，涵盖了本节课的全部内容。”

近年来，学校不断壮大师资队伍，一批批年轻教师刚走出校门就站在了讲台上，缺乏实际教学经验是他们遇到的首要问题。面对这种情况，学校很多老教师都提供了同样的一个建议：认真备课，功到自然成。

采访中，南军虎的每句话都透着一股钻劲。面对较难的教材，他在钻研如何讲得通俗易懂；面对有些学生不爱听、听不懂，他在钻研如何吸引学生，启发学生。他说，自己会试着从课堂教学中体会乐趣。“我记得在参加新教工培

训时，有老师曾说过要感动学生须先感动自己。”

上课的效果好坏，首先取决于备课的功底是否扎实，这是基础，也是最难的一个环节。每次上课前，南军虎会针对下节所讲内容参照多本参考书目。针对同一观点不同作者的不同表述，他会综合各种观点后将内容理解透彻，最后转化为自己的语言整理成讲稿。他反复研习讲稿，理清各部分内容之间的逻辑关系，找出一条主线，做到能够背诵或者推理其中的内容，上课时按照此思路进行，可基本脱离讲稿。因为他对内容很熟悉，并且使用的是自己的语言，讲课时偶尔卡壳，换个说法继续下去，也能对付自如。“用自己的语言写讲稿，方便记忆和理解。我比较在乎学生的感受，生怕讲不好这堂课，他们听不懂，所以花在备课中的时间比较长。”

激情讲课，设身处地为学生着想

讲课是一门艺术，教师就是一名艺术表演家。想想看，老师在讲台上讲，下面学生昏昏欲睡，无精打采，这场表演该是多么无趣。南军虎在台下勤奋“练功”，台上激情“表演”，而这一切都是为了让自己的“观众”满意，因为他看重并享受和“观众”的互动。

在他的课堂上，新的教学内容以简要的复习要点切入。复杂枯燥的公式都由他引导学生一起推理，之后以整齐漂亮的板书呈现，为加强学生记忆，一些复杂的图示会以PPT展示，“这样做的目的是减少单一板书造成的单调与乏味”。上课过程中，他声音洪亮，发挥自如，能够设置一些专门的题目留给学生自主思考，如此循循善诱，方能形成互动。同时尽量把抽象复杂的内容生活化，如在讲解拉格朗日法时，他会用“籍贯”这个词来比喻流体质点在初始时刻所处的空间位置。“不论流体质点在其他时刻运动到何处或运动参数经历了什么变化，每个流体质点都会对应一组初始坐标值；对个人来说，哪怕时光过去了十年或者二十年，不论你曾经佩戴红花还是满脸泥巴，不管你工作或生活在哪里，身处何职，但你的籍贯是一定的。”类似这样生动的事例更容易让学生听懂接受。

对待学生，南军虎非常真诚。他在第一节课的时候就向学生说，如果有与所学内容有关的问题，尽管问。“虽然有些问题我可能也会无法解答，但是跟学生交流也是教学相长的过程，会督促我进一步思考。”一些在课堂上解答不了的问题，南军虎会在课后向老教师请教或自己查阅相关书籍资料之后给学生耐心讲解。

目前，南军虎及流体力学教研室同事承担的流体力学课程是学校部分传统优势专业最重要的支撑课程之一，也是我校其他所有工科专业必不可少的基础课程，对提高人才培养质量和打造学生专业核心能力具有强有力的支撑作用。

然而，流体力学课程具有数理逻辑严密、内容艰涩、理论性强等特点，学生学习时往往“兴味索然”，碰到具体问题时也不知该用哪些理论。为此，南军虎老师和流体力学教研室同事探索新的教学模式和教学方法：在教学过程中开展了混合式教学改革，进行了流体力学形象化教学探索及实践，以科学研究促进教学水平和教学质量的提高。这些举措有效解决了学生学习流体力学课程时碰到的一些普遍问题，在培养学生创新能力与工程应用能力方面形成良性循环。

2017年，南军虎老师获得甘肃省教学成果奖。关于未来，南军虎说，教学科研、学生培养依然是他梦想的圆心。

（朱莉萍）

他属于蓝天

美丽的楠溪江腹地浙江省永嘉县林坑村，古村落建筑风格和文化特色鲜明，灰色屋顶的木结构的房屋错落有致，层次分明。村中溪水潺潺，鸟语花香，俨然一派世外桃源。

这里长眠着一位蓝天勇士，他就是凤凰卫视中文台副台长、甘肃工业大学机械一系铸造专业1978届校友赵群力。2001年9月2日12时20分，在永嘉县执行《寻找远去的家园》节目航拍任务时，因驾驶的“小蜜蜂3C”超轻型飞机撞在高压线上坠毁，赵群力不幸殉职，时年51岁。

赵群力于1987年学会驾驶轻型飞机，成为中国第一个能够驾驶飞机的新闻记者。此后更成为中国集高航、驾驶、拍摄三责于一身的第一人。他曾拍摄过大型文献纪录片《邓小平》《周恩来》《长征》等，因其恢宏的气概和史诗般的风格，被称为“中国航拍第一人”。

为纪念赵群力，在凤凰卫视的主导下，林坑村腾出当时的村委会，建成赵群力纪念馆。绿水青山之间，《寻找远去的家园》航拍飞机遗骸被高高悬挂在纪念馆上方；鲜花掩映中，赵群力的雕像肃穆而立；蓝天白云下，纪念馆与古村落浑然一色。人们将他的骨灰安放在楠溪江边，以期告慰英雄，教育后人。

航拍是他的事业

赵群力，1950年出生于福建漳州，1968年至1971年在甘肃高台县南华公社插队，1978年从甘肃工业大学毕业后，进入甘肃电视台工作。历任甘肃电视台副台长、凤凰卫视中文台副台长兼凤凰影视（深圳）有限公司常务副总经理等职。

在凤凰卫视任职期间，他一直负责《千禧之旅》《欧洲之旅》《穿越风沙线》《寻找远去的家园》等大型节目的航拍工作，创下了中国驾驶“小蜜蜂3C”超轻型飞机飞得最高（海拔3900米）和最低（海拔-150米）的飞行纪录。

赵群力从小就爱好摄影，从照相摄影到电视摄影，包括电影摄影，都是他研究的对对象。他在学电视之前，用的是16毫米的摄影机，航空与摄影这两个事业结合在一起后，他成为一个用自己独特的视野观察生活和大自然的专业媒体人，也是华语媒体界独一无二的优秀航空摄影家。

赵群力在工作中始终保持一丝不苟的工作精神。在《邓小平》的片子拍摄过程中，为了能把左、右江的镜头拍好，他多次试飞，不断调整机位，一次次飞行、琢磨，最后飞机迫降在江边的沙滩上。为了把距离林坑村10公里的地方用最美的角度拍摄下来，他冒着巨大的风险，沿江，溯流而上，盘旋5圈才返回，敬业精神令人敬仰。

为航拍曾数次死里逃生

赵群力从青年时期起就对飞行充满向往，在他还没有机会触碰到飞机的时候，就决心选择这份充满了危险的事业。他对飞行的爱也体现在给儿子所起的名字上——赵航。现在，赵航也在凤凰卫视工作。他说：“我父亲是一个非常敬业、对事业非常热爱的人。从我小时候起，他就用他的行动教育着我。在2009年我也学会了驾驶‘小蜜蜂’飞机，希望把我父亲的航拍事业继续下去。”

十多年的航拍生涯，赵群力一直工作在危险的环境中，越是艰苦他越往前冲。与赵群力一起拍摄《寻找远去的家园》的摄制组成员曹伟对记者说：“群力的敬业精神是出名的，51岁的他常常身兼领队、飞机驾驶员、空中摄影师、飞机机械师及汽车司机等数职，为了保证拍摄效果，他常采用几乎无高度（不到1米）飞行。一次航拍时，他独身驾机在沙溪中心拍摄，结果飞机意外失灵，迫降后，他揣上飞机上仅存的一瓶矿泉水，拿起定位仪，一个人悲壮地走了10小时才从沙溪中逃生。”

蓝天见证他的艺术贡献

他的作品应该说具有世界水平。有的人认为他的作品可能从航空摄影角度还可以挑出一些瑕疵，但是正因为超低空飞行带来的独特视觉享受，使他的作品具有非常独特的群力风格。赵群力是一位优秀的航空摄影家，同时又是非常杰出的新闻从业人员。他的同事说：“尽管他本人心态比较年轻，但我觉得这样一个新闻从业人员表现出来的精神和风范更值得我们学习。”

赵群力一次次给自己提出更高的标准和要求。包括嘉峪关的拍摄，那么冷的情况下，他一次次从空中找最好的角度和速度，和车队保持最好的主题表现关系。正是因为有这样精益求精的追求，他才能够创作出完美的作品。

他本人还具有非常好的美学概念。在大兴安岭湖拍摄跟天鹅比翼齐飞的镜头时，他不愿意惊扰小天鹅，驾驶飞机在后面慢慢飞。湖面那么平静、那么蓝，小飞机还轻轻抖动着自己的身躯，好像他也变成了一只天鹅在飞翔。这样尽善尽美的美学追求体现在时时处处。

凤凰卫视台长刘长乐说：“我们失去了群力，这是一个非常巨大的损失，我想中国电视界可能也找不到这样的人，不仅找不到一个把完美的航空技艺和摄影技巧结合在一起的人，更找不到一个像他这样能够孜孜不倦、百折不挠追求自己职业上的享受和职业价值体现的人。”

奋斗，探求，不达目的誓不甘休。作为中国第一个自驾航拍的电视人，赵群力曾经创造多项中国电视航拍摄影的纪录。他是大型文献纪录片《邓小平》等一批电视作品的执行总编导和航空拍摄者。2000年，他因出色完成凤凰卫视和北京电视台联合摄制的大型电视纪录片《穿越风沙线》的航拍任务而被授予中国电视界2000年“最具专业精神的电视人”大奖。如今，永嘉楠溪江的古村落群以其深厚的文化韵味和保护完好的村落形制而被列入中国八个文化区之一，成为旅游胜地。

曾有人问赵群力：“这么多的空中险情，你不为自己担心吗？”他望着蓝天说道：“在空中的那份感觉，你永远体会不了……”他的儿子赵航说：“我小时候会觉得爸爸像孙悟空，一个筋斗十万八千里，天不怕地不怕，心无旁骛一心只向西天，历尽磨难最后取得真经。后来，看过吕克·贝松的*The Big Blue*之后，发现他和主人公杰克简直就是同一个人的海天翻版：一个钟情潜水葬身大海，一个热爱飞行魂断蓝天。”

最后一次起飞前，赵群力曾留言：“如果我今天没有回来，请沿楠溪江找我。”谁都没想到竟一语成谶。由于地形条件极为复杂，赵群力在返航途中误撞高压线坠毁，不幸殉职。他留下的最后一盘录影带向世界揭开了永嘉山水和林坑古村的面纱，让更多的人见识了她的美丽，但他却将生命都献给了这片蓝天。

追悼会当天，一只巨大的黑色凤尾蝶在群力雕像身边纷飞舞动翅膀，迟迟不忍离去。

（李建东）

黄河浪尖上的青春绝唱

2014年10月1日，在水流湍急的黄河岸边，为救一名13岁的陌生少女，兰州理工大学能源与动力工程学院大二同学魏玉川不幸牺牲。

有一种精神最为宝贵，有一种精神最为震撼，需要我们付出生命和鲜血，这种精神就是舍己救人。魏玉川同学用自己英勇壮举，彰显了这种宝贵精神，践行了社会主义核心价值观，用自己年仅21岁的生命，让我们看到了身边熠熠生辉的生命正能量。

为救落水女孩，他毫不犹豫跳下黄河

10月1日一大早，兰州理工大学能源与动力工程学院的魏玉川、王进才、薛守康、吴阳林、李所先等5位同学相伴走出校门，打算利用国庆假期去兼职打工，锻炼社会实践能力。当天，他们按照事先联系的电话，来到安宁区培黎广场周边参加兼职面试。中午11点左右，他们结束上午的面试，在一家面馆吃了午餐。吃饭时有人提议，不妨趁着今天休息时间，大家一起步行回学校，沿途还可以拍照留念。于是，这几个关系很好的90后大学生，一路有说有笑，漫步来到了北滨河西路靠近七里河黄河大桥处。

当天是国庆长假的首日，天气格外晴朗，黄河边也聚集了不少散步游玩的市民。魏玉川他们5个人坐在河岸边休息聊天，拍了几张照片，不时还捡起身边的石子打一下水漂。突然间，就在离他们不远处的一处石头河滩上，一个小女孩不慎滑入了黄河。看见女孩落水，魏玉川毫不犹豫地纵身跃入了湍急的河水救人。

“事情发生得太突然了，我们只听到身旁扑通一声，转眼一看，魏玉川已经跃下了黄河。由于当时水流速度非常快，也就是一眨眼的工夫，他已经被河水冲离了岸边。”回忆起当时的情形，王进才同学依然记忆犹新。

“当时的时间是12:40，我永远不会忘记那一刻。”王进才同学告诉记者，看到魏玉川和小女孩一起被河水卷向河心，同学们和在场的10多位市民一起大声呼救，并立即拨打报警电话求助。而在湍急冰冷的河水中，魏玉川奋力前扑，用左手抓住了小女孩，用右手使劲划水。但是，由于水流湍急还有漩涡，魏玉川和小女孩都被黄河水无情吞噬。

随后，水上派出所民警第一时间赶到了现场，还带来了十多位冬泳爱好者，大家立即下水进行营救。转眼间，搜救行动已经进行了近4个小时，滚滚的黄河依然东流，但奋不顾身救人的魏玉川和落水小女孩却再也不见了踪影。在之后的七天里，兰州理工大学和相关部门始终没有放弃希望，全力展开搜索和营救行动。但10月7日下午，还是传来了不幸的消息，在黄河皋兰什川段回水湾处找到了魏玉川同学的遗体。

家人：“他从小见不得别人有困难”

“刚听到魏玉川为救人被水卷走的消息，我感到很悲痛和震惊，但我一点也不感到意外。这孩子从小就爱打抱不平，见不得别人有困难、受欺负。我相信遇到有人落水时，他肯定会毫不犹豫地冲上去。”魏玉川的表叔这样评价自己的侄子。一直以来，魏玉川都把这位曾参与汶川大地震救援工作而荣立二等功的表叔作为自己的榜样。他曾多次对叔叔说，自己长大后也要像叔叔一样建功立业，尽全力帮助和支持有困难的人，在自己所从事的工作岗位上，为国家做出应有的贡献。

“龙龙（魏玉川的乳名）从小就特别懂事听话！”魏玉川的舅舅说，孩子一直以来都是家里人的骄傲，学习特别认真刻苦，做人踏踏实实，从小就非常孝顺懂事，放学回家后就帮助父母亲干农活。而魏玉川为救人溺水失踪后，他的父亲只要有空，就会捧起手机，细细端详里面存储的孩子的照片。对这位朴实的武威汉子来说，这几乎成为儿子留下的唯一纪念。

“哥哥看起来是个非常腼腆的人，但是一旦熟悉后，就会发现他特别活泼开朗。小时候，哥哥的学习成绩就非常好，在班级一直名列前茅。除了学习好，哥哥还很有责任心，邻居老大爷的子女都在城里打工不在身边，他就经常过去帮着干一些体力活。”弟弟魏会川这样回忆他最熟悉的哥哥。

老师：“乐观勤奋的好学生”

2013年秋季，魏玉川以优异的成绩考入兰州理工大学能源与动力工程学院。这个来自武威市古浪县黄羊川镇的少年，在机械电子工程专业二班开始了自己的大学学业。几乎从初入校门起，他就以自己乐观的处事态度、端正的品行和乐于助人的性格，给老师们留下了深刻的印象。

“他是一个成熟稳重，又不失活力的学生，总是给人一种积极向上、充满干劲的感觉。”魏玉川同学的辅导员包尚龙老师说，魏玉川给人的第一印象是很沉稳，不爱出风头，但是时间长了，就会发现他是个非常开朗阳光的同学。他酷爱运动，在同学们中颇具“兄长”的风范，很容易就能成为周围同学的核心。由于平时积极上进、勤学好问、为人正直乐观，魏玉川成为能源与动力工程学院2013级首批确定的大学生入党积极分子之一。

“魏玉川常常和大家在一起打球、聊天，谈未来、谈人生、谈理想，当谁遇到难题或困难，他总是竭尽全力直接帮助，是出了名的热心人。”2013级机械电子工程二班班主任刘新强，是魏玉川的班主任老师。在刘新强老师的印象中，魏玉川总是关心周围同学的学习生活，人际关系也很融洽，很多次班上的同学发生争执或矛盾，都是魏玉川主动上前进行劝解和疏导。

同学：豪爽仗义的“萌哥”

魏玉川就读的2013级机械电子工程二班共有30名学生，清一色都是男生。

在这个“小男子汉”的圈子里，大家都知道魏玉川乐于助人的热心肠。不管谁有困难，只要开口对魏玉川说，他总会尽力帮忙，哪怕手中有活，他也会停下手中的事情帮助别人。

“魏玉川平时酷爱运动，自己喜欢打篮球，还常常教同学们打篮球，就连宿舍里也贴着詹姆斯的海报。每次班里举行活动时，他都会很开心地报名参加，用他那憨憨的笑声、幽默的语言带动气氛，有他在的地方总是笑声一片。”宿舍同学吴阳林说，由于魏玉川相貌憨厚可爱，性格阳光又乐于助人，所以大家都叫他“萌哥”。从大一开始，魏玉川就一直保持良好的生活习惯，每天总是六点半就起床，叫醒每一位同学，从来没有逃课记录。

“魏玉川性格豪爽，为人忠厚而又十分仗义，他乐于助人且有求必应，有时候宁愿委屈自己也要帮助别人。不管是宿舍还是班级的同学有困难，他总是积极地伸出援手，从不会借故推脱。”回忆起为救人溺水的同学，班长马世昌不禁潸然泪下。

马世昌告诉记者，在大一刚入校时，班级中开始评定申请国家助学金的同学，由于魏玉川的家庭情况比较困难，已被班里确定了申请国家助学金。但魏玉川主动找到班长，表示一位来自云南山区的同学更加困难，自己愿意放弃国家助学金的申请机会。在后来的学习生活中，大家才发现魏玉川每月的生活费仅有七八百元，就连想买本辅导书，也只能在平时生活中节衣缩食。“就连这次，他也是为了减轻父母负担，希望在国庆假期外出做兼职，可谁知道却发生这样的意外。”

“在魏玉川出事的前一天晚上，别的舍友都去吃饭，只有我们俩留在宿舍背单词。可能是感觉我的心情有点低落，他走过来扶着我的肩说：‘你的努力我们都看在眼里，结果其实不要紧。活着，只要问心无愧就够了。’”宿舍同学魏军鹏说，实在想不到当时简单的几句对话，竟然成了他和魏玉川最后的交流。

舍己救人英勇献身，用生命诠释英雄壮举

在魏玉川在入党申请书中写道：“一个优秀的人不仅要在自己的岗位上兢兢业业，对周围的人关心爱护，还要切实、灵活地带动大家都来关心国家、集体

和他人的利益。”

在他身上，集中彰显了中华民族忠、孝、仁、爱的传统美德，他用生命传递青春的正能量，用生命践行社会主义核心价值观，用实际行动向我们诠释了一个普通90后大学生的道德底蕴和人性光辉。黄羊川镇党委书记张斌这样评价:“魏玉川在稍纵即逝的紧急情况下，毫不犹豫跳入水中救人，他的壮举不是年少轻狂的冲动，而是他良好的教育和个人修养在危难时刻的集中体现。”他是父母和学校的骄傲，是社会的良心，是民族的精英，是时代的楷模!

魏玉川同学见义勇为、舍己救人的英雄事迹得到各级领导的褒奖和社会各界的好评，甘肃省见义勇为基金会、甘肃省教育厅、甘肃团省委等部门追授魏玉川同学多项荣誉称号：兰州市文明办追授他为“兰州好人”“兰州市第三届道德模范”，兰州市七里河区追授他为“见义勇为积极分子”，共青团甘肃省委追授他为“甘肃省优秀共青团员”，甘肃省综治办、甘肃省见义勇为基金会追授他为“甘肃省见义勇为先进分子”，甘肃省教育厅、甘肃省高校工委追授他为“甘肃省优秀大学生”，兰州理工大学追授魏玉川同学“兰州理工大学见义勇为优秀大学生”，甘肃省文明办评选他为甘肃省“信合杯”第三批“最美人物”，甘肃省委批准追认魏玉川为中国共产党党员，省委省政府授予魏玉川同学“甘肃省见义勇为英雄”荣誉称号，魏玉川荣登2014年由中央文明办主办的“中国好人榜”，被教育部追授“全国优秀大学生”荣誉称号，2015年2月10日魏玉川当选“感动甘肃·2014”十大陇人骄子。

魏玉川舍己救人的英雄壮举，引起省内外媒体的持续高度关注。《中国青年报》《中国教育报》《甘肃日报》《兰州日报》《兰州晨报》《兰州晚报》《西部商报》等十几家平面媒体，甘肃电视台、兰州电视台、兰州广播电台等电子媒体，新华网、人民网、光明网、中国共产党新闻网、中国新闻网、中国文明网、中国甘肃网、教育部官方微博、中国网、北青网、凤凰网、新浪网、网易等数十家网络媒体，都对魏玉川同学的英雄事迹进行了跟踪报道，在社会各界，特别是高校师生中引起了强烈反响，大家纷纷表示要学习魏玉川同学的英雄事迹和崇高精神，努力践行社会主义核心价值观，把魏玉川同学的英雄事迹发扬光大。

（颜晨）

攻克尖端焊接技术的铿锵玫瑰

2019年，我校杰出校友、焊接1993届毕业生、上海电气电站设备有限公司上海汽轮机厂资深技术专家刘霞，喜获“全国五一劳动奖章”荣誉称号。

刘霞，1993年以全年级第一的总成绩毕业于甘肃工业大学，同年7月进入上海汽轮机厂工艺处工作，现任该厂技术科副科长，资深技术专家，上海电气终身科技专家。

刘霞带领团队先后参与国家科技重大专项“大型焊接转子设计及制造技术研究”和“CAP1400半速饱和蒸汽汽轮机焊接转子设计制造”，上海市经济和信息化委员会“百万级核电汽轮机低压焊接转子研发及产业化”和“核电汽轮机低压焊接转子验证件综合性能测试与分析”，上海市科学技术委员会“超高参数汽轮机特种焊接关键技术研究”等研究项目。攻克了“华龙一号”百万核电汽轮机超大型低压焊接转子、超超临界百万火电汽轮机低压焊接转子、联合循环异种钢焊接转子、超高参数12%Cr高温焊接转子的技术难题，开发出高效、高质量的先进窄间隙焊接转子工艺技术，拥有完全自主的知识产权，达到国际先进水平，并成功地实现了产业化应用和市场销售。尤其是“华龙一号”作为我国自主研制的第三代核电机组，承担着“一带一路”核电走出去国家战略，焊接转子打破了国际技术壁垒，解决了重量约300吨超大型转子的制造问题，赢得国际市场。

多年来，刘霞秉持匠心，精益求精，不懈奋斗，发明授权专利共计6项，其中2项为美国授权专利。先后荣获上海市三八红旗手、上海市劳动模范、上海市三八红旗手标兵、中国年度经济人物特别奖、全国三八红旗手等多项荣誉。

立足技术领先　攻克转子焊接技术难关

汽轮机转子焊接技术属于世界上汽轮机制造行业中的顶尖技术。2007—2009年，随着工厂汽轮机生产制造技术的不断发展，原有的转子焊接技术水平已无法满足企业生产的要求。如联合循环汽轮机高中压焊接转子，只能从德国西门子进口。随着国产化的深入，掌握此项焊接技术已是当务之急。刘霞作为企业的一名焊接工程师、项目负责人，瞄准了国际上最先进的窄间隙焊接技术，义不容辞地挑起攻克各类转子顶尖焊接技术的重担。她一方面深入生产现场，向工人师傅请教，向同行学习，通过焊接试验，积累了大量的实验数据；另一方面她结合汽轮机技术、燃气轮机、核电汽轮机技术的发展动态，经常查阅、研究国内外有关汽轮机焊接技术方面的最新资料，并结合生产实际进行创新，不断改进上汽厂的焊接技术，提高了焊接质量和生产效率，缩短了与国外相关企业在焊接技术上的差距。

2007年8月，刘霞亲临汽轮机车间转子焊接试验现场。闷热的天气，深蓝的电弧光映射，再加上预热150℃的试件产生的热量，她似乎完全忘记了这些艰苦。这项攻关任务，经过50多次的焊接试验，历时10个月，攻克了超超临界汽轮机12%Cr钢转子轴承部位摩擦特性较差的技术难关。2008年6月成功攻克了工厂第一根燃气轮机联合循环汽轮机中低压转子焊接难关，填补了国内异种钢转子焊接的技术空白，同时为企业带来可观的经济效益，降低成本三分之一左右。

2009年，刘霞马不停蹄地投身于超超临界百万千瓦汽轮机低压转子焊接技术的研发。国际上还没有哪家公司成功焊接如此大容量的全速汽轮机低压转子。她不畏艰难，勇于开拓，勇敢地承担起了焊接技术和工艺开发的任务。虽然任务艰巨，也深感责任重大，但她没有退缩，而是带领着平均年龄不足30岁的年轻人员投入艰苦而复杂的试验研究和开发之中。从材料的选择到参数的制定、过程的控制，以至于每个检验环节，她始终工作在现场，甚至搬运试样这些繁重的体力劳动也少不了她的身影。经过一年多的不懈努力，不仅完成了技术开发任务，而且在2009年年底成功实现了百万转子的焊接生产，质量检验完全符合设计要求。这也是世界上第一根百万等级全速火电汽轮机低压焊接转子，提高了上海电气在超大型低压转子焊接制造方面的核心竞争力，同时也引起了西门子的高度关注。西门子专家由衷地赞叹我们的转子焊接技术水平已经超过他们，并几次派高管和技术人员来上海电气表达在转子焊接技术领域开展全方位合作的意愿，为上海电气在国际汽轮机制造行业中赢得了尊重。

刻苦学习技术 持续改进加强科研开发

为了提升自己的专业理论水平，2005年，刘霞在繁忙的工作之余，开始攻读工程硕士学位，工作、学习两不误，提前半年通过了论文答辩，取得了“优秀”论文的成绩和工程硕士学位。不断的学习和努力，使得刘霞得到了“专业扎实，技术过硬”的专业技术带头人的评价。专业扎实，技术过硬，这是周围同事和领导对刘霞的一致评价。然而这一评价，是刘霞孜孜不倦的学习、任劳任怨的工作和对事业执着追求的结果。

刘霞在近几年先后两次获得“上海市三八红旗手”荣誉称号。同时，在科技战线上又获得上海市科技结合生产重点工业项目科技攻关振兴二等奖、上海市科学技术进步一等奖、第20届上海市优秀发明选拔赛一等奖。2009年又获得上海电气电站科技进步二等奖。几年来，她提出合理化建议32多项，节约资金约1200万元。

在成绩面前，刘霞没有沾沾自喜，2009年，她又投入AP1000核电低压转子焊接技术研发项目之中。这个项目是上海发电设备“抢占技术制高点”项目和上海市第一批高新技术产业化重点项目。预计2011年下半年将进行第一根AP1000核电低压转子的焊接试制。

带动团队进步　凸显群体效应卓有成效

刘霞十分重视对年轻技术人员的培养，对每个新来的同事，她都会从最基本的焊接知识和工艺技术加以引导，毫无保留地介绍自己多年的实践经验，这让年轻人受益匪浅。在她的引导下，组里的年轻技术人员迅速成长，业务能力得到了长足的进步，很快就适应了日常技术、工艺试验及电厂的现场服务等工作。她也因此赢得了年轻技术人员的尊敬，被亲切地称为“师姐”。在她的带领下，班组的工作卓有成效。她指导的“提高钴基合金堆焊质量”的QC项目还取得全国二等奖的优秀成绩。由于工作成绩突出，班组获得了2002年上海市设备竞赛优秀集体的光荣称号。

2014年10月11日，时隔20年，刘霞作为招聘单位主管再度回到母校。这次，她为母校师生们带来了深情的专题报告。刘霞说：“现在辛勤工作的人很多，我们需要更努力、更坚持。任何成绩的取得都需要时间的沉淀过程，希望同学们都能学会自我管理、自我学习，在未来的时间勇敢地闯一闯。”

（朱莉萍）

唯有奋斗，才是成功之路

“认认真真学习，踏踏实实做事，肯苦干善钻研”，这是兰理工杰出校友、“全国五一劳动奖章”获得者刘纪周给母校学子分享的青春奋斗宝典。

刘纪周，出生于1980年，1999年考入兰州理工大学材料学院焊接系，2006年硕士毕业后进入上海广为电器集团有限公司，主要从事逆变焊机及电源的研发设计工作，现任该公司研发部经理。

在校期间，刘纪周沉迷书海，刻苦学习，努力奋斗，打下了扎实的专业基础。工作后，他长期与国外顶尖客户打交道，在各种挑战和考验中练就了一身本领，同时，国内焊机行业落后的现状也让他暗下决心，一定要依靠技术强国，为中国制造争光！为了这个信念，他付出了常人十倍的努力，他以实验室为家，无论寒暑，连大年三十也经常蹲守研发实验室赶着项目进度。

深入扎根行业十余载，刘纪周已成为广焊技术团队的“领头羊”，他自主设计了功率校正电路，使传统逆变焊机的功率因数从传统的0.65左右提高到了0.98以上，总体技术可以达到国内领先水平，大大缩小了与外资企业的技术差距，并通过控制电路的设计和优化，使得单相逆变焊机的电压范围从90Vac到265Vac，拓宽了电焊机使用的地域性和方便性。2014年参与设计的“全数字逆变式变极性熔化极脉冲气体保护焊接电源”荣获当年上海市重点产品质量振兴攻关成果二等奖。另有“具有双电源电压系统的逆变直流焊机”“逆变焊机EMC解决方案”“带功率校正电路逆变焊机的缓启动方案”等12项创新成果获得中国发明专利授权。在中国（上海）国际发明创新展上，由他牵头的项目多次荣获金奖。

2015年，刘纪周被评为上海市劳动模范，之后成立了刘纪周劳模创新工作室，由于其出色的创新及人才培养成果，该工作室在2017年成功升级为市级劳模创新工作室。2017年，他加入了全国电焊机标准化技术委员会，利用多年来在出口焊机设计方面积累的经验，参与制定、审查国家焊机方面的标准，让更多的企业熟悉国外对焊机设计的要求。

刘纪周的导师陈克选教授回忆，在兰州理工大学的7年，刘纪周勤奋刻苦，打下了非常扎实的基础。本科期间多次获得各类奖学金，并被评为三好学生、优秀学生干部等。他骄傲地说，进入研究生阶段，刘纪周就开始积极主动参加多个科研项目。在“数控大功率微弧氧化电源研制”的项目中，他常常为一个元器件特性的测试与选择、一块电路板的设计与布线苦思冥想，去图书馆、泡实验室、下项目现场，作为主力攻克了一个个技术难关。

工作后，刘纪周仍然坚持学习，刻苦钻研，与母校老师进行技术交流；促成了多项校企合作项目；引荐了多名母校学子进入公司就业；作为专业硕士的企业导师，他认真负责，参与制订详细的工程实践计划并细致指导，为研究生树立了良好的榜样。

刘纪周说，唯有奋斗，才是走向成功的唯一道路。从到母校读书开始，艰苦奋斗的品质早已深深印刻到生活习惯中。他说，硕士期间曾跟导师去做一个航天项目，与企业合作，项目地点在天水，每次去都要待一个月，差不多有一年时间。“我学到了老师严谨认真的科研态度，积累了相对丰富的项目经验，所以毕业后刚进入公司，就被安排到产品研发部门，这都得益于我在校期间打下的良好基础。”

刘纪周介绍，因为公司前几年产品都是100%出口，现在国内大概占10%，与国外的贸易较多。国外的订单一般都是时间紧、要求严，单个产品可能一两个月就要研发出来。他和团队会尽最大的努力去完成，加班熬夜是经常的事。经过一次次的挑战和尝试，他们制造的产品最终都能符合要求。

浓浓的祝福都融在刘纪周的实际行动中，他说，母校的焊接学科在全国名列前茅，近几年，也有一些焊接的优秀毕业生进入他们公司。希望未来学校能引进更高层次的焊接人才，把科学研究和国家发展、企业发展相结合，培养出更多更优秀的焊接人才。

“我最青春、最宝贵的时光都在母校度过，正是老师们的辛勤栽培，才让我能有今天的些许成绩。我为母校如今的发展感到骄傲，也祝福她在未来再启新征程，越办越好。”

（潘彩燕　李彦麟）

我的科研之路

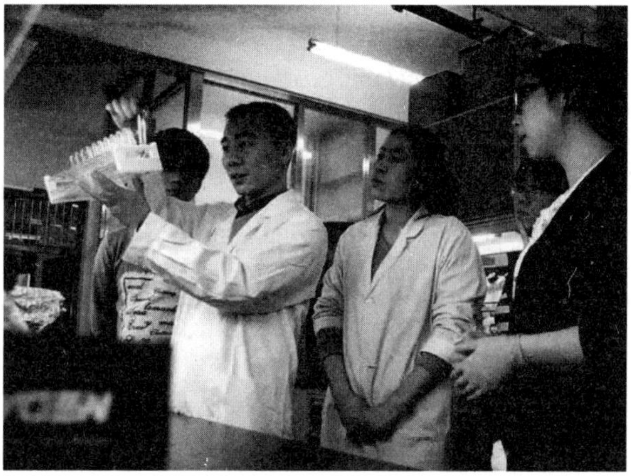

2016年4月，*Nature*杂志在线发表了一项最新研究成果《CRISPR-Cpf1结合crRNA的复合物晶体结构》（*The crystal structure of Cpf1 incomplex with CRISPR RNA*）。该研究向全球首次揭示了能够在人类细胞中高效编辑DNA的CRISPR-Cpf1系统工作机理，实现将DNA中的特定基因进行“关闭”“恢复”和“切换”等精准“手术”，使战胜癌症和艾滋病等疾病成为可能。

此项创新成果的开创者来自哈尔滨工业大学黄志伟教授团队。现年36岁的黄志伟是哈工大生命科学与技术学院院长、博士生导师，同时担任哈工大青年科学家工作室负责人。2019年，他荣获“全国五一劳动奖章”称号。

1999年至2003年，黄志伟在兰州理工大学石油化工学院化学工程与工艺专业学习。从兰州理工大学毕业以后，他一直与母校保持密切联系，并参与指导学校化工本科专业和生物化工研究生专业的相关培养工作。

之后，黄志伟攻读北京生命科学研究所（NIBS）和中国农业大学联合培养博士，于2008年毕业；2009年到2012年，在哈佛大学免疫与感染疾病系Laurie H. Glimcher院士实验室做博士后。2011年，入选教育部新世纪优秀人才；2012年3月1日，他放弃国外邀请，毅然归国加盟哈尔滨工业大学，开始了在哈工大的第一个实验；2013年6月14日，他于国际顶级杂志《科学》（*Science*）发表了与清华大学柴继杰教授等合作完成的研究论文；2014年1月9日，他在国际顶级学术杂志《自然》（*Nature*）发表了《艾滋病病毒Vif“劫持”人CBF-β和CUL5 E3连接酶复合物的分子机制》的研究论文。该文章被选为精选文章在同期《自然》杂志《新闻与视点》栏目中重点推荐；2016年4月，当选2015年度“长江学者奖励计划”青年学者。

十年磨一剑，黄志伟教授凭借勤奋和执着，终于跻身该学科的世界最前沿，同时也为母校兰州理工大学带来了荣耀。《艾滋病病毒Vif“劫持”人CBF-β和CUL5 E3连接酶复合物的分子机制》（*Structural basis for hijacking CBF-β and CUL5 E3 ligase complex by HIV-1 Vif*）第一次揭示了艾滋病病毒研究领域一直关注的艾滋病病毒毒力因子（Vif）的结构，破解了这一领域30余年的谜团，为艾滋病治疗开辟了研发靶向治疗药物的新途径。

令人印象深刻的，是他对于生命科学的热爱、科学道路上的喜怒哀乐及对攻克国际学术前沿问题的梦想和执着……

科研的意义在于推动实践创新

“科研的意义在于推动实践创新。”这是黄教授经常挂在嘴边上的话。如果说转学生命科学是兴趣使然，那么将目光聚焦在困扰世界顶级结构生物学家的艾滋病病毒Vif结构上，就是黄志伟对这句话的最好注释。

黄志伟生于江苏南通。在兰州理工大学攻读化学工程与工艺专业本科期间，他就对生命科学非常感兴趣，下决心转读生命科学专业。在博士期间，黄志伟就以第一作者发表了两篇高水平论文，并申请到去哈佛大学做博士后的机会。他坚持每天看文献，思考未来的工作方向，并将目光瞄准了国际学术前沿。这期间，《自然》于2011年12月刊登的两篇关于艾滋病病毒的文章深深吸引了他。

“解决人类难题，为艾滋病患者带去希望就是一件有重要实践意义的事。”他说，“Vif结构对治疗艾滋病具有重要意义，这正是生命科学人应当去做的，科研工作最终就是为了造福人类。”

尽管30余年前就有研究揭示艾滋病病毒的Vif蛋白对病毒的复制具有重要的作用，但Vif自身或其功能性复合物的结构解析一直未有进展，解析该结构是世界顶级结构生物学家们一直以来梦寐以求的，多个科研团队正在做相关研究，却一直没有结果。

为“伊”憔悴　意兴阑珊

“天才那就是1%的灵感加上99%的汗水。”黄志伟坚信，即便是这1%的灵感也不会凭空而来，也需要不断地去经历、去尝试。他每天早上7点多开始工作，直到晚上十一二点才结束，没有周末和假期，这在很多人看来是很辛苦的事情，但黄志伟却很享受这个过程。他常说：“真正做科研的人，都是这样，朝九晚五是不太可能的。在科学的道路上除了勤奋还是勤奋，没有捷径可走。”

“知之者不如好之者，好知者不如乐之者”，“兴趣是最好的老师”。因为实验的需要，他每个月都需要在哈尔滨、北京、上海之间往返两三次。这是因为他们要做的晶体结构解析，国内只有在上海光源才能进行。黄志伟就是一个对生命科学充满了兴趣并乐在其中的人。熟悉他的人说：“一旦聊上他喜欢的生命科学，黄志伟就会滔滔不绝，聊一两小时还是意犹未尽。”正是因为对生命科学的爱和执着，吃再多的苦在黄志伟看来也是甘之如饴。

科研反哺教学　培养创新人才

“要做一个有创新思想的人”“科学要严谨”“要学会思考”……黄志伟对自己的学生有许多期许。他希望通过自己的言传身教，将科学的精神传递下去，让每一个学生将来都能独当一面，成为国家的栋梁之材。

黄志伟不仅亲自教学生做实验，他还通过言传身教将“要能吃苦、要严谨、要有创新思维”等科研理念传递给学生。对于这些“新兵”，很多实验黄志伟亲自动手，手把手教，这让学生们感到非常幸运。“黄老师抓住一切机会教我们。”学生们常说，“黄老师经常和我们一起吃午饭，在吃饭时还要教我们怎么做实验、做科研。”

黄志伟认为科学是非常严谨的，要认真对待，并将这种严谨带到学生培养过程中。每当人们问起："黄老师最严格的是什么？"大家会异口同声地说："记笔记！"黄志伟不厌其烦、三令五申地对学生强调笔记的重要性。他说："实验记录一定要记得详细、清楚，不好好做记录，再好的实验也不可能得出理想的结果。"

不经一番寒彻骨，哪得梅花扑鼻香。经长时间的辛苦努力，2013年5月末，艾滋病病毒Vif和人的四个蛋白复合物的结构终于解析出来了。当这个好消息被宣布时，学生们都兴奋异常。大家都说："虽然仅用1年时间就做出来了，但我们耗费的时间相当于别人好几年时间，大家都在拼。"

黄志伟团队的研究成果发表在《自然》上，实现了哈工大在《自然》发表文章零的突破。而对黄志伟来说，他看重的是该项研究成果对人类最终攻克艾滋病具有非常重要的科学意义和临床应用价值，他希望这个成果能够尽快得到临床应用，为人类造福。

黄志伟动情地说："不管是学习，创业，工作，还是科研，成功从来都不是轻而易举就能获得的！吃得苦中苦，方为人上人！想取得杰出的成就，就必须忍受超出常人的痛苦，付出几倍的心血。"

一路走来，黄志伟知道能够取得今天的成绩很不容易，这离不开国家的大力支持，离不开母校的培养和恩师的教诲，更离不开团队的共同努力。他将继续在科研的道路上奋勇向前。

（李建东）

敢吃苦、会吃苦、善吃苦的气动专家

李宝仁，工学博士，教授，博士生导师，1985年毕业于甘肃工业大学机械工程二系流体传动与控制专业，并留校任教，1991年在哈尔滨工业大学攻读硕士、博士学位，1995年完成博士后研究任务。现为华中科技大学FESTO气动中心主任、华中科技大学海洋机电装备研究所所长、中国机械工程学会流体传动与控制分会副主任委员、中央军委科技委海军专家组专家、中国液压气动密封协会专家委员会委员和核动力系统国家级重点实验室学术委员会委员。

甘工大的学生并不差

从甘肃工业大学到哈尔滨工业大学，再到华中科技大学，30多年的学习、从教和研究工作使得李宝仁对高等教育工作充满了感情，奉献了全部精力。谈及对甘肃工业大学的印象，他满是自信地说："甘工大的学科专业特色优势明显、历史积淀深厚，教师学术功底扎实、教学科研传统优良，学生踏实认真、基础理论和动手能力强，与许多重点高校的学生相比，一点也不差。"

李宝仁就读的甘肃工业大学的流体传动与控制专业是学校的传统优势专业。该专业是1965年从原东北重型机械学院的水力机械专业整建制搬迁而来，教学设施和师资力量雄厚。回忆起本科学习期间的经历，李宝仁深有感触："当时的一批老教师责任心强，教学水平很高，像程兆雪教授、曹鹍教授、张德邻教授等，都是当时国内水力机械领域的名师大家。他们注重培养学生的基础理论和动手能力，生活上关爱学生，带领同学们开展各种体育活动，引导学生德、智、体、美全面发展，这也是甘工大的学生始终受到用人单位欢迎的重要因素。"

华中科技大学FESTO气动中心由华中科技大学与德国FESTO公司于1996年合作建立，海洋机电装备研究所成立于2015年10月。两个团队目前有成员20余人，其中，毕业于兰州理工大学的高隆隆是团队的后起之秀。高隆隆现在是中国航空学会航空机电、人体与环境工程分会青工委委员，从事高压气动智能元件、伺服系统和水下发射技术研究，承担多项国家自然基金、国防科技预研、总装重大研究项目和航空预研项目。获发明专利授权10余项，发表高水平论文10余篇。李宝仁说："高隆隆的例子，充分说明兰州理工大学的毕业生是优秀的。"

敢吃苦是一种精神　会吃苦是一种能力　善吃苦是一种境界

李宝仁所属团队长期从事流体传动与控制领域的教学与科研工作，特别是智能液压 / 气动元件、特种电 – 液 / 气伺服系统、高压气动技术、机 / 电 / 液 / 气智能控制、基于大数据的液压 / 气动元件与系统健康维护、水下航行器自主控制技术、飞行器 / 舰船半实物仿真技术等方面研究。已完成或正在主持开展"十三五"国家重点研发计划项目、国家"863"计划项目、国家自然科学基金项目、总装"十二五"重点基金项目、总装"十二五"重大探索项目、国家重大专项子课题、国家重点工程项目、国防装备预研项目及其他科研项目等100余项。

其研究成果受到同行和军方的认可，其中总静压总温模拟器、总静压动态压力源模拟器已成功地用于国家某重点型号武器的半实物仿真系统中，解决了飞行器大气环境高动态高精度仿真难题，获得了国防科技进步二等奖和教育部科技进步一等奖。国家重点工程项目"舱室气压自动检测报警控制装置"列装某部队，从根本上解决了我国某装备操纵安全性问题，有力地保证了其作战性能，获得军队科技进步三等奖。另外，团队发表学术论文100余篇，其中，SCI、EI检索40余篇，国防专利与发明专利30余项。

光环是团队精神、科学精神和吃苦精神的集中体现。李宝仁经常以“做人成才”为主题，通过自己在军工和海洋研究的经历，提出“敢吃苦是一种精神、会吃苦是一种能力、善吃苦是一种境界”。教育引导青年学者要找准科研工作的方向，敢于攻克难关，善于总结凝练经验和方向，持之以恒建设科研平台，并为之付出超出常人的努力。

目前，FESTO气动中心和海洋机电装备研究所承担国家重点研发计划、国家重点工程、“863”计划项目、国家自然科学基金、总装备部重大探索、总装预研重点基金、海军装备预研、国防军品配套等国家级与国防重大项目50余项。在新型电液与高压气动元件开发、电液伺服控制、正负压伺服控制、高压气动控制、机电一体化控制、半实物仿真、海洋机电装备、减振降噪技术等方面取得多项成果。建立了高压气动控制阀与伺服系统及舰船特种液压元件设计理论与方法、飞行器半实物仿真压温模拟器设计与正负压连续伺服控制理论、基于声子晶体理论的液压系统管路设计准则与噪声控制方法。丰富并发展了流体传动与控制技术理论基础，为我国国防装备、航天与海洋机电装备发展做出了重要贡献。

做人要知足　做事要知不足　做学问要不知足

采访过程中，李宝仁对甘肃工业大学及成长道路上众多老师和领导的培养充满了感恩之情。他谦虚地说：“我能走到现在，得到了许多‘贵人’的帮助，有老师的悉心培育，也有领导的大力支持，更有团队的无私付出。”李宝仁将老师写给他的字“做人要知足　做事要知不足　做学问要不知足”挂在办公室的墙上，作为座右铭，时刻提醒自己要不忘初心、不图名利、不负众望。

FESTO气动中心的宣传栏上写道：“聚沙成塔，集腋成裘。从单向科研经费三万元到逾千万，中心人筚路蓝缕、克难攻坚，已成为独具特色的国防科研基地和国际引智典范。气动中心将继续弘扬‘追求卓越，求实创新，淡泊名利，静思求真’的精心，秉承‘超越自我，君子和而不同’的理念，不忘初心，砥砺前行，为顺应海洋强国战略做出更大的贡献。”

“兰州理工大学的专业优势明显，师生踏实认真，甘肃有色金属行业发展和科研需求与学校学科对接紧密，这为学校创新发展提供了有利条件。”谈起母校的发展，李宝仁念念不忘，“目前，军民融合发展方兴未艾，学校要把握好时机，顺应时代需求，向前沿看齐，瞄准方向，持之以恒，一定大有可为。”

“兰州理工大学100年的奋斗历程实属不易，凝聚了历届师生的智慧和力量。这是所有校友的共同期盼，也是学校持续发展的不竭动力。作为校友，我们祝福母校的明天更美好，也愿意贡献自己的微薄之力，携手共进，再铸辉煌！”李宝仁说。

（李建东）

为人类首次月背探秘贡献力量

2019年1月3日22时22分，“嫦娥四号”着陆器与巡视器顺利分离，“玉兔二号”巡视器驶抵月球表面，人类航天器首次在月背留下“足迹”，首批月背影像被传送回地球。

2月20日下午，中共中央总书记、国家主席、中央军委主席习近平在北京人民大会堂会见探月工程“嫦娥四号”任务参研参试人员时指出，“嫦娥四号”任务，坚持自主创新、协同创新、开放创新，实现了人类航天器首次在月球背面巡视探测，率先在月背刻上了中国足迹，是探索建立新型举国体制的又一生动实践。

更令人振奋和骄傲的是，在执行这次载入人类探月史册任务的科研人员中，有一位兰州理工大学的优秀校友，他就是“嫦娥四号”巡视器主任设计师申振荣。

申振荣，我校机电学院机械制造及自动化专业2002届研究生，师从机电工程学院裂纹技术研究所的郎福元和魏庆同两位教授。在校期间，他学习认真，踏实刻苦，凭借优秀的表现给老师们留下了深刻印象。

机电学院李有堂教授说，申振荣学习努力，基础扎实，而且多才多艺，在学校举办的围棋等比赛中也屡获佳绩。

机电学院研究员剡昌锋老师说，申振荣在校读研时，主要从事压力容器寿命分析方面的研究工作。他学习非常刻苦，尽管当时图书资料和数据库条件有限，他将裂纹技术研究所资料室所存与研究课题有关的资料都进行了认真阅读。他经常与导师郎教授讨论课题问题，提出具有创新性的方案，受到大家的称赞。

2002年毕业后，申振荣进入中国空间技术研究院总体部工作，主要从事月球与深空探测相关工作，负责我国“嫦娥三号”巡视器（“玉兔号”）和“嫦娥四号”巡视器（“玉兔二号”）的总体设计和工程研制，任“嫦娥四号”巡视器主任设计师。他曾荣获国防科技三等奖、探月工程“嫦娥三号”突出贡献奖。申振荣说：“‘嫦娥四号’任务，为全球更多科学家提供了太空探索的机会，集中人类智慧破解宇宙谜题，去月球背面探测是中国为世界做出的贡献。虽然我们现在还不知道‘嫦娥四号’最终能探测到什么，但是这一探测有可能会影响好几代人。”

据报道，“嫦娥三号”“嫦娥四号”月球探测器，分别携带“玉兔号”和“玉兔二号”月球车。5年前，“玉兔号”在月球正面虹湾上行走了114米后突然不能动了，出现了机构控制异常。“玉兔二号”虽然看起来与“玉兔号”非常相似，但由于月球背面地形崎岖不平，它面临更大的挑战。如何将“玉兔号”的问题彻底解决，是申振荣等航天专家面对的难点。申振荣说：“过去几年我们团队都在卧薪尝胆，大家都憋足了气，想打翻身仗。新版的‘玉兔二号’身体更健壮，应付困难的能力更强。如果将它比喻成一个孩子，虽然外表没有太大变化，但它更成熟了、内功更强了。”

母校兰州理工大学即将迎来建校100周年，申振荣动情地说：“感谢母校对我的培养，老师们严谨踏实的治学态度让我受益终身。祝福母校百岁生日快乐，再创佳绩，为国家培育更多的时代英才。”

（朱莉萍）

潜行在碧海深处

2010年9月10日，兰州理工大学校友傅文韬驾驶我国第一台自行设计、自主集成研制的“蛟龙号”载人潜水器完成3000米级海试任务，五星红旗首次飘扬在3759米的南海深处，这一壮举使我国成为世界上第五个掌握3500米以上大深度载人深潜技术的国家。2012年，傅文韬驾驶“蛟龙号”成功到达7062.68米的海底，创造了作业类载人潜水器新的世界纪录，被中共中央、国务院授予“载人深潜英雄”称号。

傅文韬，湖南岳阳人。2005年毕业于我校计算机通信学院通信工程专业，现就职于国家深海基地管理中心。2006年12月，傅文韬报名参加国家潜航员选拔，经过层层考验，于2007年2月5日正式成为一名国家受训潜航员。先后荣获“山东青年五四奖章”、第十六届“中国青年五四奖章”、共青团中央“十大最美青年工作者”。2012年当选中国共产党第十八次全国代表大会代表。

刻苦训练成就“国宝级”潜航员

潜航员的选拔培训非常严格，对生理、心理都有很高的要求。其中心理素质的考验更为严峻。

在接到潜航员选拔的面试通知后，共有包括傅文韬在内的15人来到青岛，首先进行的就是海上眩晕测试。“一艘快艇带着我们在海上飘荡，由于天气的原因，海上波浪很大。45分钟后，很多人都因过于颠簸而出现了眩晕和呕吐的症状，只有我和来自哈尔滨工程大学的唐嘉陵反应良好。”据他回忆，相对于体能方面的测试，深海未知、漆黑的环境对心理素质的考验更为严峻。在上海交通大学，他们接受了专门的心理素质培训。“在一个狭小、漆黑的模拟空间，我们卸下了手表、手机等所有物件，整整待了12个小时。这样做的目的就是训练我们的心理耐力和承受力。”他介绍说，因为他们经常要在潜水器狭小的舱内原地不动地坐八九个小时，而且还要面对深海一片漆黑的环境，不适应的人很可能会出现“幽闭症”，因此容易产生恐惧，以及呼吸加快等各种症状。

傅文韬说，随着下潜深度的增加，温度会越来越低。“下潜之前海面温度大概是30度左右，深潜时温度会急剧下降，在3000米的海底，温度基本保持在15摄氏度左右。”傅文韬介绍说，由于潜水器舱内狭小，他们要贴着舱壁原地不动地坐着，经常是贴着的一半身体冰凉，另一半却非常热。除了温差，下潜时气压也会逐渐降低，氧气也会越来越稀薄。虽然每次下潜他们都会准备充足的诸如巧克力、压缩饼干等高热量的食物和饮用水，但是为了减少排泄，他们不敢多吃，将近10个小时都不能喝水。

为了祖国的海洋事业　不懈奋斗

傅文韬先后2次将五星红旗插到我国海域最深处，累计下潜深度已达37106米。他也曾遭遇人生的低谷，甚至与死神擦肩而过，但出于对祖国海洋事业的热爱和强烈的责任心，他义无反顾。

2014年，在执行3000米级深潜任务时，傅文韬接到父亲病危的通知。“上天还是眷顾我的，正好第二天我们的船要停靠三亚，有三天的补给时间。经过领导同意后，我就坐最早的一班飞机赶到了医院。”匆匆看了一眼在重症监护室里的父亲，傅文韬还是赶回了船上，将父子之间深厚的感情化作了动力，用最好的表现、最优异的成绩回报父亲，回报国家。

未知的深海世界，危机蛰伏。深海热液区特别是高温热液喷口的温度高达380多摄氏度，加上地形复杂，潜水器很难找到“落脚点”，傅文韬在某次取样热液的时候，潜水器在海底发生偏移，热液在距观察玻璃窗1厘米的位置燃烧，观察玻璃窗并不耐高温，如果晚发现一步，潜水器再偏移1—2厘米，将会直接导致玻璃燃烧和炸裂，后果不堪设想。

傅文韬说，每一个职业都有其特殊性，在得到的同时，必然有一些责任是需要承担的。就是这样坚定的信念，支撑他走过一个个人生低谷，克服了一个个事业困难。“未来，要奋斗、奋斗再奋斗，继续发挥‘蛟龙’号深海探测海洋利器的作用，见证中国海洋强国的诞生。”

不忘初心报母校　传递青春正能量

2014—2015年，傅文韬受母校邀请回校作了题为“中国载人深潜的最新研究成果”“跟随蛟龙一起去探海”的报告。报告中，他向兰理工学子们介绍了潜航员的工作生活情况和神奇奥妙的海底世界，展现出一名优秀的潜航员良好的技术素养、执着的热情和坚定的信念。

谈及对母校的感情，他深情地说：“谢谢学校领导和老师们的鼓励支持！母校是我求学生涯中的重要一站，很想念那里的老师、同学。是母校，为我奠定了扎实的专业知识基础，更让我与那里的老师同学、一草一木结下了深厚的情谊。感谢母校的老师，我能今天取得的成绩离不开你们的谆谆教诲，离不开你们的悉心栽培和大力支持！祝福母校走向百年辉煌！”

（朱莉萍）

62岁，我开始创业

昨天下午，上海豪高机电科技有限公司总经理、董事长，曾在兰州理工大学工作近30年的许仰曾教授，在彭家坪校区大学生活动中心向同学们分享了他的人生经历。源于对梦想的执着和努力，他克服一个又一个困难，实现了自己的人生价值。62岁，他又开始人生之路的一段新征程，创立了属于自己的公司。

许仰曾，教授、博士生导师。1940年9月出生于上海，上海豪高机电科技有限公司总经理、董事长，中共党员，享受政府特殊津贴专家。1962年毕业于哈尔滨工业大学。1962年至1965年在东北重型机械学院任助教，1965年至1993年先后任甘肃工业大学流体动力工程系主任、液压气动研究所所长等职务。1983年至1986年他在美国俄克拉何马州立大学做访问学者。1993年后任上海液压成套公司与上海液气总公司总工等职；1997年后任美国Vickers液压（上海）有限公司大中国总部、美国EatonVickers液压（上海）有限公司技术、培训、质量经理等职；2002年创建上海豪高机电科技有限公司，任总经理、董事长。

工大的岁月一生难忘

77岁的许教授回到兰州理工大学，原本是为他的公司招聘而来。站在演讲台上，他的眼神与语言之间总会不经意流露出对这里的熟悉与眷恋。

许仰曾教授于1957年考到哈尔滨工业大学，在校期间，踏实肯干，他担任班上的团干部和系里的学生会干部。学业上，他以高标准要求自己，自学自控专业、日文、英文、计算机等各类知识。大学毕业后，他来到东北重型机械学院任助教，1965年，随着学校的整体搬迁，他来到西北的甘肃工业大学，这一来就是28年，先后任甘肃工业大学流体动力工程系主任、液压气动研究所所长等职务。人生最黄金、最宝贵的岁月都在工大度过。在这里，许教授用不断的努力与坚持一次次地提升自己。

1978年改革开放，为了能让自己在学术上有更大的进步，许仰曾努力想抓住出国访学的机会，但当时他掌握的一门外语是日语，英文能力并不是很好。为了能顺利出国交流，他背了一本英语字典，利用这种方法来提高自己的英语水平。功夫不负有心人，1983年，许仰曾成功地得到了美国俄克拉何马州立大学访问学者的机会。

在外访学期间，导师交给许仰曾的课题是液压建模项目，这对于当时的他来说，难度不小。之后通过一段时间的艰苦努力，他不仅解决了电磁阀的建模问题，还提出了以自己的科研成果为基础的“许式建模法”，并出版了相关书籍，这些都让美国的导师与同学对他刮目相看，也让他成为第一个在美国得到三年访问时间的中国学者。

回国后，他带领的液压专业成为国内CAD有知名度的学科，在全校学科专业中从中等进入前列。他个人也成为学校第一个国家自然科学基金获得者、首批博士生导师之一。

62岁开始创业

在上海发展期间，许仰曾教授凭着过硬的专业技术与语言优势，在企业中业绩很好，事实证明，所有的努力都为他今天的优秀奠定了厚实的基础。2016年11月14日，许教授在杭州的全国会议上做了关于液压工业4.0和智能元件的报告。值得骄傲的是，许教授是这个行业做此报告的第一人。

10年时间，许教授凭借自己在相关公司运营、技术、管理、销售方面的经历，为创业积累了很好的经验。2002年，在他62岁的时候，他创立了上海豪高机电科技有限公司。他说："创业的过程是痛并快乐着。很多事情没有想象中那么简单，不断学习和努力方可离梦想更进一步。在公司的发展中，一定要秉承社会责任心，坚持产品结构和管理体制的不断改进，坚持研发工作的不断创新。"

所有走过的路都会成为生命里最好的礼物。就像许教授说："困难是有，但是不论怎么样，我都一直坚持努力。"

下一个10年，梦想未完待续

"我尚未成功，但我一直努力，下一个10年，先实现一个3年目标，3年后上全国会议报告打破年龄与新技术纪录，实现数字阀产品化，打造液压智能元件。"77岁的许教授对学术的追求、事业的努力，依然不减当年。

今天，许教授依然抽时间学习英文，对热爱的事物倾注全力，他积极建立了上海校友会，而且帮助校友建立公司，其中，矩宜、寓意、格德瑞三家公司就是在他的帮助下建立的。在每天都不一样的生活中，他都努力遇见更好的自己。

"我并不觉得自己成功了，还需要继续努力。只要认真踏实，你们可以超过我，但是我再努力，也回不到你们的年纪。青春如花，异常宝贵，要好好珍惜，按照自己的心意去做自己喜欢的事，一往无前，永不懈怠。"许仰曾说。

（王佳桃）

葡萄酒并不总是外国的香

右为郝林海

据宁夏新闻网消息，5月29日，第40届世界葡萄与葡萄酒大会在保加利亚首都索非亚开幕，国际葡萄与葡萄酒组织（OIV）向郝林海等4位葡萄酒界人士颁发了“杰出贡献奖”。

郝林海，汉族，中共党员，1953年6月生，河北保定人，现任宁夏贺兰山东麓国际葡萄与葡萄酒产业联合会主席。1975年考入甘肃工业大学化机专业学习；1978年毕业，分配至宁夏化工勘察设计院工作；1984年调到宁夏计划委员会，1994年1月任宁夏人民政府办公厅副主任。1994年9月至1995年7月在中央党校脱产学习，1997年1月在中央党校在职学习，获得研究生学历。1996年10月至1998年6月任银川市委常委、副书记，1998年6月任代市长，1999年1月任市长，2003年1月任宁夏回族自治区人民政府主席助理；2007年5月至2013年1月，任宁夏回族自治区政府副主席、党组成员；2013年1月，任宁夏回族自治区人民政府特邀顾问。

在给郝林海的颁奖词中，国际葡萄与葡萄酒组织的评价是，郝林海曾担任宁夏回族自治区政府副主席、宁夏回族自治区人民政府特邀顾问等职务，作为政府官员，一直在推动宁夏与中国葡萄酒行业的发展。在他领导的近10年间，宁夏贺兰山东麓已成为世界著名的葡萄酒产区之一。郝林海是促进中国葡萄酒产区和OIV组织合作的纽带，他带领的宁夏代表团已经连续6年参加国际葡萄与葡萄酒组织大会，向世界介绍了宁夏和中国葡萄酒产业发展现状、产业政策、葡萄栽培及国际合作等方面的情况。

2015年，郝林海获得法国“弗龙萨克葡萄酒骑士勋章”，这是受到全球认可的、最有影响力的葡萄酒骑士勋章之一；2016年，他凭借对宁夏葡萄酒产业发展的杰出贡献和巨大影响力，当选2016中国酒业风云榜之年度人物。“郝林海10年来为宁夏贺兰山东麓产区倾心尽力，通过‘小酒庄、大产区’战略的推广实施，改变了产区发展格局，形成了一套完善的管理体系，成为我国产区中的佼佼者。在郝林海的带领下，葡萄酒产品已成为宁夏全新的支柱产业和新的经济增长点。”据了解，郝林海是唯一一位上榜的葡萄酒行业领军人物。

宁夏葡萄酒产业起步于1984年，按照“小酒庄、大产区”的发展模式，凭借独特的区位优势、良好的风土条件、严格的酒庄准入制度，得到了国际葡萄酒界的普遍认可。贺兰山东麓2002年被确定为国家地理标志产品保护区（总面积20万公顷），2013年被列入《世界葡萄酒地图》，标志着宁夏葡萄酒产区正式跻身世界行列，成为宁夏独具特色的“紫色名片”。

进口酒中有风土，我们要好好欣赏，但那不是中国的风土；工厂酒中也许会有风土，但那是工业化组合而又肢解的残垣断壁；中国葡萄酒的风土在哪里？在酒庄，在葡萄园，在产区，在那2亿支中国酒庄酒之中。没有葡萄园，没有酒庄，没有产区，何有风土？！

郝林海说：“中国葡萄酒的风土在贺兰山脚下，那里有4万公顷集中连片的酿酒葡萄园，有列级酒庄制度和列级酒庄，有120个各具特色的酒庄，有近200位与世界各大产区联系密切的职业酿酒师，他们当中有宁夏人，有上海人，有四川人，有法国人，有德国人，有美国人，有阿根廷人……他们热爱葡萄酒但性格又稍显偏执，来时，我请教他们什么是葡萄酒的‘风土’？他们告诉我，风土就是贺兰山，就是黄河水；风土就是冬天用黄土埋藤，春天借轻风展藤；风土就是祈盼的降雨，就是早来的晚霜；风土就是根瘤芽，就是霜霉菌……风土就是你喝了一碗羊杂汤后唱的那支‘花儿’。”

（宁夏新闻网）

八步沙首位大学生治沙人书写无悔青春之歌

近日，中央电视台、新华社、每日甘肃网等多家媒体报道了甘肃古浪八步沙林场三代治沙人的感人事迹，他们连续37年坚守大漠、治理沙患的故事，令人感动、令人钦佩。其中，第三代治沙人中有该林场的第一位大学生——陈树君，他毕业于兰州理工大学机械制造及自动化自考专业。

图中从左至右分别为：第二代治沙人郭万刚、程生学、石银山、王志鹏，第三代治沙人郭玺、八步沙林场的第一位大学生陈树君

在甘肃省古浪县的东北部，腾格里沙漠南缘、祁连山脚下有个叫八步沙的地方。37年前，这里漫天黄沙、寸草不生，移动的沙丘如恶魔一般侵蚀周围的村庄、农田。但如今的这里是一望无际的沙生植物和大大小小的林木，生机盎然，一片葱茏。

此前在金川公司工作的陈树君，几经周折，终于在2016年7月加入了古浪县八步沙林场治沙队伍，成为一名光荣的第三代治沙人。放弃稳定工作，到沙漠化严重的基层，陈树君说，这一切都是因为他心中有一个“绿色环保梦”。

关于八步沙的治沙传奇，有一首民歌在当地农民中广为流传：“当年风沙毁良田，腾格大漠无人烟。要好儿孙得栽树，谁将责任担两肩。六家老汉丰碑铸，三代愚公意志坚。”这首古浪老调，唱的就是当地六个老汉和他们的子孙三代，连续37年坚守大漠、治理沙患的故事。

陈树君也是甘肃古浪人，小的时候，他就从同村人和家里人的聊天中知道了八步沙和六老汉治沙的故事，当时虽说和八步沙同在一个县，但是这对于还未走出大山的他来说很遥远，对沙漠的了解也仅停留在书本上。直到初中，学校统一组织全校师生向六老汉学习，这才真正了解了他们治沙的艰苦岁月和为保护家园勇斗“黄龙”的先进事迹。这次的学习在陈树君心中埋下了治沙的种子。

20世纪80年代，八步沙由土门镇郭朝明、石满等六位老人承包治理，经过两代人的不懈努力，八步沙发展为古浪县唯一一家由农民联户组建的生态公益性林场，也成为全省农民联产承包治沙造林的典型之一，扎根在这里的一个英雄集体战风沙、斗荒漠，在追求人与自然和谐发展的实践中，用汗水和心血谱写了一曲让沙漠披绿生金的时代壮歌，不仅为干旱荒漠区防沙治沙闯出了一条成功之路，也为改善西部地区生存环境创造了宝贵的精神财富。

压沙造林40年来，八步沙林场管护面积扩大至20万亩，累计治沙造林14万亩，封沙育草19.6万亩，栽植各类沙生苗木2700多万株，埋压草方格沙障8000亩，修建通向沙漠腹地的压沙造林道路34公里。八步沙林场管护区内林草植被覆盖率由治理前的不足3%提高到现在的70%以上，为治理当地生态环境做出了杰出的贡献。

“当时就觉得他们很伟大，很了不起，等到我长大了也要和他们一样为家乡的环境做贡献。”陈树君说，也许是自己的名字里有个“树”字，对于绿的渴望，和六老汉治沙一样强烈，儿时埋下的梦想种子在以后的岁月里开始慢慢发芽生长。

大学毕业之后，陈树君进入金川集团工作，在家人和乡亲们的眼里，他算是捧上了“金饭碗”，可是工作以后，他越来越清晰地认识到自己想从事的不是机械行业，而是生态建设和环境绿化。以前的八步沙六老汉已经延续了三代人，这让陈树君成为一名治沙人的愿望越来越强烈。

经过认真考虑，2013年12月，陈树君辞职回到家乡，在所有人不理解不看好的眼光中开始了他的“绿色梦”：他利用在金川公司工作几年的积蓄租了十几亩地开始育苗。为了维持生活，他和妻子还开了一个小超市，回想起那段时光，他说，虽然辛苦，但很快乐。

2014年冬季，陈树君认识了八步沙林场的郭万刚场长，了解到他就是八步沙的第二代治沙人。在帮助八步沙林场做标书投标的过程中，他第一次系统地认识了整个治沙的流程。经过此后的几次接触，郭场长认真工作的态度和对沙漠的热爱深深触动了陈树君。2016年，在郭场长的邀请下，陈树君如愿成为一名第三代治沙人，而且是林场第一位大学生，这让他感到兴奋的同时，更有了为这项光荣事业奉献的斗志。

刚去的时候，陈树君在郭场长的带领下到沙场的工程地点、各个管护点熟悉情况，认识到真正的沙漠，见了好多没见过的沙生植物。比如，花棒、梭梭、柠条、沙蒿、沙米等；也就是在这段时间，他真正了解了八步沙六老汉的功绩，见到了他们两代人几十年如一日精心管护的八步沙，体会到郭场长对这片沙漠、这片林场的感情。

现在，陈树君主要负责技术服务和财务、办公室工作，作为第一名大学生，他的加入，给八步沙治沙造林带来了更多新技术。从六老汉时代的“一棵树，一把草，压住沙子防风掏”，再到现在的打草方格、细水滴灌、地膜覆盖等，以陈树君为代表的第三代治沙人在父辈治沙方式的基础上，不断进行着创新。

岁月流逝。八步沙第一代治沙人六老汉如今或已病故，或已退休。自己老了，还有子孙。靠着一种薪火相传的使命担当，30多年来，郭万刚、贺中强、石银山……这些六老汉的后代咬定治沙不放松，写就了不负父辈重托的辉煌篇章，让“父传子，子传孙，子子孙孙无穷匮也”的愚公精神在八步沙传承。

如今到陈树君他们这些没治过沙的80后、90后，除了积极向前辈们请教，也不断地通过网络自学、钻研。作为第三代治沙人的他们，继承的是第一代、第二代治沙人的精神，融入的是新时代青年的创新思想。陈树君说，受到六老汉、郭场长两代治沙人的工作态度和吃苦精神感染，自己从毅然走进沙漠到现在坚持初心，治沙事业与个人成长始终紧紧联系在一起。既然选了这条路，就要走好、走到底！

（朱莉萍）

一家三代人的航天不了情

近期，新华社报道了兰州理工大学2007级校友柳晗的故事。他们一家三代都将宝贵的美好年华、青春热血献给了祖国的航天事业。

柳晗，男，汉族，中共党员，生于1988年8月，籍贯为辽宁省丹东市，2011年毕业于兰州理工大学机械设计制造专业，现任酒泉卫星发射中心发射测试站装备运输科参谋。

在校期间，他曾任兰州理工大学第15届学生会主席，于2010年8月代表兰州理工大学参加中华全国学联第25次代表大会，受到党和国家领导人的亲切接见。2007—2008学年被评为校优秀干部，获校二等奖学金；2009—2010学年获校二等奖学金。此外，他还得过2008年甘肃省首届大学生运动会男子跳高第8名。

柳晗成长于酒泉卫星发射中心，爷爷奶奶和爸爸妈妈均为东风人。受父辈影响，2011年毕业时，柳晗放弃了舒适的城市生活，从军入伍回到了航天城。工作6年，他参加了27次卫星发射任务和3次载人航天发射任务。

成立于1958年的酒泉卫星发射中心，是我国航天事业的发祥地。60年间，中心科技人员柳晗一家三代人扎根大漠，“献了青春献终身，献了终身献子孙”，把美好年华都奉献给了祖国的航天事业。

航天一代："干航天，就得敢于牺牲"

1958年，一列闷罐火车行驶在中国西部，所经站牌都被草帘子遮得严严实实。

车上载着的，是从朝鲜战场秘密归国"执行特殊军事任务"的第20兵团将士。柳晗的爷爷柳焕章、奶奶张淑娟也在其中。

他们的目的地是一望无际的戈壁，任务是在荒凉沉寂的戈壁滩里修铁路、建机场。直到两年后，他们才知道，他们正在建设的是中国首个导弹、卫星发射场。

面对艰苦恶劣的自然环境，柳焕章夫妇和战友们吃沙枣、喝碱水、睡帐篷、住地窝。没有大型机械，他们就手拉肩扛，把一根根枕木、一条条钢轨铺设到位。仅用两年多时间，他们就在茫茫戈壁建起了我国第一个综合导弹试验靶场。

1960年11月5日，我国第一枚国产地地导弹——"东风一号"腾空而起。1966年10月27日，我国进行了第一次导弹和原子弹结合试验。1970年4月24日，我国第一颗人造地球卫星从这里起飞，《东方红》乐曲响彻寰宇。

"小时候，爷爷经常把我搂在怀里讲述'两弹一星'的故事。"柳晗回忆说，那时，爷爷说得最多的一句话，就是"干航天，就得敢于牺牲"。

航天二代："美好年华献给航天事业"

对于柳焕章的这句话，柳晗的父亲柳林感受得更为刻骨铭心。

柳林出生于1962年，那个时期，发射场建设正处于艰难的起步阶段。柳林说："父母整天忙工作，一到上班时间就把我锁在家里。等下班回来，我已经饿得前胸贴后背，连哭的力气都没了。"

柳晗的母亲韩丽玲同样是"航天二代"，童年也是在柳晗姥爷姥姥没日没夜的加班中"稀里糊涂长大的"。

后来，柳林和韩丽玲双双考入酒泉卫星发射中心的东风中专，毕业后又自然而然留在了戈壁，顺理成章地成为"航天一代"的同事。

柳林夫妇接过父辈衣钵奋斗的年代，也是中心铸就辉煌的年代，一枚枚火箭、一颗颗卫星的顺利升空，标志着我国逐步成为航天大国。

但在关心儿子这个问题上，柳林夫妇的做法比老一辈更显得“无情”。

柳林在一个点号工作，每周只能回家一次，周末赶上值班或者有发射任务，经常一个月都见不到他。“那时最盼望的是周末我们一家三口也能像其他家庭一样，一起去水库玩一玩。”柳晗说，“我就是在父亲一次次的许诺和一次次的食言中长大的。”

1992年，载人航天工程立项上马。此时，已经成长为单位技术骨干的柳林，忙得像个陀螺，一个月回不了几趟家。与丈夫一样，韩丽玲虽然在电视台当记者，但工作并不轻松，根本没时间照顾年幼的柳晗。

至今，柳晗都对“小字条”的故事记忆犹新。有段时间，他每天放学回家，准会在饭桌上看到妈妈留下的小字条：“给你两块钱，出去吃碗牛肉面。妈妈今晚加班，你写完作业早点睡觉。”

“在我的印象里，我们一家三口在一块儿生活的最长时间，是我上大学放寒假时的那一个月。”柳晗说。

航天三代：“那里有一家人热爱的航天事业，我必须回去”

父母是孩子最好的老师。柳林夫妇为了航天事业公而忘私、牺牲小我的敬业精神，在柳晗的心里打下了深深的烙印。

2011年6月，柳晗顺利从兰州理工大学毕业。站在人生的十字路口，他毅然做出选择：“我生在中心、长在中心，那里有一家人热爱的航天事业，我必须回去。”

近些年，中心执行的航天任务向着高密度常态化快速发展，柳晗和同事们夜以继日地奋斗在任务最前线，助力一枚枚火箭、一颗颗卫星、一艘艘飞船顺利升空。

2013年7月23日，柳晗和妻子李倩上午抽时间领了结婚证。当时，柳晗兴奋地对李倩说：“晚上下班后，咱们去吃顿好的，好好庆祝一下。”

此前，李倩在北京国贸一家公司上班。为了支持柳晗的工作，她放弃优越的生活条件来到茫茫戈壁。

没想到，任务指挥所临时决定晚上加班，柳晗回到宿舍时已经是深夜。推开房门，看到妻子仍在等他回来的那一刻，柳晗鼻子不由得一酸。

2014年10月，柳晗的女儿柳沐萱来到了这个世界。新生命的降生，让初为人父的柳晗欣喜不已，愧疚也随之而来——由于发射场基建技改任务很重，柳晗天天加班加点，几乎没时间照顾女儿，以至于被他轻轻一抱，孩子就会“哇哇”大哭。

“我有个愿望，就是希望女儿长大后，也能做一个航天人。”柳晗说。

（新华社）

“攻坚英雄连”的80后连长

在2015年9月3日抗日战争胜利70周年的阅兵式上，10个英模部队方队之一的“攻坚英雄连”由兰州军区21集团军特种作战部队作为主抽组。这个连现任的第37任连长是兰州理工大学走出的80后优秀校友国防生陈一平。

出生于1985年的陈一平，是甘肃定西人，2005年考入我校计通学院通信工程专业，2006年被选拔为一名国防生，2009年毕业后进入兰州军区21集团军特种作战旅特种侦察一连。

爷爷种下军人梦

陈一平的爷爷和小叔都曾经是军人。在他很小的时候，参加过抗战的爷爷总是给他讲部队打仗的故事，这让他从小就对军人有了很深的崇拜，也萌生出长大当兵的梦想。

在考入大学后，大二的一次机会，他参加学校国防生选拔，终于圆了儿时的梦想，成为一名最终会进入部队的准军官。三年的国防生学习，陈一平度过了在他现在回忆起来最幸福的大学生活，也掌握了一些基本的军事技能。毕业后，他为了让自己能得到更多的锻炼，毅然选择了特种大队。

部队大熔炉中的极速成长

特种部队，通常担负着破袭敌方重要的政治、经济、军事目标和其他特殊任务，对军人的作战能力要求很高。而陈一平所在的侦察一连，对单兵的体能、敏捷和综合作战意识则有着更高的要求。进入部队之后，陈一平发现自己离真正的军人还相差太远，紧张的生活节奏、高强度的体能训练，都让他感到有太多的东西需要补充和学习。

最初，部队基本的体能训练都让陈一平吃不消，从早上起床到晚上睡觉，士兵们的身上都是负重40斤；经常背着130斤的圆木一跑就是十几公里；训练科目中有很多都是高危险科目——跳伞，楼房攀登……为了能完成这些项目，他曾经也受过不少伤。那时候，陈一平和所有的新兵一样，每天都在咬牙坚持，就这样过了一年，他的训练成绩开始逐渐提升，慢慢地，他不再害怕训练，反而一训练就兴奋，把训练看作展示自己的机会。

几年下来，陈一平除了参加正常的训练，还参加了中巴两国反恐演习、兰字演习、西进2014联合空军高原演习等较大规模的军事演习。在西进2014联合空军演习中，部队在西藏阿里，平均海拔4000—6000米，陈一平担任渗透侦察队队长，在5000多米海拔的高原，负重100斤，徒步渗透10小时，潜伏5051高地连续侦察三个昼夜，准确将情报上报作战中心。

身兼重任无法受阅成遗憾

陈一平所在的特种侦察一连在抗日战争时期曾以一个连的兵力歼灭了一个团，因此被授予“攻坚英雄连”荣誉称号。这次阅兵最终选定这个连队代表兰州军区受阅。消息传来，陈一平很是兴奋。可不巧的是，部队因为集训任务重，考虑到他是军事干部，必须要他留下来带着士兵们参加演习，所以最后决定派指导员参加阅兵仪式，这也成为陈一平的一大遗憾。阅兵时，陈一平正在格尔木进行伞降训练，他说，认真训练，带好攻坚连的士兵就是对阅兵式的最好献礼。

信仰和担当是军人的灵魂

已经有6年兵龄的陈一平，现在对军人的体会已经有了更深的感悟。前不久，他组织士兵们进行了一场大讨论：军人的使命是什么？军人怎样践行使命？陈一平说：“军人的职责是保家卫国，抵御外敌，维护国家稳定，这些大家都知道。但是当我们面对使命如何做，我认为最重要的是军人的信仰和担当，只有信仰的力量才能让我们在艰苦的环境中坚守自己的岗位，履行自己的责任。”

攻坚英雄连简介：

“攻坚英雄连”为某特种作战旅特种侦察营一连，其前身是新四军游击支队第一大队一中队，曾是抗日将领彭雪枫麾下的一支劲旅，以敢打硬拼、英勇善战著称。1939年年初开始，连队先后参加挺进永成、大战双桥、血战板桥和夜袭马家楼等战斗，创造了新四军第一次用机枪击落敌机的光辉战例。皖南事变后，该连改编为新四军第4师11旅31团1连。1945年5月，该连在宿（县）南战役中以牺牲90人的代价消灭了一个团的伪军，俘虏伪特务三团团长任亚航以下100余人，缴获步枪100余支，解放了20万群众，揭开了苏豫皖抗日军民大反攻的序幕，连队被新四军第4师授予“攻坚英雄连”荣誉称号。

中华人民共和国成立后，这支部队参加了抗美援朝，完成了汶川抗震救灾、国际维和、联合军演、高原演训等重大任务，为支援西部大开发、履行强军使命做出了贡献，先后荣立集体一等战功1次，集体二等功9次，集体三等功19次。

（朱莉萍）

做一个永远的文艺青年

2015年1月7日，兰州理工大学1995届安全工程专业毕业生、上海晨想集团创始人董事长赵玉涛回到母校，以“一个兰理工人的品牌梦想”为主题讲述了自己在母校学习和之后工作、创业的点滴回忆。玉涛校友告诉在场的学生要珍惜大学时光，因为这是人生难能可贵的财富。他说集团名字中“晨想”就是来源于当年在母校创办的《晨光》刊物。

回想起创办系刊《晨光》的过程，赵玉涛很有感触。他说，这段做刊物的经历对他锻炼极大。策划、征稿、编辑、插图、排版、印刷等工作，每一样他都和小伙伴们花了很多心血，更重要的是在这个过程中，在他的内心播下了一颗文艺的种子，使得他成为一个永远的文艺青年，并越来越有创意与情怀。

1995年，赵玉涛从工大毕业，先是进入天津拖拉机厂，这是一个拥有一万余人的国营大厂。一年后，又进入外企——摩托罗拉（天津）电子有限公司，从事生产管理、工艺管理。2001年起，先后就职于国内手机设计领域领先的中电赛龙（北京）通信研究中心、北京德信无线通讯技术有限公司、上海希姆通信息技术有限公司，从事手机研发管理，是国内第一批手机研发资深人员，积累了深厚、扎实的手机研发管理经验。2010年9月，创建上海晨想信息技术有限公司，专注为国内手机品牌客户提供设计方案，在软、硬件设计方面建立了突出的创新优势，特别是在软件视觉体验、使用体验方面具有很高的设计声望。2013年6月，成立晨想集团并创建上海卡布奇诺电子科技有限公司，专注开发中老年高端智能机。2013年年底，晨想集团在国内率先推出倾力打造的第一代中老年高端智能机，致力于为中老年人提供简单、易用、时尚的高端智能机。2014年9月，晨想集团正式发布旗下专注于中老年科技领域的高端品牌——卡布奇诺，并正式推出第二代高端中老年智能手机——卡布奇诺2，引领中老年人的科技新生活。

作为一名在业界摸爬滚打的“老兵”，为何会选择做老年智能手机呢？赵玉涛说，这都源于每次回家过年过节的场景。父亲总是眼巴巴看着自己、看着孩子们体验着手机带来的便捷和快乐；每次打电话给远在老家的父母，除了嘘寒问暖不知道该说啥，自己总是十分难受，他想父母需要快乐，需要体验科技发展带来的新世界。身边很多人都忽视了老人对智能机的需求，认为他们只是用手机打打电话，但赵玉涛并不这么想，在他心里，满足父母的情感需要，以及让他们乐享生活更重要。所以他萌生了为爸妈做一款适合他们用的智能手机的念头。

对卡布奇诺的这个品牌名称，赵玉涛情有独钟，尽管周围有质疑的声音，他依然坚定不移。他很喜欢这个源于咖啡的名字，因为它能很好地表达自己的憧憬与愿望：平等地对待自己的父母，让父母也过一种精致的生活。也许，在不远的将来，卡布奇诺将成为上海滩最为精致、最有味道、老爸老妈们最为喜爱的一个手机品牌。

回想起毕业后20多年的奋斗经历，赵玉涛说，自己经历了手机行业的潮起潮落、兴衰荣辱。除了周日和国家的法定假日，他几乎每一天都在加班中度过，在每一家公司都全力以赴。或许能进入摩托罗拉工厂是让人羡慕的，但有谁知道自己当年好几次连续工作36小时，之后神情恍惚回家的场景；谁又记得自己作为干活不要命的员工在赛龙、德信奋战到深夜的场景。没有一种坚持是任性的，每一份执着都是对自己毅力的考量。夜深人静的时候，在汪峰的《春天里》，赵玉涛总是热泪盈眶。

现在，赵玉涛在母校设立了“卡布奇诺奖学金”，并在校庆前夕将“上海卡布奇诺大学生创新基金”总额由50万元增至100万元。他感慨地说，毕业时间越长，就越是怀念母校的一切，也感恩母校恩师的培养，他祝福母校，同时也不断地告诫自己，要永远充满朝气，永远心怀梦想，要沿着这条品牌道路一直走下去。

（张家泰）

荣获中国新闻奖一等奖的背后

2018年11月8日是第19个中国记者节，第28届中国新闻奖、第15届长江韬奋奖颁奖报告会于同日在北京人民大会堂举行。中共中央政治局委员、中宣部部长黄坤明出席会议并讲话。

本次评选，共有全国各级、各类媒体的348件作品获中国新闻奖；20名新闻工作者获长江韬奋奖，其中我校2000级校友段玉龙获得中国新闻奖一等奖新闻名专栏奖项。

段玉龙于2000年至2004年就读于兰州理工大学人文学院法学专业，在校期间曾担任校园广播站记者、播音员，大学生艺术团团长，同时兼职甘肃人民广播电台任主持人，2004年毕业后就职于浙江省象山广播电视台，任团委书记、广播节目部主任、电视节目主持人、广播节目主持人，并在浙江省广播电视作品评选中获得各类奖项。为在专业领域求得精进，段玉龙于2007年考入北京大学艺术学院，师从北京大学艺术学院副院长、北京大学电视研究中心执行主任俞虹（现任北京大学新闻与传播学院副院长），学习广播电视媒介经营管理，并于2009年6月顺利通过答辩，获得艺术硕士专业学位。

2009年4月段玉龙辞去旧职，考入中央人民广播电台工作，担任主持人、记者、编辑，其间主持了中国之声《千里共良宵》、文艺之声《品味书香》、都市之声《北京不眠夜》等节目，由他参与的新闻报道《北京交通60年，60位交警的故事》获得2009年全国社会治安综合治理新闻作品评选三等奖，中央台年度评选新闻类三等奖，《第15届世界航海线发展论坛在京举行》获得中央电台2010年度评选新闻类三等奖，撰写的论文《广播媒体也可以发行》获中央电台2011年度优秀论文评选三等奖。

2012年进入北京人民广播电台工作后，他创意制作了全国唯一的广播新闻科普栏目《照亮新闻深处》，获得国家新闻出版广电总局十佳广播电视创新创优栏目、北京广播电视总台节目创新奖金奖、中国新闻奖一等奖新闻名专栏奖项。2014年他担任北京科普宣传大使，2016年获得北京科学达人秀冠军，同年获由中央组织部、中央宣传部等九部委颁发的《全民科学素质行动计划纲要》“十二五”实施工作先进个人称号。

2016年4月，我国农业部首次针对农产品转基因话题召开新闻发布会，再次引发了社会关注，段玉龙邀请北京大学生命科学学院教授、农业转基因生物安全委员会委员朱作言院士做客直播，就相关转基因问题进行了科学普及，栏目播出后得到听众一致好评。

2016年7月，我国食药监局批准HPV疫苗在2017年上市，由于HPV疫苗可以有效防控宫颈癌，且已在美国等国家和地区上市多年，HPV疫苗一直受到社会关注，在这个新闻事件发生的第二天，段玉龙采访了中国疾病预防控制中心艾滋病首席专家邵一鸣、首都医科大学佑安医院妇幼中心主任张华，就百姓关心的HPV疫苗安全性、适应人群及国内外疫苗区别等话题进行解答。

除了每日播出的节目外，段玉龙还深入新闻大事件现场采访，第一时间向听众传播新闻事件与科学知识。2016年11月，他前往海南文昌火箭发射基地报道我国最大推力火箭“长征五号”首次发射全过程，采访了“长征五号”总设计师李东、“嫦娥五号”总设计师杨孟飞，并制作特别节目向听众介绍了“长征五号”的技术特点和发射意义，还以亲身体验的方式和听众共同回顾火箭发射当日屡次推迟发射的紧张瞬间。

将科学与多种传播方式相融合。他在做好广播节目的同时，积极开拓各种渠道进行科学传播。栏目专门开通了微信、头条号等新媒体传播平台，将每期节目进行汇总与改编，以符合网络传播的方式将科学知识送到更多人身边；此外，栏目还与北京市科协、北京市科委广泛合作，以举办讲座、制作音视频节目的方式将线上节目扩展到线下，充分发挥了电台优势，为听众提供了更加丰富的科学文化知识。

例如，他创意并主持制作了近百集科普微视频，涵盖了航空航天、食品科技、生物医药、养生保健、军事科技等诸多领域，在互联网上播出后点击量已经超过千万，栏目实现了由广播音频向互联网视频传播融合的目标。

除了广播工作外，近年来他还针对北京市公务员、科普工作者和社区居民开展了科普方法及科普知识培训，通过现场讲座，他将工作中累积的经验传授给公务员、科普工作者，帮助他们更好地进行科学传播工作，同时也把更多有用有趣的科学知识带入千家万户。

他认为，对于媒体工作者而言，传播科学知识、科学理念及科学思维，是义不容辞的任务，他时刻以科学传播者的标准要求自我，以一已之力将科学精神传播到更多角落，让科学思维在每个人的内心生根发芽！

（赛贤毅　姚修为）

坚守西部的“黄大年式”教师团队

2017年年底，教育部公示了“全国高校黄大年式教师团队”，共有来自全国200所高校的201个团队入选。团队负责人基本都是各自领域的领军科学家和知名学者，包括数十位两院院士、国家“千人计划”入选者、国家杰出青年、长江学者特聘教授等。入选的201个团队除了黄大年生前所在的吉林大学入选两个团队外，其他199所高校各有1个团队入选。

兰州理工大学土木工程学院朱彦鹏教授负责的“西北恶劣环境下土木工程防灾减灾教师团队”成功入选。

“西北恶劣环境下土木工程防灾减灾研究”教育部长江学者创新团队由朱彦鹏教授于1996年组建，21年来，团队在土木工程防灾减灾学科薪火相传、砥砺奋进，谱写了无悔的华丽篇章，成为教育部长江学者创新团队、国家级教学团队和甘肃省创新研究群体。团队多名教师先后获得全国师德标兵、甘肃省师德标兵等多项荣誉；他们坚持将科研成果的最新思想融入课堂教学中，将科研成果转化为教学资源，编写了大量的专业教材，建立了本科生参与教师科研课题制度，2部教材成为国家级规划教材，6门课程成为甘肃省精品课程和省级精品资源共享课程，5年来获甘肃省教学成果一等奖2项、二等奖2项。团队负责的结构设计课程教学团队成为国家级教学团队。

经过长期积累，团队形成了特色鲜明、优势突出的湿陷性黄土工程与灾害防治、复杂工程结构减震控制与健康监测、复杂钢结构与组合结构、土木工程材料4个研究方向。团队负责人朱彦鹏教授负责的“西北恶劣环境下土木工程防灾减灾研究”入选2013年度教育部长江学者创新团队发展计划，2017年获得滚动支持，同时他负责的“西部恶劣环境条件下土木工程防灾减灾研究”入选2012年度甘肃省创新研究群体。团队所在的土木工程学科2016年入选兰州理工大学红柳国际一流学科建设层次，2017年入选甘肃省一流特色学科。5年来，团队教师主持国家科技支撑计划项目2项，国家自然基金项目35项，总经费达到2700万元；发表论文800余篇，其中，SCI、EI论文200余篇，出版专著6部，取得国家授权专利50余项；获得省科技进步二等奖7项、三等奖3项，主编和参编国家标准和行业标准25部，承办国内国际大型学术会议8次。

团队以解决国家和地方重大工程需求为目标，解决了大量的西北特殊条件下土木工程的各种科学和工程问题，为国家创造了数十亿元的经济效益。团队将结构抗震减震方面的成果应用到结构减隔震设计中，部分成果被写入国家和地方规范；将滑坡泥石流结构防治研究系列成果应用到舟曲、陇南泥石流、滑坡和边坡治理中，成果在国家科技支撑计划课题验收中获得优秀；创新性地将钢结构研究成果推广应用到西北重大工程、大跨度钢结构工程和滑坡泥石流灾害防治中；创造性地研究了工程事故分析与处理方法，为中西部多个省份纠偏处理了数十幢危楼，对兰州黄河铁桥进行了顶升和加固；研究了西北高速公路、高铁、地铁、低丘缓坡造地和建筑等高边坡、深基坑、黄土隧道等特殊工程问题，将成果应用到国家和省市重大工程建设中。

（朱莉萍）

有“态度”有“温度”的教学团队

“宿舍教室食堂，报纸满地飞，同学卷报忙；抢原料，问师长，实际动手建桥梁……”这是理学院一名学生参加我校力学竞赛期间发表的QQ状态，很多学习力学课程的同学纷纷转发，表达着对有趣、充实的力学“第二课堂”的喜爱。土木学院工程力学系专业的周荣鑫等同学制作的纸桥承重1080千克，可18个人同时站在纸桥上，更是让比赛火了一把。

作为工科专业的基础课、必修课，理论力学、材料力学、工程力学是从理论走向专业的“桥梁课程”，其重要性不言而喻。针对力学专业教学“重理论、轻实践”的问题，我校力学教学团队自己动手，开动脑筋，从2007年开始组建实践教学团队、开辟实践课堂、编写实用教材，构建了“一个目标、两个支

柱、三个培养”的基础力学课程新体系。

这场颇有“温度”的“三维教学”创新，是如何让老师甘之如饴，学生乐在其中的呢?

用行动带出实干团队

写完工程力学作业，周洲同学检查了一遍又一遍，确定没有错误后才交上。“力学作业马虎不得，老师批改特别认真，不能出错，以免给老师添麻烦”，这在学生圈中达成广泛共识。正是由于在课堂和实践过程中老师的严格要求，周洲同学获得了全国大学生周培源力学竞赛三等奖。

宋曦老师，1999年、2000年获甘肃工业大学“学生爱戴的老师”和“优秀教师”荣誉称号；2004年、2007年获兰州理工大学教学优秀奖。作为力学教学团队的“老”教师，她主张用认真的态度感染学生，批改作业不能只是简单打个对勾，这个学生错在哪个知识点，为什么错，都要给学生圈注出来，并进行阅后分析，以便更好地改进教学。马连生、雷芳明等团队老师为更加直观地推导力学公式，往往选择工整密集的板书，将知识点融入趣味力学故事，增强教学的趣味性。坚持课后逐一答疑，往往因答疑误了回本部的校车，这些都给学生们留下了深刻的印象。

“一针一线”地批改作业，严谨、认真的治学态度是力学团队老教师的自我要求，也是给团队青年教师设的教学岗位第一关。青年教师付小华说：“我们力学教学团队的‘老’教师们知识渊博，有很强的奉献精神，对待学生都是倾其所有，这对我们青年教师是很好的榜样。”李清禄说：“我在做助教的时候曾因批改作业的疏忽被宋曦老师‘批’过一次，那次之后，我就知道，力学专业的作业就要这样逐字逐句地改。”

团队多年来始终坚持青年教师导师制，老教师“言传身教”，青年教师积累创新。建立微信、QQ答疑群；建“桥”需要原料，上午学生提出需求，下午老师便借来工具；做桥梁时，到了吃饭点，师生同堂，报纸一铺，席地而坐，便是一顿。在这个团队，老师们提出“一切从学生需求出发”的服务教学理念，学生的需求总能快速得到响应。

力学教学团队以量大面广的基础力学课程建设为中心，深化教学改革。团队以省级精品课程与省级重点学科（力学）为平台，通过“走出去，请进来”等多种方式加强对外交流。2001年“工程力学”被评为甘肃省省级精品课程，2007年组建了工程力学校级重点建设教学团队，2012年力学学科被评为甘肃省重点学科。2007年，我校被全国力学基础课程教学指导分委员会确定为全国8所“理论力学”和“材料力学”基本要求实施试点单位之一；成功承办第三届全国中青年力学课程讲课竞赛、教育部基础力学教学指导委员会工作会议；团队先后有7人获“全国优秀力学教师”称号，2人获全国中青年力学课程讲课竞赛二等奖，3人获校级讲课竞赛一等奖。

用报纸卷出实践课堂

“学习力学不能光是纸上谈兵，还得‘纸上用兵’，从实践中学得真功夫，这样才能培养工程应用型人才。”抱着这个想法，从2007年开始，在杨静宁、宋曦、马连生、赵永刚等几位老师倡议下，力学教学团队以举办“力学竞赛”为平台，开辟了我校力学教学的第二课堂，大大提高了学生们的动手实践能力。

“第二课堂”建立初期，团队老师面临参赛材料哪里来、活动经费哪里来、如何广泛组织学生等一系列的问题。面对难题，老师们自己动手，开动脑筋，广泛发动人脉。韩明君老师说，为解决报纸（力学大赛的材料）的来源问题，他们走街串巷，一度找到了省委有旧报纸的校友那里。为了充分调动学生们的参赛激情，力学教学团队在学校资助少、材料需求量大的情况下，给参赛学生承诺无报名费、材料全部免费提供的优惠条件。为了让同学们更好地了解这项比赛，前期宣传时，老师们先自己做出“桥梁”模型进行直观展示。赵永刚老师介绍说，2008年春节过后才4天，他和宋曦、杨静宁、马连生等几名老师就开始做模型，为的是开学之后能尽快给学生宣传展出。

2008年5月，兰州理工大学首届结构大赛成功举办，大赛参赛学生面广，包括文、理、工15个院本科生、研究生，参赛学生多达600余人，参赛作品130余件，在全校师生中引起了强烈反响。

力学教学团队的老师们在课堂上个个是活“广告”，课堂讲完理论，课后就鼓励学生参加力学竞赛的动手实践。通过参加比赛，把公式、图纸变成精巧新颖的“桥梁”，学生感觉有了用武之地，受小小成就感的驱使，他们的参赛热情空前高涨。力学大赛就像这个团队老师们“生出的孩子”，是增强学生们实践能力的“第二课堂”。在经费困难的时候团队老师自己补贴，保证学生喜爱的“第二课堂”的开展。易中天先生曾说“人生能有几回‘二’，何不潇洒‘二’一回”，力学团队的“老老少少”就是凭着这股子“二”劲儿，在工大校园掀起了一股“造桥热”。

“第二课堂”延拓了理论教学，加强了对学生能力素质的培养，为学生提供了施展才华的创新实践平台，构建了工程应用型人才培养模式。力学专业的李钟宁同学说：“‘力学竞赛’不仅调动了我们参与科技创新活动的积极性，也培养了大家动手操作能力和团队合作能力，使我们了解到力学在工程实际中的重要作用，这样的比赛很有意义。”

2013年5月，在第九届全国周培源大学生力学竞赛中，我校参赛选手再创佳绩，获国家级奖的学生人数为历届之最。2014年10月12日，理学院力学教学团队将历届力学模型在西校区红柳广场进行开放展览，引起了广泛的关注。

用经验编出实用教材

为了让学生既有扎实的理论基础，又有处理分析工程问题的能力，力学教学团队在基础力学课程体系与教学内容改革方面进行了探索和实践。构建了“一个目标、两个支柱、三个培养”的工科基础力学课程教学新体系，即以培养应用型人才为目标；注重学生掌握力学问题的理论分析、实验分析两个支柱；培养学生建立力学模型的能力，运用力学知识分析、解决问题的能力。

教材建设是课程建设的核心，是教师实现优秀教学之本。以面向21世纪课程教学内容与体系改革为突破口，工程力学系在进行课程体系建设的同时，发动全系教师，在总结教学实践经验的基础上，参加编写新教材及其讨论工作。经过多年的努力，2009年、2010年由科学出版社出版的自编《理论力学》《材料力学》《工程力学》等教材作为“普通高等教育‘十一五’规划教材”沿用至今，投入使用后取得了较好的效果。该系列教材除我校自己使用外，尚有天津大学、天津工业大学等国内6所高校使用，由于教材注重工科应用，贴近课堂，易于教学，受到校内外师生的好评。

老师讲台上下，共奋进，求实干，发扬红柳精神；学生课堂内外，勤学习，多动手，争做合格人才。一座座桥梁模型，支起的不仅仅是同学们对科技创新的追求，更是通往他们人生理想的桥梁。

力学团队有“态度”、有“温度”的教学是我校老师们默默付出的一个缩影。他们用实际行动践行着社会主义核心价值观，也把有理想信念、道德情操、扎实学识和仁爱之心的“四有”要求，当作自己的终生追求。

（朱莉萍　李强）

电工电子教学团队老中青三代共传大爱

2008年12月2日，一场紧张激烈的中青年教师讲课竞赛直到晚上近8点才尘埃落定，比赛的桂冠被一名青年女教师摘得。她叫余亚冰，是兰州理工大学电气工程与信息工程学院的一名教师。获奖之前的8年时间，她一直饱受视网膜脱落眼疾的病痛折磨，虽然做过手术，但并未根除。为了战胜病魔，余亚冰选择了坚强乐观，积极振作。在刚做完手术休息的那段日子，她拿出过去的教案和教材，口述讲稿，让母亲以超大字号代为记录。如此反复，余亚冰以常人难以想象的努力坚持备课。“我很幸运，虽然患有眼疾，但是背后却站着一个默默帮助我、支持我的团队。这个团队中有让人钦佩的前辈老教师，是他们带我走进教室这个神圣的殿堂；有让人心生温暖的队友，因为眼睛看不清太小的

电工电子团队

字，他们会主动帮我完成核对试卷分数等工作。在这里，我会心怀感恩，不断前行，因为这里的每位教师都是一个楷模。”

余亚冰所在的团队，是兰州理工大学第一个国家级教学团队——电工电子教学团队（以下简称“电工电子团队”）。这个成立于1958年的教学团队，承担着学校电类专业和非电类专业的电工电子类技术基础课程教学，涉及12个学院、33个专业，教学任务繁重。近年来，该团队获得省级教学成果奖8项，建成省级精品课程4门，涌现出省级“教学名师”1人、校级“教学名师”2人，团队党支部连续4次被学校党委评为“先进党支部”，团队工会小组被甘肃省教科文卫工会评为“劳动先锋号”。

50余年来，这个现拥有36名教师的教学团队一直坚持青年导师制、集体备课制等优秀传统，老中青三代教师怀揣热爱教学、热爱团队、热爱学生的共同信念，倾注一腔热血，在西部教育事业的道路上一路放歌……

先过教学关　再走科研路

1988年，张爱华从河北邢台市化工一厂考进甘肃工业大学攻读自动控制专业硕士研究生。正是受到当时电工教研室老师们认真严谨做学问的影响，毕业之后，她毅然决然地选择留校，现在已成为电工电子团队的带头人。“当时我们走上讲台的第一步，就从听老教师上课、做课后作业开始。”提到最初留校的情景，张爱华笑着回忆。

张爱华所说的“第一步”，就是电工电子团队坚持了50多年的青年教师导师制。每位进入团队的年轻教师，都要由一名责任心强、有丰富经验的老教师担任导师，并制订详细的培养计划，在教学、科研及师德等方面加以指导。青年教师要按照计划参加听课、课程辅导、答疑，和学生一样完成课后作业等教辅工作，这样就能更好地掌握教学方法，熟悉教学规律，过好教学关。

50年来，这个团队共同走过的每一周里，都会有固定的一天，或安排青年教师试讲，发现问题并帮他们提出改进意见；或就某一教学中比较突出的问题，大家各抒己见，畅所欲言，精益求精，共同致力于教学质量的提高。这是该团队“传帮带”的另一个传统——集体备课制度。

讲到团队秉承下来的传统，退休老主任邱镕胜教授居功至伟。这位1960年毕业于西安交大，现享受国务院特殊津贴的老人，来自江南鱼米水乡，却扎根祖国西北从事教育事业40余年。他曾动情地说："我为自己是一名高等学校的教师感到光荣，我热爱教学工作。"正是他敬业严谨的治学态度影响了张爱华等团队一代代的年轻人。多年的教学经验，也让他更深刻地理解到一名年轻教师如何真正进入教学，走好第一步的重要性。他要求年轻老师要多交流学习，以学生需要为前提，扎实准备讲稿，这样才能成为一名合格教师。

安爱民，团队中老中青三代的"中"生代，他回忆说，当时邱镕胜老师不仅是校级教学督导团的成员，而且教学任务繁重，尽管这样，邱老师仍然会专门抽出时间带他一起探讨教学方法，两代人为了心中共同热爱的事业努力着。

杨富龙，团队中的80后，"新"生代。为了站稳讲台，他在助教期间几乎没有错过一堂需要听讲的课程，做完了课后的所有作业，向老教师反复请教讲稿中出现的问题。

尊师友爱　其乐融融的大家庭

"每逢节假日，我们都会邀请已经退休的老教师参加团队组织的活动，他们很关心我们的发展，直到现在仍然在不遗余力地为我们出谋划策。你看这张照片，前排就座的都是我们的老师。"张爱华开心地介绍着。照片里，老中青三代人的笑容温暖灿烂。

1965年全国加速三线建设，王冰芬作为优秀教师从北京机械学院调到地处大西北的甘肃工业大学。提起电工电子团队，如今已满头华发的王老师说："几十年过去了，他们仍会在过年过节时来看望我们这些退休老教师，我感到自己仿佛依然置身于那个温暖的集体。"

电工电子团队好似一个大家庭，这里的老师们并没有因为平时繁重的教学任务互相生疏，反而在举手投足间透出彼此之间的亲切。张爱华介绍，闲暇时间，团队会组织老师们爬山、滑冰，大家都会积极参加。"我们这个集体，没有派别，没有勾心斗角，不会有人争名夺利，有事大家都会一起上。就连打扫卫生这种小事，也不会有人推诿的。"

没有教不好的学生　只有做不好的老师

“你知道吗？学生不来上课的时候，袁老师会亲自到宿舍去叫。我有一次睡过头了，袁老师就打电话叫我上课，我匆匆忙忙赶到教室，原以为会被批评，结果她问清原因后笑着说：‘都睡成猪宝宝了，下次要记得早一点啊。’面对这样的老师，谁还会好意思不学习呀。”这名叫邓斌的同学激动地说着，言语中难掩对这位袁老师的尊敬和喜爱。

一头干练的短发，灿烂的微笑，永远都是朴素的衣着，金色镜框后透出对学生如母亲般的慈爱，这就是邓斌所说的袁桂慈老师。已年届花甲的她，从事技术基础教学30多年，在她眼里，没有教不好的学生，只有做不好的老师。对偶尔缺课的学生，她会到学生宿舍进行“强制性补课”；学生考试成绩不好时，她会打电话询问原因并想办法帮助；她有一个短信本，上面写满了学生给她发来的短信；有一次她的脚踝意外骨折，只休息了3天就回到了讲台；考试辅导日，她的身边总会挤满来请教的学生……

“教室里108个座位几近座无虚席，同学们都认真做着笔记。”这是在缑新科的“电路学”课堂上，在强调替代不能造成线路短路时，他特以买火车票插队后被警察带走为例，全班学生笑声一片，不约而同地会心点头。缑新科常以简洁明快的图示说明原理，加深学生的理解。他喜欢用板书替代多媒体，称板书虽然辛苦，但利于学生整理思路。

电工电子团队中的每位老师都秉承前辈精神，从始至终把教育当作一种神圣事业。讲台虽有三尺，老师们却用它书写人生的春秋。这个团队里，老师们全身心地从学生角度出发，以学生真正掌握知识为目的。

2011年9月13日，前来兰州理工大学检查指导创先争优工作的教育部党组副书记、副部长杜玉波在观摩了电工电子教学团队后，给予了高度评价。他充满感情地说，最感人、最鲜活的事迹素材往往都来自基层，高等学校创先争优就是要以教师为本，以学生为本。要将学生当作自己的孩子，善待学生，关爱学生，这样才能培养出好的人才。他勉励电工电子团队要继续坚持老中青“传帮带”的传统，以榜样的力量在团队中营造出积极向上的氛围，将集体备课、试讲等好制度继续保持下去，创造出更多感人鲜活的事迹，为教育事业做出更大的贡献。

（朱莉萍）

十年磨一剑

拥有“高楼玻璃幕墙清洗机器人”“大蒜自动播种机”和“城市道路护栏清洗机器人”等科创作品200余件，申请专利作品50余件，团队成员曾先后获得各类国际、国家、省级奖项400余人次，这就是我校的3J科创协会，一个成立于2006年的学生创新团队。10年来，团队师生勇于进取，开拓创新，在2015年，被评为全国大学生“小平科技创新团队”。

3J科创团队

3J科技创新协会以机械设计、机械制造和机电一体化（J-J-J）命名，协会成立以来，师生们广泛开展了学术沙龙、讲座培训、科技竞赛、校际交流、创业孵化等活动，其中由他们主办的钳工大赛已成为兰州理工大学“共青杯”系列学科知识竞赛品牌赛事之一。

创新来源于生活

【高楼玻璃幕墙清洗机器人】蔺卡宾，现在东南大学攻读博士。因为从小就喜欢思考、动手做东西，在考入兰州理工大学时，就加入了3J科创协会，至读研期间也从未离开。这个在协会一待就是7年的科创之星，已经连续获得国家专利9项，国家级奖励5项，省级奖励5项，校级10余项。他说，在3J协会里，通过创新老师和学长的辛勤指导，大家都意识到创新并不是遥不可及，创新都来源于生活，问题的解决方案都来自思考。

蔺卡宾出生于甘肃天水一个普通的农村家庭，所以他的创新都很“接地气”：“土豆挖掘机”“一种车载式百合自动播种机”“一种负压高雾化喷淋系统”等专利都是为减轻农民繁重的劳作而设计的。吸附式双层全转角高楼玻璃幕墙自动清洗机（高楼玻璃幕墙清洗机器人）是他获得的一项实用性新型专利，该专利不仅斩获国家级、省级各类奖项，而且还有社会上的企业老板开高价想和蔺卡宾合作推广。 说起这个创新，蔺卡宾说，大二的时候，有一次去西校区上课的路上，他发现有人吊在教学楼外清洗玻璃幕墙，觉得这样十分危险。他不禁纳闷：这活儿机器人不能干吗？说干就干，前半个月他每天都在提出问题，收集资料，提出方案。机器人在墙壁移动是用钢丝绳，是空气负压，还是吸盘？从开始的机构设计、图纸制作他都力求完美，为此他提前学习了下学期的Proe三维绘图软件。后面开始动手制作时，有许多零部件都是自己在数控车床、普通车床上亲手加工。组装完成后，进行调试，机器人由开始的不能动，到后面能够完成任务，经历了十几次调试。写程序也是个艰辛的过程，他有两三周的时间都从早到晚一直在实验室里。功夫不负有心人，这个机器人“从0到1”终于从开始的构想变为可以工作的实体。这个机器人的研发、制作周期有两年多。

【导盲机器人】和蔺卡宾的创意来源一样，李达是一名大二的同学，一进入大学就选择加入3J团队。有一次，他看见一个盲人独自艰难地在路上行走，他搀扶着这位盲人走到目的地。回到宿舍，李达的内心却久久不能平静，于是他开始上网查找资料，他了解到辅助盲人的工具并不是很多，现有的也有不少缺陷。于是，李达在总结了已有产品的设计基础上，制作了一款更为合理实用的导盲机器人。如今这款机器人的制作已经基本成形，在进一步优化处理后李达打算将这款机器人推向社会，从而帮助更多的残障人士。

创新有赖于团队

【智能饮茶服务机器人】王颖也是从3J科创协会走出来的一名才女，目前在哈尔滨工业大学攻读硕士研究生。在她的眼里，3J团队的日子虽然平淡，没有惊涛骇浪，但过得很充实，在这里认识的很多志同道合的朋友，是她收获的最大财富。

在3J协会的科创项目，很多同学都是利用自己的业余时间来完成的。王颖说，有一次在暑期留校做一个智能饮茶服务机器人的项目，他们团队在那些天的奋战至今回忆起来都是那么温暖。“一天，我们在做饮茶机器人的底盘，李强在画机器人的加工底盘模型，沈荣琦在测量尺寸，我在选电机型号，忙而有序。强哥（李强）画完图之后，便开始了机械加工：主要材料是3毫米的铝板，按照图纸我们需要把铝板扳成几种相对复杂的形状和尺寸。人力扳不动，只能把铝板夹在虎钳上，量好尺寸后用锤子一点点砸着。强哥很认真，虽然工具比较简陋，但是技术绝对一流，尺寸还是蛮精确的，学霸的助理工作也很到位。整体样子出来，接下来是锉了，要把每块铝板的边缘都磨光滑，当然最重要的还是尺寸。不得不说这既考验人的耐力，更考验人的臂力。一块圆板，我磨了两小时，结果还是不合格，胳膊都麻了。看看学霸磨了比我时间还长的铝板不得不又开始……”

【多功能取样检测飞行机器人】2015年12月，全国“互联网＋”大学生创新创业大赛甘肃省决赛在兰州理工大学举行。3J协会的潘万奇和他的小伙伴一起完成的多功能取样检测飞行机器人获得了三等奖。这个作品是他们团队努力了两年才完成的。潘万奇制作的机器人需要采集水样，需要他们自己为水泵做个开关，像这样的零件经常都是靠他们手工磨制而成，潘万奇和一名叫作刘路的同学揽下了这个任务，虽然最后手都磨破了，但好在做出来的开关很灵活。另一名叫作李夏琳的女孩是潘万奇的学姐，吐字清晰、长相甜美的她被分配了一项艰巨的任务，那就是比赛现场的解说。“学姐在实验室练完，又跑到了宜海边大声练习，我们都要陪着她，因为我们是一个团队。”潘万奇这样说。

创新带来的甜蜜

3J团队的同学们也并非都是传说中工科男的一根筋，他们虽然不善言辞，却也会用自己独特的方式表达爱，为女生制造浪漫。

协会内已经毕业的额根虎，就凭借着自己所做的音乐盒感应器，俘获了心仪女生的芳心。在那个女生生日前好几个月，他找到了协会的兄弟们一起出谋划策，最后决定在生日蛋糕里藏一个音乐盒。那段时间，他将各种零件拼了拆，拆了拼，不断测试、改装，就是想做出一份完美的惊喜。协会的兄弟们，也是日日夜夜为他出谋划策，有需要就随叫随到。女孩生日那天，他带着自己两个多月的心血，带着自己的真心，去参加她的生日会。蛋糕刀切下，浪漫的音乐响起来，惊喜与感动，让女孩泪流满面，欣然答应了他的表白。

据协会同学罗夕涛介绍，3J协会采取的是小组管理制度，每个小组由一名队长带领，分工明确。协会的成长除了指导老师，同学们的“传帮带”是至关重要的一环，欣慰的是，这个团队每一届的师兄、师姐都很认真负责。“很多同学从大一开始加入，一直到毕业离开学校都在这里，我们在这里学会了坚持不懈，学会了正确对待科创的态度，这是成长中一笔再宝贵不过的财富。”

创新最需要踏实和勤奋

如今的科技创新已经被人们熟识，尤其是高校的师生更被看作创新的主体。

兰州理工大学3J科创团队，十年磨一剑，终于变成同学们科技创新的一个孵育基地。在这里，我们看到的一件件或大或小的发明专利，凝结的是师生们无数次的计算、无数次的实验、无数次的手工磨制，甚至是无数次的失败，我们深刻地感受到，科技创新靠的绝对不是灵光一现，而是真正的汗水与合作，创新的背后仍然是踏实与勤奋。

爱迪生曾说天才就是99%的汗水加1%的灵感。在大众创业、万众创新的今天，我们切不可认为创新就是一个好的点子、一个好的主意，我们要清醒地认识到，好点子、好主意的背后还有99%的汗水。

（朱莉萍）

图书在版编目（CIP）数据

杏雨槐风　化育惠溥：兰州理工大学纪事 / 丁虎生主编．-- 北京：光明日报出版社，2019.6

ISBN 978 – 7 – 5194 – 5241 – 4

Ⅰ．①杏…　Ⅱ．①丁…　Ⅲ．①兰州理工大学 – 校友 – 生平事迹　Ⅳ．①K820.7

中国版本图书馆 CIP 数据核字（2019）第 067153 号

杏雨槐风　化育惠溥：兰州理工大学纪事

XINGYU HUAIFENG HUAYU HUIPU : LANZHOU LIGONG DAXUE JISHI

主　　编：丁虎生

责任编辑：曹美娜　郭思齐　许　怡　杜春荣　朱　然

责任校对：唐玉兵　仲济云

封面设计：小宝书装　　　　　　　责任印制：曹　净

出版发行：光明日报出版社

地　　址：北京市西城区永安路 106 号，100050

电　　话：010 -67078251（咨询），67019571（邮购）

传　　真：010 -67078227，67078255

网　　址：http：//book. gmw. cn

E – mail：gmcbs@gmw. cn　caomeina@gmw.cn

法律顾问：北京德恒律师事务所龚柳方律师

印　　刷：三河市华东印刷有限公司

装　　订：三河市华东印刷有限公司

本书如有破损、缺页、装订错误，请与本社联系调换，电话：010–67019571

开　　本：170mm × 240mm

字　　数：420千字　　　　　　印　　张：23

版　　次：2019年6月第1版　　　印　　次：2019年6月第1次印刷

书　　号：ISBN 978 – 7 – 5194 – 5241 – 4

定　　价：60.00元